高校通识教育丛书

安徽省高校学科（专业）拔尖人才资助重点项目（gxbjzd64）研究成果

高校教师信息化教学能力发展研究

Research on Development of Informatization Teaching Competency of Teachers in Colleges and Universities

李玉萍 著

中国科学技术大学出版社

内容简介

本书以高校教师为研究对象,以"整合技术的学科教学知识"(TPACK)及信息化教学能力构建为基础,借鉴国内外学者对高校教师信息化教学能力发展模式及途径的探索,以高校教师信息化教学能力现状和发展策略为研究角度,重点分析了教师信息化教学知识、意识、态度和能力,提出了提高高校教师信息化教学能力的若干建议。

本书可供高校教师及从事信息化教学的人士参考。

图书在版编目(CIP)数据

高校教师信息化教学能力发展研究/李玉萍著. —合肥:中国科学技术大学出版社,2021.8

ISBN 978-7-312-05163-0

Ⅰ. 高… Ⅱ. 李… Ⅲ. 计算机辅助教学—教学研究—高等学校 Ⅳ. G642

中国版本图书馆 CIP 数据核字(2021)第 084931 号

高校教师信息化教学能力发展研究

GAOXIAO JIAOSHI XINXIHUA JIAOXUE NENGLI FAZHAN YANJIU

出版	中国科学技术大学出版社
	安徽省合肥市金寨路 96 号,230026
	http://press.ustc.edu.cn
	https://zgkxjsdxcbs.tmall.com
印刷	安徽省瑞隆印务有限公司
发行	中国科学技术大学出版社
经销	全国新华书店
开本	710 mm×1000 mm 1/16
印张	14.75
字数	306 千
版次	2021 年 8 月第 1 版
印次	2021 年 8 月第 1 次印刷
定价	78.00 元

前　言

自古以来，人类开展教育教学活动都离不开某些传递知识和技能的辅助介质，从最初的口耳相传到文字书写，再到现代的电子化和数字化媒介。历史经验告诉我们，后一种介质并不会否定或抛弃前一种介质，而是与之有机融合，形成能够更加丰富教学活动、增强教育教学效果的手段或工具组合。基于此，教育者基本的教育教学能力的内涵也在不断丰富。最初的要求是具备某方面的知识和技能以及口语表达能力，后来又增加了文字读写能力，到了当今信息化时代，教育者的基本胜任能力除了精通某种学科内容知识、掌握学科教学法外，还必须具备在教育教学过程中能够将信息技术与学科内容知识、学科教学法整合应用的能力，即信息化教学能力。教育教学能力内涵发展的轨迹与社会、经济和技术发展的轨迹始终保持一致的趋势，是不随个人好恶而改变的客观事实。高校教师紧随信息时代前进的步伐，不断提升信息化教学能力，是促进自身专业发展的客观必然要求。

进入21世纪，随着信息通信技术的迅猛发展，我国对教育信息化进程愈加重视。在国务院颁布的《国家中长期教育改革和发展规划纲要（2010—2020年）》以及教育部陆续推出的涉及教育信息化的各种文件中，对加强教师信息技术应用培训、提高教师信息化教学能力都有明确的规定和要求。高校教师的信息素养和信息化教学能力及水平成为影响和衡量他们专业发展程度的因素之一。站在2020年的档口，看高校的培养对象——Z世代（指1995年至2009年出生的人）的青年，他们的生活和学习方式已经完全离不开智能手机和平板电脑等科技信息技术产品。作为互联网时代的"原住民"，他们天生对信息技术具有敏感性，信息素养和信息技术的应用能力及学习能力无疑高于X世代（指20世纪60年代中期至70年代末出生的人）和Y世代（界于X世代和Z世代出生的人）的高校教师主流群体。Z世代学习者与生俱来的对在教学过程中应用信息技术手段和工具的需求，也倒逼着高校教师不断提升自身的信息素养和信息化教学能力。

2020年是教育部《教育信息化十年发展规划（2011—2020年）》的收官之年，新冠疫情暴发后的全民在线教学成为"帮助"验收我国教育信息化发展成果的"不速之客"。为应对疫情,在教育部"停课不停学,停课不停教"的宏观政策指导下,全国各级各类学校成为检验《教育信息化十年发展规划(2011—2020年)》执行情况的真实场所。可以说,我国各级各类高校经受住了疫情的考验,通过了教育信息化发展规划的"验收",但同时也暴露出了不少问题,反映出高校教师信息化教学能力的参差不齐和整体上的差强人意,揭示出教师的信息化教学观念和教学模式存在较大提升空间的客观现实。

在21世纪信息化、智能化的时代背景下,高校教师的信息化教学能力和水平直接影响着高等教育人才培养质量。本书聚焦"高校教师信息化教学能力发展"这一问题,参照国内外有关教师信息化教学能力的标准或框架,构建了高校教师信息化教学能力框架。本书梳理了高校教师信息化教学能力发展的现有模式和路径,采用问卷调查法和访谈法搜集来自高校教师的第一手研究资料,致力于了解高校教师信息化教学能力现状,结合对相关政策文献的解读,参照教师学习理论和TPACK理论,并参考其他研究机构对疫情期间高校师生和教学管理人员的调研数据,分析探讨高校在教师信息化教学能力发展机制背后存在的问题以及面临的挑战,并尝试从宏观、中观和微观三个层面,对应于政府、学校和教师三个维度,从高校教师信息化教学能力框架制定、高校管理和激励制度的建设以及高校教师的自我反思和实践三项内容着手探讨高校教师信息化教学能力的发展策略,希望为各级管理部门制定相关政策提供参考依据。

在开展研究和写作的过程中,本书作者得到了领导、同事、同行和家人的大力支持和帮助,参考了众多学者和研究人员的学术成果,在此向他们一并表示诚挚的感谢。由于作者的理论水平和研究能力有限,书中内容难免存在疏漏,观点或有不当之处,祈盼读者批评、指正!

作　者

目 录

前言 ………………………………………………………………………………… (i)

第一章 绪论 ……………………………………………………………………… (1)
  第一节 研究问题 ……………………………………………………………… (1)
  第二节 研究述评 ……………………………………………………………… (7)
  第三节 理论视角 ……………………………………………………………… (25)
  第四节 内容框架 ……………………………………………………………… (35)

第二章 高校教师信息化教学能力框架 ……………………………………… (37)
  第一节 国内外信息化教学能力标准与框架 ……………………………… (37)
  第二节 高校教师信息化教学能力框架构建 ……………………………… (58)

第三章 高校教师信息化教学能力发展路径 ………………………………… (67)
  第一节 信息化教学能力培训 ………………………………………………… (67)
  第二节 信息化课程教学实践 ………………………………………………… (71)
  第三节 信息化教学能力竞赛 ………………………………………………… (91)

第四章 高校教师信息化教学能力现状调研 ………………………………… (102)
  第一节 调研设计 ……………………………………………………………… (102)
  第二节 数据收集与分析 ……………………………………………………… (103)
  第三节 调研结果与讨论 ……………………………………………………… (122)
  第四节 新冠疫情时期高校在线教学情况分析与思考 …………………… (132)

第五章 高校教师信息化教学能力发展策略 ………………………………… (164)
  第一节 宏观策略：高校教师信息化教学能力框架的顶层设计 ………… (165)
  第二节 中观策略：高校管理制度建设的激励作用 ……………………… (168)
  第三节 微观策略：高校教师的自我反思与实践 ………………………… (171)

附录 ……………………………………………………………………………… (174)
  附录一 中小学教师信息技术应用能力标准（试行） …………………… (174)
  附录二 国家高校教师教育技术能力指南条目细则及术语与定义 …… (179)

附录三 2012年全国职业院校信息化教学大赛实施方案 …………… (186)

附录四 2020年全国职业院校技能大赛教学能力比赛方案 ………… (196)

附录五 高校教师信息化教学能力调查问卷和统计结果 …………… (209)

附录六 高校教师信息化教学能力访谈提纲 ………………………… (220)

参考文献 ……………………………………………………………… (221)

第一章 绪 论

在这个非我们所愿、前所未有的、复杂迷茫的世界里,我们的任务就是把自己的人格魅力和个人技能最好地呈现出来。愿智慧和优雅陪伴我们前行!

——劳伦斯·贝考(Lawrence Bacow)[①]

随着信息技术发展的突飞猛进,互联网、云计算、大数据、区块链、5G网络等概念已逐渐为人熟知,并且业已进入与人们日常生活息息相关的方方面面。在高等教育领域,应用信息技术开展信息化教育教学也被视为是驱动教育教学变革的手段和工具。微观方面,人们期望应用信息技术,改变长久以来在传统课堂教学中"以教师为中心"单向灌输知识的教学模式,关注学生的需求,调动学习者的兴趣和热情,提高学习效率;宏观方面,信息化教育教学技术不仅被期望成为变革教育教学方式的推手,甚至承载了实现教育公平和构建终身学习社会的愿景。尤其是2019年一场新冠病毒疫情的暴发,"粗暴"地将各级各类教育教学相关方推上了完全"在线"运行的轨道,无论主观意愿如何,高校教师的教学形态只能采取"线上教学"的唯一模式,教师的信息化教学能力"不得不"接受社会的检验。在这种前所未有、不期而至的"被动上线"环境中,他们尽力将自己最好的信息化教学技能呈现出来,努力通过各种信息化的工具和手段完成教书育人的使命,高校教师的职业生涯和专业发展与信息化教学能力的关系比以往任何时候都更加紧密地缠绕在一起。本章将详细阐述高校教师信息化教学能力发展这一研究问题的选题背景和研究意义,梳理国内外相关研究状况,并介绍本研究的理论视角和本书的写作框架。

第一节 研 究 问 题

当今世界正处于快速发展的时代,人类业已开始步入后信息化的智能时代。

[①] 摘自哈佛大学校长劳伦斯·贝考2020年3月13日于新冠肺炎(COVID-19)疫情在美国暴发期间致其同仁的一封信,贝考校长及其夫人2020年3月24日被确诊感染新冠肺炎。

人工智能、3D打印、物联网等科学技术的开发和应用,特别是大数据、区块链、信息传感、自动驾驶等新技术、新理论的加速发展与融合,已经极大地改变了我们的工作模式、生活方式与学习形态,并且将会以更快的速度推动社会发生更深刻的变革。

为适应未来的经济与社会发展需求,保障"中国制造2025"、创新驱动发展、"一带一路"倡议等的实施,高等学校的教育教学目标也将随之发生变化,动态优化人才培养结构,向社会输送各类紧缺人才,特别是具备核心素养的创新人才成为当务之急。核心素养与综合素养不同,核心素养指的是面向21世纪的关键少数素养。我国有研究者认为,应该结合国情,重点培养我国学生的"创新能力、批判性思维能力、公民素养、合作与交流能力、自主发展能力和信息素养"等六种核心素养[①],其中,"自主发展能力"和"信息素养"就是顺应信息化时代和智能时代而提出的学生应具备的核心素养。

在明确了培养学生"什么样的"核心素养目标之后,随之而来的就是教师的教育教学能力是否匹配的问题。迭代的人才培养目标对教师的信息化教学能力提出了更高的要求:教师能够在各学科课程设计中融入核心素养的培养;能够利用记录学生学习过程的各种信息数据来诊断、分析学生的学业情况,从而改进自己的课程设计,因材施教,为学生制定个性化的学习方案;能够引导、协助学生应用信息化技术和手段在课后开展自主学习;能够使用各种信息化的测评工具来评价学生的能力和素养。由此可见,与传统的"以传授知识为中心"的教师角色相比,信息化时代的教师仅做一个"知识传授者"是远远不能适应时代和学生的需求的。

在信息化时代,借助于互联网和移动终端设备,作为网络时代"原住民"的高校学生可以随时随地获取所需的信息,包括海量的音频、视频、图片、文档等线上资源。便捷、即时的知识获取途径弱化了高校教师的知识传授者身份,随之而来的是知识筛选者、内容制作者、学习陪伴者、困难帮助者、效果评价者等身份。要胜任这些新的角色,要求教师要能够运用各种手段和设备,既包括传统的纸质教材和资料,也包括电子化、数字化的音频、视频和文档,根据课程学习要求和学生具体学情,选择适切内容和形式的资源,并将呈现形式各不相同的原材料,通过重新编辑、录音录像制作包装成新的课件、音视频和文档供学生有针对性地、高效地开展学习。在学生进行课堂或课外的学习过程中,教师要始终"显形"或"隐形"地陪伴着;在学生遇到学习障碍的时候,教师要能够"即时"或"延时"地提供帮助、给予鼓励;最后,还要组织多种"在线"或"离线"形式的评价活动,对每个学生做出中肯的学习评价和反馈,评定课程学习成绩。

上述内容是对信息化时代高校教师开展常规教学所应具备的教学能力的简要

---

① 褚宏启.核心素养的国际视野与中国立场:21世纪中国的国民素质提升与教育目标转型[J].教育研究,2016,37(11):8-18.

描述。那么，我们的高校教师是否都具备了这种信息化教学能力呢？事实表明，目前我国高校教师队伍的信息化教学能力和水平尚不能适应信息化时代人才培养的要求，教师整体上缺乏落实信息化教学所需的相应知识和技能，离上述"白描"所刻画的信息化时代的教师形象还有相当的差距。正是在这样的背景下，国家频频颁布文件，强调信息化教学的重要性，彰显快速提高教师信息化教学能力的必要性，以适应推动新时代教育变革、培养创新型人才的迫切需求。

2010年7月，国务院颁布的《国家中长期教育改革和发展规划纲要（2010—2020年）》①（以下简称《纲要》）指出"信息技术对教育发展具有革命性影响，必须予以高度重视"，明确信息技术要为实现我国教育改革发展的三大核心任务——实现教育公平、提高教育质量和推进教育创新做出贡献；在《纲要》的第十九章"加快教育信息化进程"中明确提出"把教育信息化纳入国家信息化发展整体战略，超前部署教育信息网络""制定教育信息化基本标准，促进信息系统互联互通""加快学校管理信息化进程，促进学校管理标准化、规范化"，并强调要"强化信息技术应用，提高教师应用信息技术水平，更新教学观念，改进教学方法，提高教学效果"。

2012年，教育部发布了《教育信息化十年发展规划（2011—2020年）》②（以下简称《规划》），这是具体落实《国家中长期教育改革和发展规划纲要（2010—2020年）》中关于教育信息化建设的纲领性文件。《规划》强调了"提升高校教师教育技术应用能力""建立和完善各级各类教师教育技术能力标准，将教育技术能力纳入教师资格认证与考核体系，促进教师专业化发展""推进信息技术在教学中的普遍应用"，并指出实现教育信息化的具体路径和方法——信息技术要与教育、教学进行深度融合。同年5月，教育部又专门面向职业教育印发了《关于加快推进职业教育信息化发展的意见》③，提出"应当将信息技术的创造性应用看作革新与发展职业教育的重要基础与战略支持"，强调要"提升职业教育工作者的信息素养""制定职业院校教师教育技术能力标准，鼓励学校组织在职人员学习、应用和创新教育信息技术，定期举办全国职业院校教师信息化教学竞赛，逐步将教育技术能力纳入职业院校教师资格认证与考核体系"。

2014年，国务院颁发的《关于加快发展现代职业教育的决定》④提出，要"加快信息化管理平台建设，加强现代信息技术应用能力培训，将现代信息技术应用能力作为教师评聘考核的重要依据""加大对教师的信息技术培训力度，提高职业院校

---

① 国务院. 国家中长期教育改革和发展规划纲要：2010—2020年[EB/OL]. [2019-04-03]. http://www.gov.cn/jrzg/2010-07/29/content_1667143.html.
② 教育部. 教育信息化十年发展规划：2011—2020年[EB/OL]. [2019-04-03]. http://old.moe.gov.cn/publicfiles/business/htmlfiles/moe/s3342/201203/xxgk_133322.html.
③ 教育部. 关于加快推进职业教育信息化发展的意见[EB/OL]. [2019-04-03]. http://old.moe.gov.cn/publicfiles/business/htmlfiles/moe/s3055/201205/xxgk_136506.html.
④ 国务院. 关于加快发展现代职业教育的决定[EB/OL]. [2019-04-06]. http://old.moe.gov.cn/publicfiles/business/htmlfiles/moe/moe_1778/201406/170691.html.

教师的信息化素养、信息化能力和信息化应用水平"。2015年7月,国务院发布《关于积极推进"互联网+"行动的指导意见》①(以下简称《意见》),催生了"互联网+"新型教育服务供给方式,推动了教育服务模式的变革。《意见》鼓励各类学校聘请互联网领域高级人才作为兼职教师,加强"互联网+"领域的实验教学。2016年6月,教育部又发布了《教育信息化"十三五"规划》②,提出要"推动教师信息化教学能力长效发展,让'应用上台阶',形成以信息技术为基础的新型教育教学模式""成立并健全教师对信息技术应用的能力标准,使信息化的教育教学模式切实成为教师日常教学模式选择的新常态"。同年,中共中央总书记习近平同志在给"首届国际教育信息化大会"的祝贺信中也提到要"不断促进信息技术同教育之间的融会贯通、创新发展",彰显了教师落实"信息技术与教育教学融合"这一任务的迫切性。

2018年1月,中共中央国务院颁布的《关于全面深化新时代教师队伍建设改革的意见》③明确要求"教师主动适应信息化、人工智能等新技术变革,积极有效开展教育教学"。2018年2月,教育部等五部门联合印发了《教师教育振兴行动计划(2018—2022年)》④,要求"推进教师教育信息化教学服务平台建设和应用……启动实施教师教育在线开放课程建设计划"。2018年4月,教育部发布《教育信息化2.0行动计划》⑤,提出"到2022年,基本实现'三全两高一大'的发展目标",即教学应用覆盖全体教师、学习应用覆盖全体适龄学生、数字校园建设覆盖全体学校,信息化应用水平和师生信息素养普遍提高,建成"互联网+教育"大平台,推动从教育专用资源向教育大资源转变,从提升师生信息技术应用能力向全面提升其信息素养转变,从融合应用向创新发展转变,努力构建"互联网+"条件下的人才培养新模式,发展基于互联网的教育服务新模式,探索信息时代教育治理新模式。"2.0行动计划"拉开了教育信息化的新时代序幕,"大力提升教师信息素养"势在必行。

2019年2月,国务院颁布了《加快推进教育现代化实施方案(2018—2022年)》⑥,其中第六条明确指出"要大力推进教育信息化。着力构建基于信息技术的新型教育教学模式、教育服务供给方式以及教育治理新模式",促进信息技术与教育教学深度融合,支持学校充分利用信息技术开展人才培养模式和教学方法改革,

---

① 国务院.关于积极推进"互联网+"行动的指导意见[EB/OL].[2019-04-06]. http://www.gov.cn/zhengce/content/2015-07/04/content_10002.html.
② 国务院.国家教育事业发展"十三五"规划[EB/OL].[2019-04-20]. http://www.moe.gov.cn/jyb_xxgk/moe1777/moe1778/201701/t20170119_295319.html.
③ 国务院.关于全面深化新时代教师队伍建设改革的意见[EB/OL].[2019-04-20]. http://www.xinhuanet.com/politics/2018-01/31/c_1122349513.html.
④ 教育部,等.教师教育振兴行动计划:2018—2022年[EB/OL].[2019-04-21]. http://www.moe.gov.cn/srcsite/A10/s7034/201803/t20180323_331063.html.
⑤ 教育部.教育信息化2.0行动计划[EB/OL]. http://www.moe.gov.cn/srcsite/A16/s3342/201804/t20180425_334188.html.
⑥ 国务院.加快推进教育现代化实施方案:2018—2022年[EB/OL].[2019-02-23]. http://www.moe.gov.cn/jyb_xwfb/s6052/moe_838/201902/t20190223_370859.html.

逐步实现信息化教与学应用师生全覆盖。创新信息时代教育治理新模式,开展大数据支撑下的教育治理能力优化行动,推动以互联网等信息化手段服务教育教学全过程。加快推进智慧教育创新发展,设立"智慧教育示范区",开展国家虚拟仿真实验教学项目等建设,实施人工智能助推教师队伍建设行动。同期,国务院印发了《中国教育现代化2035》这一纲领性文件①,其中"加快信息化时代教育变革"作为十大发展战略之一,强调要"建设智能化校园,统筹建设一体化智能化教学、管理与服务平台。利用现代技术加快推动人才培养模式改革,实现规模化教育与个性化培养的有机结合。创新教育服务业态,建立数字教育资源共建共享机制……"。

在教师信息化教学能力标准的研制方面,我国也颁布了专门的文件和研究报告。2014年5月,教育部就已颁布了《中小学教师信息技术应用能力标准(试行)》②(以下简称《标准》),对中小学教师在教育教学和专业发展中应用信息技术能力方面提出了详细、具体的基本要求和发展性要求(详见附录一)。《标准》的实施对全国中小学(及幼儿园)教师信息化教学专项能力的提升、教育信息化的有效推进具有重要意义。为促进中小学教师达标,教育部启动了"全国中小学教师信息技术应用能力提升工程",为《标准》的实施提供支持路径。在高等教育领域,早在2010年,全国高校教育技术委员会就制定了《国家高校教师教育技术能力指南(试行)》(以下简称《指南》),这是一份目前仅有的专门针对高校教师提出的教育技术能力标准。《指南》是基于全国教育科学"十一五"规划项目、教育部重点课题"高校教师信息素养现状与高校教师教育技术能力框架的研究",经专家反复审核、修订完成的教育技术能力标准。《指南》从高校教师的特点入手,从5个维度、17个二级指标、54个三级绩效指标(详见附录二)的角度,对高校教师教育技术能力进行了比较全面的描述,并构建了相关能力结构模型,不同高校可以参考该模型,构建适合本校特点的教师发展模型,设计教师信息化教学能力培训课程结构和培训组织形式等。虽然,这份《指南》发布于10多年前,其中一些概念的表述与今天有所不同,但其实质内涵变化并不大,其内容对当前的研究与实践仍然具有较大的参考价值,对促进我国高校教师教育技术能力提升、规范高校教师信息化教学能力培训、促进高校教师专业化发展和提高高校教学质量具有重要且积极的意义。③

在国外,一些发达国家非常重视教育教学的信息化,由政府主管部门和民间研究机构主导,对信息技术在教育中的应用、教师教学能力标准以及教师的信息化素养培训开展研究,并颁布了相应的政策文件和调研报告。1996年年初,美国颁布了《教育技术行动纲领》,要求"教师具备将技术整合进课程的必要技能",并制定了

---

① 国务院. 中国教育现代化2035[EB/OL]. [2019-02-23]. http://www.gov.cn/zhengce/2019-02/23/content_5367987.htm.
② 教育部. 中小学教师信息技术应用能力标准(试行)[EB/OL]. [2019-03-12]. http://www.moe.edu.cn/srcsite/A10/s6991/201405/t20140528_170123.html.
③ 马宁,陈庚,刘俊生,等.《国家高校教师教育技术能力指南》的研究[J]. 远程教育杂志,2011,29(6):3-9.

《全国教育技术教师标准》,规范教师教育技术培训的效果评价[①];2010年,美国颁布的《国家教育技术计划》(National Educational Technology Plan)进一步明确要"通过教育信息化显著提高教育生产力"。2016年10月,美国白宫科技政策办公室(The Office of Science and Technology Policy,简称OSTP)发布了题为《为人工智能的未来做好准备》(Preparing for the Future of Artificial Intelligence)和《国家人工智能研发战略规划》(The National Artificial Intelligence Research and Development Strategic Plan)两份重要报告[②],指出"人工智能技术对社会各领域的影响越来越深刻,教育是人工智能应用的一个重要领域,教育人工智能(Educational Artificial Intelligence)是人工智能与学习科学相结合的一个新领域,因此迫切需要在各级各类教育中强化人工智能方面的人才培养,以应对人工智能的快速发展"。因此,学校必须做好教师队伍的建设,才能较好地顺应技术发展趋势,助力教育变革。2017年,国际教育技术协会(International Society for Technology in Education,简称ISTE)发布的《教育者教育技术标准》基于深化教育工作者的实践、促进同行合作的理念,从教育者作为学习者、领导者、公民、合作者、设计者、促进者和分析师七个角色阐明了教育者如何利用信息技术成为赋权增能的专业人士。[③] 2016年和2017年,新媒体联盟发布的《基础教育版地平线报告》一直提及要重塑教师角色,指出教师应具备与新角色一致的技术应用能力,如分析和使用学生数据、创设学习环境、利用技术应对差异化兴趣、推动个性化学习等。[④]

通过上述对国内外围绕教育信息化和教师信息化教学能力标准及培训等相关政策和研究报告的梳理,可以清楚地看到信息技术对教育教学已经产生并将继续产生巨大的影响。然而,近十几年来不断推出的政策能否落实?业已制定的标准能否应用?精心组织的培训是否有成效?信息技术是否能对教育教学产生积极影响?这些问题的答案都体现在教师的信息化教学能力和应用水平上。因为,如果教师在教学过程中不能够恰当地开展信息化教学,即使学校装备了价值不菲的教育信息技术设施,拥有最新技术驱动的教学平台,那么,它们都终将是华丽的、供人参观的摆设;如果教师没有在"以学生为中心"的教学理念指导下,使用信息化设备和手段,信息化可能依然是机械性训练与知识单向灌输的工具,而与政策所期待的

---

① ISTE. Accreditation and standards committee: national standards for technology in teacher preparation[EB/OL].[2019-12-20]. http://cnetsiste.org/standards/ncate/index.html.
② 闫志明,唐夏夏,秦旋,等.教育人工智能(EAI)的内涵、关键技术与应用趋势:美国《为人工智能的未来做好准备》和《国家人工智能研发战略规划》报告解析[J].远程教育杂志,2017,35(1):26-35.
③ ISTE. ISTE standards for educators:2017[EB/OL].[2020-01-07]. https://www.iste.org/standards/for-educators.
④ NEW MEDIA CONSORTIUM(2016). The Horizon Report 2016 edition [EB/OL].[2019-12-24]. https://www.nmc.org/publication/nmc-cosn-horizon-report-2016-k-12-edition/.
NEW MEDIA CONSORTIUM(2017). The Horizon Report 2017 edition [EB/OL].[2019-12-24]. https://www.nmc.org/publication/nmc-cosn-horizon-report-2017-k-12-edition/.

"通过信息化教学促进学生开展自主学习、合作学习和泛在学习,培养学生创新能力、批判性思维、沟通合作能力等面向未来的社会所需要的信息素养和核心能力"这一目标相去甚远。因此,信息化教学是否能够促进教育教学变革,取决于教师是否使用信息化技术,以及使用信息化技术和设施的程度和效果如何。因此,教师的信息技术能力培养与提升是决定信息化教学成效的关键要素。南国农先生于2011年10月14日在甘肃省高等学校教育技术协会2011年年会上所做的学术报告中指出:教育信息基础设施建设是基础,优质教育资源开发与应用是灵魂,教师信息技术能力培养与提升是关键,建构国家教育管理信息系统是保障。[1]

高等教育是学生走向工作岗位、成为"社会人"之前所经历的最后一个正式学校教育阶段。高校教师在日常教学中应用信息化技术开展教学的状况对塑造学生的信息素养和核心能力至关重要,这正是本书将研究聚焦在"高校教师信息化教学能力发展"的重要原因。本书所研究的问题包含以下几个子问题:

(1) 高校教师信息化教学能力发展的路径有哪些?
(2) 高校教师信息化教学能力的现状如何?
(3) 如何进一步促进高校教师信息化教学能力的发展?

本书希望通过对上述几个子问题的深入探讨,了解高校教师信息化教学能力和水平的现状,梳理高校教师信息化教学能力发展的现有模式和路径,力求获得一个关于高校教师信息化教学能力的全面、客观的完整认识,在此基础上分析现存的高校教师信息化教学能力发展机制背后的问题以及面临的挑战,并尝试提出相应的发展策略,为各级管理部门制定相关政策提供参考依据。

第二节 研究述评

我国学者对信息化相关领域的研究成果颇为丰富。截至2019年4月,以"信息化"为关键词在中国知网的数据库中共检索到62 035个结果,其中,仅有397份文献显示发表于1999年12月31日之前。第一篇与"信息化"相关的文献是1988年发表于《工程机械》上的研究论文[2],第一篇针对"信息化教学"研究的论文于2002年发表在《电化教育研究》第10期上[3],也就是说国内对信息化和信息化教学的研究成果主要完成于2000年之后,表明我国学者对信息化相关问题和现象的研究成果在进入21世纪后的这20年间集中取得,这与信息化技术的产生和发展相

---

[1] 南国农. 我国教育信息化发展的新阶段和新使命[J]. 电化教育研究,2011(12):10-12.
[2] 严大考,等. 轮系的信息化及电算模型[J]. 工程机械,1988(6):10-15.
[3] 贺武华. 对中小学英语网络信息化教学的反思[J]. 电化教育研究,2002(10):74-76.

伴相生。从数字上看,这一研究领域还是比较"年轻"的,必将随着信息化技术的发展和应用而不断发展壮大并趋于成熟。本节将梳理国内外信息化教学领域的知名学者及其主要研究成果,按照信息技术与教育教学、信息化教学能力标准与教师培训、信息技术与课程教学和AI+教育等为主题对国内外的相关研究进行评述,以期能够进一步明晰本书所涉研究的主要问题领域。

一、信息技术与教育教学

随着数字音像技术、多媒体计算机技术、互联网、人工智能等技术的诞生和飞速进步,人类进入信息时代,各种信息技术渗透到人们的日常生活和工作之中,人们在不知不觉中应用它们,须臾不可分离。学校教育作为人们生命中的重要组成部分,人们在学校接受教育、学习各门课程的过程中,也都与信息技术保持着程度不等的关系。在信息化的时代大背景下,学校的教育教学也必然会打上信息化的烙印,教育信息化和信息化教育、教学信息化和信息化教学等概念也应运而生。

我国的教育信息化萌芽于20世纪80年代,90年代后期正式起步,进入21世纪后得到了迅速发展。[1] 我国教育技术领域的前辈南国农教授将"教育信息化"定义为"在教育中普遍运用现代信息技术,开发教育资源,优化教育过程,以培养和提高学生的信息素养,促进教育现代化的过程"[2]。"化"字在中文中表示事物变化的过程,教育信息化就是运用计算机网络、数字化教学资源、信息化教学平台、智能设备等信息技术,不断改进教育教学,培养和提高学生的信息素养和信息能力,使他们掌握知识和技能,成长为一个对社会有用之才的过程。信息技术与教育过程整合后的表现形态即"信息化教育"。同理,我们也可以将"教学信息化"看作教学过程的信息化。教学过程不仅仅指狭义的"课堂教学",也包括延伸至课堂之外的教师指导和学生学习及实践活动。在课内外的教学过程中,师生使用信息化的技术手段和设备完成教学和学习任务就实现了教学信息化,这种信息化设备和手段与教学过程整合后的形态即"信息化教学"。

信息化时代的教育教学必须有现代技术媒体的参与,没有现代技术媒体参与的教育教学不是信息化教育教学。但是,信息化的教育教学姓"教",不姓"技"[3],它是一种不同于传统学校教育和传统课堂教学的新的教育教学方式,是新的教育教学方法、新的教育教学内容传递形态和新的教育教学组织形式的综合。我们首要关注的必须是"教育教学",而不是"信息技术"。"信息技术"和传统的书本、黑板等功能一致,是"教"与"学"的手段、工具,是教育教学内容的载体,使用信息技术的

---

[1] 南国农.中国教育技术发展概述[J].现代远距离教育,2010(5):17-18.
[2] 南国农.教育信息化建设的几个理论和实际问题:上[J].电化教育研究,2002(11):3-6.
[3] 南国农.信息化教育理论体系的形成与发展[J].电化教育研究,2009(8):5-9.

目的是优化教育教学的过程和结果,而不是为使用而使用。①

信息技术与教育教学过程的结合,也引发了学界对教师职业和学校功能的热议。一部分人认为,互联网进入教育教学领域后,将取代其他教学媒体,取代纸质教学材料,甚至取代教师,从而学校也会消失。持这种观点的人看到了互联网巨大的吸引力,互联网的确是信息的海洋,它为交流信息提供了快捷通道,能超越时空,实现资源共享,为建立学校、社会、家庭一体化的终身学习体系提供极为有力的支持,学习者可以自取所需,进行量体裁衣式的学习。然而,对于这种观点,更多的人持不认同的态度。他们认为,互联网和信息技术介入教育教学过程中,但不会取代其他教学媒体,印刷媒体和其他视听媒体会依然存在。网络教学虽有许多优点,但也有其不足之处,有其局限性,如对学生情感的陶冶、实际操作能力的培养等。在这些方面,它与传统教育相比并没有更多的优势,技术和网络作为教学媒介不是万能的。当代媒体理论所揭示的"没有一种万能的媒体,某一种媒体对某一种教育、教学活动来说,可能比别的媒体更为有效,但是没有人人适用、处处适用的万能媒体"目前来看并没有过时②,仍然适用于当下的教育教学情境。

同理,互联网进入教育教学也不会取代教师。实施网络在线教育教学,学生可以选择教师,但学生不能没有教师。因为,网络在线教育不是完全的自学,学生学习离不开教师的引导。即使 AI 技术可以制作出机器人教师、虚拟教师或教师的图像,但是有思想、有血有肉、有温度的真实的教师仍是不可缺少的,只是此时他们的角色发生了改变,他们可能要由完全的知识提供者转变为兼具学生学习的引导者、组织者、帮助者和评价者等多重身份的人,他们的责任重心可能会发生转移,由以往的只注重知识传授,转变为指导和帮助学生根据自身的情况和需求从浩如烟海的网络资源中选择合适的资料并将它们运用得当。

互联网进入教育教学后,也不可能导致学校消失。因为,人具有社会交往的本质需求,不同年龄段的人需要实体的物理场合发展自身的社交能力,学会与人合作、与人共处,成为身心健康的"社会人"。传统学校正是满足各年龄段这种社交需求的真实场所,因此,传统学校依然存在并与信息技术结合而有新的发展,即现实的传统学校会有机地融合虚拟的网络学校形成一种全新的、混合式的学校体系,构建面向未来的教育形态,适应信息化时代和智能时代的教育教学需求。

关于信息技术与教育教学的关系,在美国诞生了 E-Learning 的概念。根据美国教育部 2000 年度《教育技术白皮书》的论述,可以将 E-Learning 概念的定义归纳为:"指主要通过因特网进行的学习与教学活动,它充分利用现代信息技术所提供的、具有全新沟通机制与丰富资源的学习环境,实现一种全新的学习方式。这种学习方式将改变传统教学中教师的作用和师生之间的关系,从而根本改变教学结

---

① 何克抗,李文光.教育技术学[M].北京:北京师范大学出版社,2002:65.
② 南国农.教育信息化建设的几个理论和实际问题:下[J].电化教育研究,2002(12):20-24.

构和教育本质。"①E-Learning定义中提及的新的沟通机制是指计算机网络、多媒体、专业内容网站、信息搜索、电子图书馆、远程学习与网上课堂等。E-Learning实现了学习发生的随时随地性,从而为终身学习提供了可能。它改变了教师的作用和师生之间的关系,但是它不可能代替传统的课堂教学,也不会取代学校教育。21世纪初,何克抗将E-Learning的概念引入国内,并将之翻译成中文"数字化学习",他认为E-Learning的完整内涵应当是:利用现代信息技术手段,通过信息技术与学科课程的有效整合来实现一种理想的学习环境和全新的、能充分体现学生主体作用的学习方式,从而彻底改革传统的教学结构和教育本质,达到培养大批具有21世纪需要的能力素质的人才(即创新人才)的目的。② 这个内涵包含三个核心要素:一是条件要素——以多媒体和网络通信技术为代表的现代信息技术;二是方法——信息技术与学科课程的整合;三是目标——教学深化改革和创新人才培养。E-Learning概念的引入再次引起人们对当下高校教学改革存在的主要问题的关注,促进人们对创建新型教学结构的探讨,即"以学生为中心"和"教师主导-学生主体"的"双主教学结构",并引发了为新型教学结构的创建提供最理想的教学环境——信息技术与课程整合的研究热潮。③

二、信息化教学能力标准与教师培训

目前,人们已经认识到"教师是落实信息化教育教学的关键",在信息化时代背景下,评价教师的胜任能力需要依据相应的教学能力标准。1996年美国制定了《全国教育技术教师标准》,2017年国际教育技术协会发布了《教育者教育技术标准》。我国教育部也早在2003年就已启动了"中国中小学教师教育技术能力标准研制"项目,2004年正式发布了《中小学教师教育技术能力标准(试行)》,又于2014年重新制定了《中小学教师信息技术应用能力标准(试行)》,对全国中小学及幼儿园教师在教育教学和专业发展中应用信息技术提出了详细、具体的基本要求和发展性要求;2010年全国高校教育技术委员会制定了《国家高校教师教育技术能力指南(试行)》,针对高校教师的信息化教学能力结构、能力发展和培训课程结构及培训组织形式提出了指导性意见。与标准制定相伴而生的是提高教师信息技术应用能力的各种培训,对此也产生了大量的研究成果,主要集中在培训中的问题与对策、培训机制、培训内容和项目、培训手段和模式等方面。

众多的研究都提到了在教师信息化教学能力培训中所遇到的问题,可以归纳

---

① RILEY R W. E-Learning: pulling a world-class education at the fingertips of all children: the national educational technology plan[Z]. U. S. Department of Education, Office of Educational Technology, 2000.
② 何克抗. E-Learning与高校教学的深化改革:上[J]. 中国电化教育,2002(2):8-12.
③ 何克抗. E-Learning与高校教学的深化改革:下[J]. 中国电化教育,2002(3):11-14.

为4个方面：

1. 培训目标和培训理念不明确

对于培训的目的、意义及内涵的认识大多停留在技术的层面上，把教育教学技术能力培训和传统的信息技术等同起来，重视技术应用，轻视教学设计。信息化教学能力培训更要重视提高教师教育信息技术的素养，提高运用信息技术与教育教学过程相互融合的意识、能力与道德。

2. 培训内容和培训模式不合理

信息化教学能力培训的内容大都沿用专业教学的内容体系，与教师的现实需求不吻合，针对不同学科的培训匮乏，因而实用性、针对性不强，参训教师的兴趣往往不高且难以持续，效果不是很明显。在培训模式上，采用传统的培训和教学模式的较多，即使结合了一些信息技术手段，也只是停留在媒体应用的初级水平，没有真正把教育信息技术应用融入教育教学的全过程。

3. 培训效果评价机制不健全

缺乏对培训效果进行科学、合理、有效评价的方法，培训后的教师大多仍然不能真正领会和掌握信息化教育教学技术，难以在教学实践中运用教育教学信息技术。

4. 培训后续支持服务缺失

我国部分地区教育信息化基础设施尚不完善，相关部门在信息化环境创建方面投入经费少，人员配备不足，难以满足教师参训后对应用信息技术的硬件和技术服务支持的需要。

本书提出的相应对策主要有：

（1）做好培训前的调研，基于教师需求确立培训目标。在培训中，围绕解决教师教学中的实际问题和需求确定一系列培训目标，增强受训教师的兴趣并提高他们的实践能力。

（2）基于教学应用选择培训内容，使学科教师能将所学知识在自己的教学实践中实施。

（3）制定科学、合理的评价机制。及时了解培训效果，基于教学效果调整培训内容和培训模式，采用基于"问题"的混合培训模式（Blended-Training），以"学"为主，内容贴近实际工作和教学需求，调动教师参加培训的积极性和主动性，达到事半功倍的培训效果。

（4）加强信息技术培训设施建设。推进优质信息化培训资源的设计与开发，加大资金投入，做好教师信息技术教育课程资源建设的规划工作，研究建立优质信息化培训资源的共建共享机制。通过资源共享,实现信息化培训资源的优化配置,提高资源利用效率,使信息化资源发挥最大功效。[①]

对于中小学教师信息技术培训的主要研究集中在以下几个方面:

(1) 新课改理念下,信息技术与学科整合的理论分析、模式探索和相关案例。

(2) 网络环境下远程合作学习的理论与实践。

(3) 信息技术环境下探究式学习的理论与实践。

(4) 应用信息技术的相关工具和资源,营造有利于学生学习和发展的环境。

(5) 应用信息技术培养学生的合作精神和创新能力。

(6) 校内、校际、区域间和国际间等多种形式的远程合作学习项目的开展。

(7) 探究式学习的开展及对学生学习能力提高的影响。

(8) 信息技术环境下的教学对于教师专业发展的影响。

对国内教师培训项目的研究,很多是围绕"农远工程"项目实施中遇到的有关问题展开的,包括现状研究、教师动机激励、农村校本培训、培训策略、具体地区案例研究等。对于在中国开展的国际化教师信息技术能力培训项目,黎加厚在项目基本情况、项目特点和项目取得的成功经验等方面做了详细的研究。[②] 从20世纪90年代至21世纪初,许多国际化公司、组织和机构积极参加中国教师教育信息化技术培训活动,其中规模较大的教师信息化教育能力培训项目有教育部-英特尔公司合作的"英特尔未来教育"项目,教育部-微软公司合作的"携手助学"项目,教育部-IBM公司合作的"基础教育创新教学"项目,教育部中央电教馆与美国World Links组织合作的项目,教育部-乐高"技术教育创新人才培养计划"项目等。在这些历时十多年的全国教师教育技术能力培训活动中,既有宏观的决策研究,也有微观的操作细节,积累了许多成功的经验和教训,成为我国教师教育信息化技术培训的宝贵财富。此外,近年来,还有一些国际组织和发达国家支持中国西部地区开展的教师信息技术和创新能力培训项目,例如,"加强中国西部基础教育能力项目"(CIDA)、中国欧盟甘肃基础教育项目(EU-CHINA)、中英甘肃基础教育项目、中国·联合国发展计划署"应用远程教育和ICT技术提高中国西部贫困地区教师质量"项目(UNDP403)等。这些国际合作培训项目将国外先进的教育理念和教学方法介绍给参加培训的中国教师,通过先进的教育理念和方法,提高教师应用信息技术的能力,帮助教师改进课堂教学方式方法。这些项目还将创新理念和先进的创新教学设备引入国内,建设"做中学"的创新教育环境,为师生创造更多、更好的动手学习环境。

关于培训机制和培训模式,相关研究者也做了较为深入的研究。刘径言等就

---

① 李玉萍,夏芳莉.2010—2015年我国教师信息技术应用能力培训研究综述[J].洛阳师范学院学报,2016(12):63-67.

② 黎加厚.中国教师教育技术能力培训的国际化项目回顾[J].电化教育研究,2010(12):87-99.

泛在技术支持的泛在学习环境对教师培训转型的影响这一问题进行了研究①，探讨了泛在学习环境下的教师培训运行机制，包括泛在学习资源设计和开发机制、泛在教师培训实施机制、评估教师培训效果机制、管理机制等四个维度，对实现教师无所不在的培训学习进行了一定的理论思考。未来的教师培训机构不仅要思考如何把握教师培训的自身规律，还要思考如何使最先进的网络通信技术与教师培训实现双向融合，营造浓厚的技术支持下的学习氛围和强制化的学习状态、真实有效的互动环境，实现全方位、个性化、持续性的培训学习。传统的教师培训机构如果不结合互联网，将没有继续发展的空间。

在培训模式方面，张琳琳和郑燕林在建构主义学习理论和人本主义理论的框架下，对信息技术支持下的参与式教师培训模式进行了研究设计。他们认为参与式培训模式能够更有效地更新教师教育理念、改善教学方法、提升实践技能、优化教学效果。② 张丽和伍正翔以全国中小学教师网络培训为平台，以 2006 年北京大学网络教育学院开发的引领式在线学习模式在教师培训领域中的应用为案例，探讨了引领式在线教师培训模式理论创新与实践机制。引领式培训模式要求学习者作为某个"班集体"的一员，在"教师"的引导下，于规定的时间内，在教师、学习者之间开展交互性学习活动，完成既定的任务，达成既定的目标。他们的研究表明引领式在线培训模式既充分发挥了现代信息技术的优势，又成功地将教师以及传统教育过程纳入培训过程之中。这种培训模式在降低培训成本的前提下，能保证培训的质量。③ 高传南在其硕士毕业论文中以上海闸北区中小学教师信息技术能力培训为例，比较系统地研究了混合式培训的有效性。混合式培训模式是一种将网络教学与面对面教学相结合的模式，它突破了时间和空间的限制。他的研究表明网络培训与面对面培训各有优缺点，只有将两者有机结合，才能探索出一种适合教师培训的混合学习的最优模式。④

在培训手段的研究方面，有研究者对 Moodle 平台、录播系统、云计算和微信及微信公众平台在教师培训中的应用进行了研究。Moodle 是澳大利亚教师马丁设计开发的远程课程管理系统，是一个源代码开放的免费软件。它是在 Internet 基础上建立课程和网站的软件包，为教师在网上建立网络课程、管理网络课程提供了有效的途径和手段。应用这个平台，在学习过程中，培训者和学习者成为平等的个体，他们能够互相协作、相互沟通，共同完成学习任务。⑤ 针对教学实践中参训教师难以转变原有观念、难以认同接受新技术和新理念、怠于应用培训内容改变日常

---

① 刘径言,陈明选,马志强.泛在学习环境下教师培训机制研究[J].中国电化教育,2014(11):90-94.
② 张琳琳,郑燕林.信息技术支持下的参与式教师培训设计[J].软件导刊·教育技术,2011(5):58-60.
③ 张丽,伍正翔.引领式在线教师培训模式理论创新与实践机制:以全国中小学教师网络培训平台为例[J].中国电化教育,2010(1):61-65.
④ 高传南.基于混合学习的有效教学研究:以中小学教师信息技术能力培训为例[D].上海:华东师范大学,2010.
⑤ 高晶.基于 Moodle 平台的教师网络远程培训[J].长春教育学院学报,2011(10):7-8.

教学行为等难题,北京大学教育学院的汪滢和汪琼借助 Moodle 平台,应用阿吉里斯和舍恩"使用理论模型"中的双路径学习理论设计了全国中小学教师交互式电子白板网络培训课程。培训时,双路径学习的发生机制由情感表达、共同设计和提问质疑三种途径组成,帮助教师厘清不确定的、复杂的专业实践情境,指导他们尝试突破来自自身与环境的制约,促进教师转变观念,将教育技术理念融入到教师已有的教学经验中,使信息技术在教学中能够被合理而有效地应用。① 林丽对录播系统在教师培训中的应用进行了研究,她认为利用信息技术环境下的录播系统开展教师培训是提高师资队伍水平的一条新途径。录播系统应用文字、图片、音频、视频等把大量的、多样性的数据采用超媒体方式链接,具有双向即时传输与处理音频、视频信息的能力,借助现代信息技术,以超媒体方式呈现整个培训过程,实现远程实时互动式教学培训,再现并体验本原、真实的教学情境,分析研究培训者与受训者的行为,在专家点评和同伴研讨中查找、分析教学问题,从而提高受训教师的自我反思评价和分析、解决实际教学问题的能力。② 张森对云计算与远程教育培训的结合进行了探讨,云计算(Cloud Computing)是指由网络计算发展而来的,前台采用计时付费的方式通过 Internet 向用户提供服务的技术。云计算的特点和优势体现在可靠安全的数据存储、方便快捷的云服务、强大的计算能力和突出的经济效益方面,在远程培训教育中应用云计算技术可以通过租赁云服务平台,减少培训资金投入,在云计算环境下建设网络资源库,开展教师协作学习,从而解决培训资金紧张、资源匮乏、由于地区差异和经济发展不平衡造成的培训质量差异等问题。③ 除了云计算之外,智能手机用户熟悉的微信及微信公众平台在教师培训中的应用也得到了相应的关注和研究。微信是 2011 年 1 月由腾讯公司推出的一款基于智能手机,通过无线网络快速发送文字、图片、视频、语音短信等,支持多人群聊的即时通信服务软件。微信软件供人们免费使用,任何功能均不收取费用,且耗费的流量相当少,因此,微信作为一种全新的沟通方式,已成为一种生活方式被广大智能手机用户所接受。2012 年 8 月,腾讯在微信基础上新增功能模块,推出了微信公众平台。通过这一平台,个人和群体都可以打造一个微信公众号,向特定人群发送文字、图片、语音、视频等内容,进行全方位的沟通与互动。微信和微信公众平台已拥有巨大的用户群,将其应用在教师培训中,可以提升培训管理的效率,完善培训学习的支持体系,实现从传统的方式逐渐向移动学习的方式转变。④

综观上述分析,可以看出,我国对于中小学教师信息化教学能力已有相应的标准和培训经验可以参照,而对于高校教师这一群体,至今还没有推出权威的、规范

---

① 汪滢,汪琼.基于 Moodle 的双路径学习设计与实践:以全国中小学教师交互式电子白板网络培训为例[J].中国电化教育,2015(11):84-89.
② 林丽.录播系统在教师培训中的应用研究[J].出国与就业,2011(5):45-47.
③ 张森.云计算在教师远程培训中的应用研究[J].软件导刊·教育技术,2013(1):43-44.
④ 佘雅斌.微信及公众平台嵌入教师培训的应用探索[J].高教论坛,2014(9):97-99.

化的信息化教学能力标准。对于已经制定的标准,随着时代发展和信息技术的日新月异,需要不断修订、完善和健全,更需要针对高校教师制定出适切的能力标准体系,以推动全体高校教师信息化教学能力长效发展,促进高校教师信息技术应用迈上新台阶,形成以信息技术为基础的新型教育教学模式,使信息化的教育教学模式切实成为各级各类学校教师日常教学模式选择的新常态。

在教师培训领域,研究领域宽、内容新,但研究的针对性还需进一步提高,研究对象还可扩大并细化,例如,在现有的研究中,对高等教育教师培训的研究相对较少,针对具体学科教师培训的研究也很缺乏。现实中,不同学段、不同学科教师在教学中应用信息技术的需求是存在差异的,因而,培训内容、培训模式、培训手段以及培训效果评价也都会产生相应的差异,应该对这些差异进行深入的理论或实证研究,以指导培训实践,优化培训效果。

三、信息技术与课程教学

从21世纪初开始,信息技术与课程教学的相关研究主要集中在信息技术与课程教学的整合、信息技术与课程教学的深度融合以及信息技术与具体学科教学的融合等方面。

人们对信息技术与课程教学整合的最初认识,开始于20世纪80年代初至90年代中期在中小学开设的"计算机课程"(或"计算机应用基础课程"),后来又更名为"信息技术课程"。该课程旨在培养学生获取、分析、加工和利用信息的知识与能力,为学生打好全面、扎实的计算机或信息文化基础。要实现这种课程教学目标,除了在中小学阶段开设专门的信息技术课程以外,还有一种方法就是将信息技术内容整合到中小学各学科的课程教学中去,使信息技术基础知识与能力的培养和各学科的教学过程紧密结合起来,形成"信息技术与课程教学整合"的思想。1998年,日本在教育课程审议会上发表的《关于改善教育课程基准的基本方向》的咨询报告中,提出了两个方面的要求:一是在小学、初中、高中各个阶段的各个学科中积极利用计算机等信息设备进行教学;二是要求在小学阶段的"综合学习"课上适当运用计算机等信息手段。[①] 美国则在更高层次上提出了信息技术应与各学科相整合的思想,在1985年启动并历时4年研制的《2061计划:全体美国人的科学》报告中,强调了"美国全体国民应具有善于将自然科学、社会科学与信息技术三者结合在一起的思想与能力"。在"2061计划"框架指导下,围绕"科学本质""数学本质""技术本质""自然环境""生活环境""人体结构""人类社会""技术世界""数学世界""科学史观""综合概念""智力技能"等12类学科,研发了大量的教材、资料和有关

---

① 张谦,等.国外教育信息化的新特点与新举措[J].外国中小学教育,1999(5):48-52.

教学资源，并以印刷品和电子出版物两种形式出版发行。后来随着因特网的普及，又增加了网上"在线发布"形式，使美国各地的中小学教师都可以很方便地下载这类教材、资料及其他资源。因而自20世纪90年代中期以后，"2061计划"的影响日益扩大。1998年加拿大温哥华学区的《信息技术报告》（以下简称《报告》）也指出："信息技术可以创设一个以学生为中心、以教师为主导并与广泛的社区相联系的学习环境。"该《报告》认为信息技术与课程的整合可有效地改进课程教学，使信息技术的运用成为学习过程的有机组成部分，从而便于学生掌握信息的收集、检索、分析、评价、转发和利用等技能。[①]

21世纪初，我国学者将"信息技术与课程教学整合"的概念引入国内，并对"信息技术与课程教学整合"的内涵、定义以及对深化我国教学改革的重大意义进行了探讨。余胜泉等认为"信息技术与课程整合"（Information Technology Curriculum Integration）意味着在已有课程的学习活动中结合信息技术，以便更好地完成课程目标、培养创新精神和锻炼实践能力，它是在教学过程中把信息技术、信息资源、信息方法、人力资源和课程内容有机结合，共同完成教学任务的一种新型的教学方式[②]。南国农认为"信息技术与课程整合是指在课程教学中引入信息技术，并使之与课程教学融为一体，以促进学习；或指将信息技术融入课程教学系统各要素中，使之成为教师的教学工具、学生的认知工具、重要的教材形态、主要的教学媒体；或指将信息技术融入课程教学的各个领域：班级授课、小组学习、自主学习等，既是学习的手段，又是学习的对象"。他指出，"整合不是简单地将信息技术运用到课程教学中，而一定是伴随着教学思想、教学方式的变革"[③]。

何克抗对"信息技术与课程教学整合"的意义进行了较系统的阐述。他认为通过整合信息技术和课程教学，能够推进我国教育的深化改革，改变传统的以教师为中心的教学结构，创建既能发挥教师主导作用又能充分体现学生主体作用的新型教学结构，有利于具有创新能力人才的成长。[④] 从根本上说，信息技术与课程教学整合是创设理想的教学环境的途径，因为由多媒体计算机、教室网络、校园网和因特网组合而构成的信息技术具有5个特征：

（1）多媒体计算机的交互性有利于学生的学习兴趣的激发和认知主体作用的发挥。

（2）多媒体计算机提供外部刺激的多样性，有利于知识的获取与保持。

（3）多媒体系统的超文本特性可实现对教学信息最有效的组织与管理。

（4）计算机网络特性有利于实现能培养合作精神并促进高级认知能力发展的协作式学习。

---

① 何克抗.关于信息技术与课程整合的理论与思考[J].中小学信息技术教育，2002(1/2):27-36.
② 余胜泉，马宁，何克抗.信息技术与语文教学整合[J].中小学语文教学，2002(11):4-5.
③ 南国农.怎样理解信息技术及其教师素养形成[J].现代远程教育研究，2013(1):3-6.
④ 何克抗.信息技术与课程整合的目标与意义[J].教育研究，2002(4):39-43.

(5) 超文本特性与网络特性的结合有利于实现能培养创新精神和促进信息能力发展的发现式学习。

由此可见,信息技术确实具有优化教育和教学过程的多种特征,这些特征的集中体现就是能充分发挥学生的主动性与创造性,为学生创新能力和信息能力的培养营造最理想的教学环境,促进新型教学结构的创建。教学结构的改革对于培养具有创新精神与创新能力的创造型人才具有至关重要的意义,真正实现信息技术与学科课程的"整合"是贯彻落实素质教育、实现基础教育跨越式发展的根本途径。

除了在宏观层面讨论信息技术与课程教学整合的内涵和意义外,有学者也从信息技术与一些具体学科课程的教学整合角度进行了研究。在"信息技术与语文教学"的整合方面,顾德希认为应坚持两个"结合":一方面要结合语文教师应用信息技术的不同水平和各地各校校园网建设发展的不同阶段,根据实际情况做出安排;另一方面信息技术要与语文教学规律紧密结合,不要为了使用网络而使用网络,不要为了使用动画而使用动画。此外,在语文教学中要运用适切的教学软件类型,如报告演示型、支持互动型和拓展选择型等。教学软件的类型多种多样,功能各不相同,要推进信息技术与语文教学的整合,只有让各种功能各得其所,才能充分体现信息技术的优势。[①] 语文课的内容,除了表达某个事件、人物、情景外,往往有深刻的内涵,有些内容需要教师点拨,学生要细细体会,不是使用几张图画或卡通图案就能理解透彻的。特别是阅读课,需要教师的引导,加上学生多读多想,用心灵去体会才能领悟课文深刻的内涵。信息技术是中性的,利用得好,对语文教学会起到积极的作用,反之,也会有消极影响。[②] 乔爱玲等研究了信息技术环境下交际式英语会话材料的应用,他们以小学英语学科为研究对象,研究环境是在安装了局域网、教师计算机和大屏幕投影仪的计算机教室里,学生每人配置一台计算机。研究取样为广东番禺某小学三年级的两个平行班,分别设为试验班与对照班;研究时间为一年零两个月;研究设计是在试验班的课堂上,通过信息技术手段,呈现英语交际情境,生动形象地创设英语语言应用语境。在教学过程中,以学生为活动主体,通过情境、情意与语言实践活动的紧密结合,充分进行听说口语活动,真正实现英语学习交际化;而在对照班则用传统的教学方法。研究结果表明,与对照班学生比较,试验班学生在英语口语表达能力方面显著提高。[③] 这个研究以实证的方法验证了信息技术的应用有助于优化英语课堂教学实效,但整个研究设计稍显单薄,对教师如何具体应用信息技术及其优劣势的分析很少。

在课程教学与信息技术整合过程中,有些学者强调要注意克服一些不良倾向。首先,要防止滥用信息技术。并非所有的课程教学都需要运用信息技术,信息技术

---

① 顾德希. 多种类型教学软件的使用[J]. 中小学语文教学,2002(11):5.
② 顾明远. 信息技术与语文教学[J]. 中小学语文教学,2002(11):4.
③ 乔爱玲,何克抗. 以行动研究法探索英语教学:信息技术环境下交际式英语会话材料的应用[J]. 现代教育技术,2007(2):57-60.

与课程整合强调信息技术要服务于课程。信息技术应用于教育教学,其出发点首先应当是服务课程教学内容和要达成的目标;强调应当设法找出信息技术在哪些地方能增强学习的效果,能使学生完成哪些用其他方法难以做到的事。应使学生在高水平地完成既定课程教学目标的同时,获取信息技术的技能以及解决实际问题的技能,而不是为使用信息技术而使用。① 其次,要防止形式主义。在课程教学中运用信息技术,要经过缜密的考虑、科学的设计,要抓住信息技术的优势,用它来优化教学过程。信息技术的优势在于能够充分调动学生学习的主动性。但是,如果教师的教育思想没有转变,则信息技术的运用往往会流于形式。在实际教学中,有些教师为了运用信息化教学手段,把简单的问题复杂化;有些教师则机械地把与教学内容关联不大的信息资源生硬地插入到课堂上,以证明自己的教学应用了信息技术。这些现象都说明,他们没有真正理解信息技术的用处,也没有转变旧的教育思想。② 再次,在整合过程中要注意防止出现以下现象:一味强调能力培养,忽视知识传授;一味强调在线学习,轻视离线学习;一味强调探究学习,否定接受学习;一味强调学生主体,放弃教师主导,等等。③

自21世纪初开始,我国参照西方理论开展"信息技术与课程整合"实践多年以后,研究者和相关人员发现"整合"的效果不够理想,不同程度上存在着"信息技术"和"课程教学"存在"两张皮"的现象。美国苹果公司创始人乔布斯也曾提出这样的问题:"为什么计算机改变了几乎所有领域,却唯独对学校教育的影响小得令人吃惊?"④在21世纪的第二个十年,全球范围的教育信息化进程已从强调"软硬件基础设施建设"的初始阶段,进入到强调应用,尤其是"在教学过程中应用"的深入发展阶段,致力于解决信息技术在教育教学领域应用成效不明显的问题。

在这个宏观背景下,我国也提出了"信息技术与教育深度融合"的思想。2012年,在教育部发布的《教育信息化十年发展规划(2011—2020年)》文件强调"信息技术要与教育、教学做深度融合",这是我国首次创新性地提出了"深度融合"的概念。2016年,习近平总书记在给"首届国际教育信息化大会"的祝贺信中也专门提到要"不断促进信息技术同教育之间的融会贯通、创新发展"。2019年,国务院颁布的《加快推进教育现代化实施方案(2018—2022年)》明确指出"要不断促进信息技术与教育教学深度融合"。可见,信息技术与教育教学的"深度融合"成为一项深化教学改革的已经进行并将持续进行下去的迫切需要完成的任务,围绕着"信息技术与课程深度融合"的话题,国内外也产生了较多的研究成果。

自20世纪90年代进入信息时代以来,信息技术日益广泛地应用于人们的工

---

① 余胜泉,马宁,何克抗.信息技术与语文教学整合[J].中小学语文教学,2002(11):4-5.
② 顾明远.信息技术与语文教学[J].中小学语文教学,2002(11):4.
③ 南国农.怎样理解信息技术及其教师素养形成[J].现代远程教育研究,2013(1):3-6.
④ 桑新民,等."乔布斯之问"的文化战略解读:在线课程新潮流的深层思考[J].开放教育研究,2013(3):13-16.

作、学习与生活的各个方面,并在经济、军事、医疗等领域产生了颠覆性的影响。然而令人遗憾的是,信息技术在教育教学领域的应用却成效不大,多数仅仅停留在教学手段和教学方法的应用方面,没有实现"相互融合"的目标,对于培养大批创新人才的教育教学目标而言,信息技术似乎只是起到锦上添花的作用,并没有对教育教学发展产生革命性影响。这样的结果促使国内外许多研究机构和专家学者对其原因进行了探讨,其中一些成果颇具意义。2010 年 11 月,美国发布了《美国 2010 国家教育技术计划》(*Transforming American Education Learning Powered by Technology—— National Educational Technology Plan* 2010)。该计划通过认真回顾和总结近 30 年来企业部门应用技术的经验与教训,并与教育领域应用技术的现状进行对比研究,得出结论:教育部门可以从企业部门学习的经验是,如果想要看到教育生产力的显著提高,就需要进行由技术支持的重大结构性变革(Fundamental Structural Changes),而不是渐进式的修修补补(Evolutionary Tinkering)。

在 21 世纪的第一个十年期间,以美国为代表的西方学者,对于信息技术在教育领域的应用或称"信息技术与学科教学的整合",普遍关注的是如何应用信息技术改变教学环境、教学手段、教学方式等,而没有触及教育系统的根本变革,没有实施由信息技术支持的重大的教学结构性变革,这是导致信息技术在教育教学领域应用成效不明显的根本原因。这也是我国《教育信息化十年发展规划(2011—2020 年)》放弃传统的"信息技术与课程整合"的观念与做法,转而倡导信息技术应与教育"深度融合"的全新观念与做法的特定背景,即希望找到一种新的、真正有效的实现教育信息化的途径方法,以解决长期以来信息技术在教育领域的应用成效不显著的问题。① 由"整合"转向"深度融合",是我国对过去十余年开展教育信息化效果进行反思的成果。

美国对其教育信息化反思的结果主要体现在两个方面:一是由 E-Learning 转向 B-Learning(Blended Learning),形成了"混合式"教育思想;二是从过多强调"技术"以及"学生"对技术的自主运用,转向同时关注"教师"在信息技术与学科教学整合过程中的重要作用,以及"教师"在整合过程中需要掌握哪些"知识",产生了"整合技术的学科教学知识"(Technological Pedagogical and Content Knowledge,简称 TPACK)理论。这两项反思成果不仅对推动美国教育信息化进程,而且对其他国家教育信息化的健康、持续、深入发展都产生了巨大的影响。②

关于如何实现"信息技术与教育教学深度融合",我国学者也给出了自己的思考。何克抗认为实施"信息技术与教育教学深度融合"的基本思路是变革课堂教学结构,就我国的现实来看,课堂教学结构变革的具体内容,就是要将"以教师为中心"的传统课堂教学结构改变为既充分发挥教师主导作用,又能突出体现学生主体

---

① 何克抗.学习"教育信息化十年发展规划":对"信息技术与教育深度融合"的解读[J].中国电化教学,2012(10):19-23.
② 何克抗.教育信息化发展新阶段的观念更新与理论思考[J].课程·教材·教法,2016(2):3-11.

地位的"主导-主体相结合"的教学结构。具体实施要经由三个环节：深刻认识课堂教学结构变革的具体内容；实施能有效变革传统课堂教学结构的创新"教学模式"；开发相关学科的丰富学习资源。在创新教学模式方面，影响较大的有我国研究者提出并实践的"跨越式教学"模式和在美国兴起并受到世界各国广泛关注的"翻转课堂"教学模式。①

国内外有关信息技术与课程教学的相关研究历经20多年，产生了大量的理论成果，对指导如何在教育教学中应用信息技术具有重要的意义。总体来看，既有的研究偏重理论思辨，对具体课程的实践教学、教师应具备怎样的信息化教学素质与能力以及如何培养这种能力的研究相对较少。

四、AI+教育

随着人工智能（Artificial Intelligence，简称AI）的兴起和技术迭代，出现了语音识别、人像识别、机器精准翻译等智能化技术，AI应用走进了人们的工作和日常生活之中，随之而来的是人工智能技术在教育领域的应用并成为人们关注的热点。尤其是2016年AlphaGo战胜李世石事件发生后，再次掀起了人工智能的浪潮，引起全球广泛关注。2017年，我国发布了《新一代人工智能发展规划》，明确提出要发展智能教育，强调人工智能对教育的重要性。2018年，教育部颁布《高等学校人工智能创新行动计划》，进一步明确了人工智能与教育的融合发展，尤其是其中包含了促进高等教育创新发展的总体规划。2019年5月16日，国际人工智能与教育大会在北京召开，国家主席习近平向大会致贺信并指出"中国高度重视人工智能对教育的深刻影响"，倡导要积极推动人工智能和教育深度融合，促进教育变革创新，充分发挥人工智能优势，加快发展伴随每个人一生的教育、平等面向每个人的教育、适合每个人的教育、更加开放灵活的教育；18日，大会发布了《北京共识》，强调要"全面创新教育教学和学习方式，利用人工智能加快建设开放灵活的教育体系，确保全民享有公平、适合每个人且优质的终身学习机会，从而推动可持续发展目标和人类命运共同体的实现"。可见，政界、学界等都对应用人工智能技术促进教育公平、提升教育质量、实现教育个性化寄予了厚望，在教育领域，围绕智慧教育、智能教育等，出现了由"互联网+教育"向"AI+教育"转变的研究趋势。

AI与教育的结合，诞生了智慧教育的概念。祝智庭等认为智慧教育是指"以先进的、适宜的信息技术作为基本支持，设计开发各种新型的、能适应各种特定的学习、教学需求的智慧学习环境，利用计算系统或其他智慧设备分担大量繁琐的、机械的、简单重复的学习任务，引导学习者将更多的心理资源（如注意力、工作记

---

① 何克抗. 如何实现信息技术与学科教学的"深度融合"[J]. 教育研究，2018，38(10)：88-92.

忆、动机系统)投入到更为复杂、更有价值、更需智慧的学习任务中,有利于发展学习者的批判性思维、创造力、协作能力、平衡能力以及解决问题能力"①。简而言之,智慧教育就是"通过人机协同作用以优化教学过程与促进学习者美好发展的教育范式"②。

实施智慧教育的途径之一是开展智能教育。2017年7月,国务院发布的《新一代人工智能发展规划》明确提出智能教育(Intelligence Education,简称IE)的发展方向,在教育信息化方面明确了智能教育应"利用智能技术加快推动人才培养模式、教学方法改革,构建包含智能学习、交互式学习的新型教育体系。开展智能校园建设,推动人工智能在教学、管理、资源建设等全流程应用。开发立体综合教学场、基于大数据智能的在线学习教育平台。开发智能教育助理,建立智能、快速、全面的教育分析系统。建立以学习者为中心的教育环境,提供精准推送的教育服务,实现日常教育和终身教育定制化"③。智能教育包括认知智能、情感智能和志趣智能三个方面,这些智能与人类品性的融合形成了人才的"智慧"。认知智能包括感觉、记忆、回忆、思维、言语、行为整个过程的智能,认知智能最能彰显机器在模式或规律发现识别等方面的智能。情感智能包括情感的自我意识、自我管理、动机激情、同理心、社交技能等,情感智能的情感识别、表达和理解是AI技术致力攻克的三个难题,其中情感理解问题一直是人脑与电脑无法逾越的鸿沟。因此,在人机协同中,目前人类主要负责情感理解,识别与表达可以交由机器完成。志趣智能包括探寻意义、价值所需要的直感、灵感、顿悟、冥想、信念等心智能力,涉及这类智能的活动,特别是涉及创意设计、想象与创造等事务,需要由人处理,因为这类事务不仅需要直感与灵感,还需要审视规则甚至是创造规则,这是目前机器无法具备的智能。④

2018年,教育部发布《教育信息化2.0行动计划》,提出了"以智能技术为手段、以融合创新为目标、以智慧教育为先导理念"的指导思想,实际上奠定了"智能教育作为智慧教育创新发展行动途径"的基调。然而,智能教育作为智慧教育的实践路径,不会自然而然地达到教育核心理念和观念所规定的境界,它需要智慧教育的引领。从本质上讲,智能教育是基于智能技术的教育。智能技术虽然能够让学习环境更丰富、灵活和巧妙,甚至智能化机器在某些方面也可以具有类人甚至超人的智能,但它只是起到促进教育变革的作用,而无法达到引领教育的程度。智能技术可以帮助教师脱离简单重复性的繁琐工作,从而专注于人类擅长的、可以引领教育的情感类、创造类工作,这种人机协同的教学策略使得教师与机器的各自优势得

---

① 祝智庭,贺斌.智慧教育:教育信息化的新境界[J].电化教育研究,2012(12):5-13.
② 祝智庭.教育呼唤数据智慧[J].人民教育,2018(1):29-33.
③ 国务院.新一代人工智能发展规划:2017[EB/OL].[2019-05-03].http://www.gov.cn/zhengce/content/2017-07/20/content 521_1996.htm.
④ 祝智庭.智能教育:智慧教育的实践路径[J].开放教育研究,2018(8):13-24.

以放大，借助于机器和人两方面的优势及其结合，智慧教育将成为可能。因此，智慧教育的真谛就是通过构建融合了智能技术的生态化学习环境，通过培植人机协同的数据智慧、教学智慧与文化智慧，本着"精准、个性、优化、协同、思维、创造"的原则，让教师能够施展高成效的教学方法，让学习者能获得适宜的个性化学习服务和美好的发展体验，使其由不能变为可能，由小能变为大能，从而培养具有良好的人格品性、较强的行动能力、较好的思维品质、较深的创新创造潜能的人才。①

虽然 AI+教育的前景非常令人憧憬，值得期待，然而，目前人工智能技术在教育领域中的应用仍存在一些瓶颈。在教育教学中应用人工智能，本质上追求的是实现个性化、智能化的高质量学习，是指能够根据学生的学习需求、已有基础、学习环境、个性心理特征、元认知水平和学习状态等，结合具体的教育目标，量身定制个性化的学习内容、学习活动、学习路径、学习伙伴乃至学习评价。因此，如果期待用技术实现智能化服务，首先，需要明确学习者的生理、心理和能力素养等方面的测量指标；其次，需要明晰学习服务的供给方——教师、环境、制度、内容等的测量指标。② 只有科学建立学习需求方和供给方的匹配关系，才可能实现真正意义上的个性化智能服务。郑勤华等对人工智能教育应用的困境与突破进行了研究。他们认为，目前的人工智能还只是"弱人工智能"，"强人工智能"仅是一个概念，距离实现和应用还有较长的距离。弱人工智能相比强人工智能缺乏强大的理解能力，在许多领域中仍存在局限。面向人的教育教学本身，是一个尤其复杂的系统，既涉及教和学过程的方方面面，又涉及学校、家庭、社会、政府的各个体系。③ 现有教育学、心理学领域的研究成果，对人的发展的理解还很有限，也难以找到构建人类教育这一复杂而又庞大的推理和决策系统所需要的规则。对于有些教育目标人类通过教育学、心理学等手段建立了量化规则进行评价，但这类规则还无法被人工智能识别。例如，元认知能力、自我管理能力、学习能力等，这些能力能通过问卷或观测进行测量，但这些问卷和观测指标还无法量化成机器所能理解的规则，这些规则既要融合计算机科学和统计学的技术及理论，又要融合教育学、学习科学、心理学、脑科学、认知神经科学等学科的研究成果。

概括而言，人工智能应用需要满足两个要求：一是可自动化获取的海量数据，二是清晰明确的概念界定和规则。教育教学领域本身存在着大量的未给出明确定义的或者定义和范围不清晰的教育目标，使得人工智能的应用存在困难。即使对于已能通过成熟工具进行测评的核心素养能力，在转化为机器规则时也遇到了阻碍。这是技术开发人员与教育领域专家之间的沟通隔阂，或者说是人工智能技术

---

① 祝智庭,贺斌.智慧教育:教育信息化的新境界[J].电化教育研究,2012(12):5-13.
　祝智庭,彭红超.智慧学习生态:培育智慧人才的系统方法论[J].电化教育研究,2017(4):5-14.
② 吴忭,胡艺龄,赵明颖.如何使用数据:回归基于理解的深度学习和测评——访国际知名学习科学专家戴维·谢弗[J].开放教育研究,2019(2):4-16.
③ 郑勤华,熊潞颖,胡丹妮.任重道远:人工智能教育应用的困境与突破[J].开放教育研究,2019(8):10-17.

与教育领域知识间的壁垒。由此可见,对教育领域来说,研究能被人工智能识别并遵循的教育教学规则,可能远比研究人工智能技术本身更为迫切,教育知识领域专家的介入和机器学习算法的结合,是人工智能技术教育教学应用的必经之路。如何发挥两者的优势,如何利用算法帮助我们创建增强教育教学实施和管理方面的评价、诊断、预测、干预教育服务和创新教育服务的能力,如何在人机协同的环境下,科学有效地解决教育问题,进而上升到如何利用人工智能技术帮助我们在教育场景中更好地理解教育本身,将是未来 AI+教育研究领域需要不断尝试和突破的核心命题,也必将是一个长久的、不断迭代和不断优化的过程。

关于教师与人工智能技术的关系,杨绪辉和沈书生基于技术现象学中"人性结构"的视角进行了前瞻性的研究。他们认为,在未来离开人工智能技术,教师将很难存在。因为教师职业的延续需要以人工智能技术为前提,借助"人-技术"的人性结构以及相互之间的延异运动,可以窥见人工智能技术是弥补教师大脑生理缺陷的一种有效"代具",在教师"补缺"动力的推动下,两者势必会互构成为教师的"人-技术"存在结构。同时,由于人工智能技术具有超强的潜力以及人性结构内部的延异运动,使得教师在未来较长时间里都不得不面对 AI 技术带来的挑战。在人工智能技术构建的未来教育空间里,教师需要正确认识人工智能技术的作用以及教师职业技能"因时而变"的特点和趋势,这也是教师专业发展贯穿于整个职业生涯的根本原因。同样,离开教师,教育中的人工智能技术也无用武之地,因为人工智能技术的存在需要教师不断被激发的诉求作为超前动力。因此,在教师存在结构的内部,教师与人工智能技术是需要在彼此不断相互作用的过程中进化和发展的。教师与人工智能技术的关系是互相依存的,未来在"教师"出场时,"人工智能技术"必然已经在场。也就是说,人工智能技术不是教育领域中那些只具有过渡性质甚至只是"哗众取宠"的技术,恰好相反,它具有革命性的价值和意义,是需要教师守护和负责的、与之建立联合的、构成自身的存在之物。因此,教师既不可忽视人工智能存在的客观性,也不可诋毁其存在的必要性。但同时不要盲目虚夸其功效,造成跟风式的野蛮生长。因为人工智能技术立足于"教师"之外,教师需感知到自身的"缺陷"并产生一种"补缺"诉求,才能够进一步与其形成双向互动的过程。如果将两者强行"捏合",教师不仅会缺乏与外在技术互动的张力,甚至会对其产生排斥和恐慌的负面效应。[①]

学者们的研究预示了未来人工智能在教育教学领域的不可或缺性。毋庸置疑,在人工智能技术的影响下,知识的产生与传播方式以及教育教学都将发生巨大的变化,然而,教师无需对自己的职业能否存续过度担忧。目前能够代表人工智能

---

① 杨绪辉,沈书生.教师与人工智能技术关系的新释:基于技术现象学"人性结构"的视角[J].电化教育研究,2019(5):12-17.

在教育中最高应用水平的是 IBM 开发的机器人助教 Jill Watson[①],它达到了认知智能的初级水平,可以即时回答学生学习在线课程时提出的关于知识的问题,但是尚不具备目前仍是人类专属的情感智能与志趣智能。牛津大学曾发布《365 种职业未来被淘汰的概率》的研究报告,结果显示,教师职业属于最不容易被机器人替代的工作,其概率仅为 0.4%。[②] 联合国教科文组织 2015 年发布的报告《反思教育:向"全球共同利益"的理念转变》也指出,"学校教育不会消失","即便教育怎么发展,教师职业也不会消失"。[③] 因此,未来在智能技术支持的教育中,"人机双师"的协同将是新形态。教师需要思考的是,在智能技术的加持下,教师自身的教育思想、专业知识、教学能力等方面应如何不断发展和完善,若教师能参透 AI+教育"变革"的意义与价值,势必会为不断构建和革新自身专业发展生成不竭的动力。AI+教育已经成为教育信息化发展的新目标和新阶段,以智能教育为路径的智慧教育,要求教师必须具备与之相匹配的先进教育理念,重视发展学生的思维品质,具有良好的数据素养并且拥有出色的终身学习能力。围绕着智慧教育的目标和理念,教师需要在教育教学过程中扮演四种核心角色:思维教学设计师、创客教育教练员、学习数据分析师以及学习冰山潜航员,而这四种角色的培养和塑造也将成为智慧教师发展的创新路径。[④] 高校教师专业发展如何在智能化的外在环境与教师自我实现的内生动力两部分因素共同作用下,从课程、工具、实践、指导、制度、文化等维度并以学校教育教学目标为本,提供可行的实践解决方案,将是未来面向智慧教育的教师教学能力发展研究领域需要关注的重点内容。

五、小结

综观前文,我国关于"信息技术与教育教学"的研究在信息化教学能力标准与教师培训、信息技术与课程教学和智慧教育等方面,进行了比较全面和若干开创性的讨论,研究内容也体现了我国的特定情况与现实关切,为后续的相关研究积累了大量的参考文献。但在笔者看来,这些研究存在两个比较突出的问题。首先,从总体上看,研究成果大多集中在概念引介、理论探讨、思辨推演等方面,在研究成果的应用性和操作性上还存在不足,实证研究成果少,案例研究、田野调查、行动研究等方法的运用不多,问卷调查、访谈等具体方法的运用也比较少见,因而导致大多数

[①] LIPKO H. Meet Jill Watson:georgia tech's first AI teaching assistant[EB/OL].[2019-05-07]. https://pe.gatech.edu/blog/meet-jill-watson-georgia-techs-first-ai-teaching-assistant.
[②] BBC. Will a robot take your job? [EB/OL].[2019-05-05]. http:www.bbc.com/news/technology-3406694.
[③] UNESCO. Rethinking education:towards a global common good? [EB/OL].[2019-05-06]. http://unesdoc.Unesco.org/images/0023/002325/232555.pdf.
[④] 祝智庭,魏非.面向智慧教育的教师发展创新路径[J].中国教育学刊,2017(9):21-28.

研究视角以研究者自身为"中心",着重阐发研究者的思考、观点和看法,而对本应该关注的研究对象——"教师"的意见和建议重视不够,针对教育教学一线的认识、应用、困惑和策略等的研究内容和高质量成果较少。其次,针对高校教师信息化教学能力和水平的相关评价标准缺失。高校教师信息化教育教学能力发展的研究成果尚不多见。例如,教育部制定并颁布实行了《中小学教师教育技术能力标准(试行)》,后来又应技术变化和时代进步,修订并颁布了《中小学教师信息技术应用能力标准(试行)》,但目前还没有一套政府制定的高校教师信息技术应用能力评价指标;在教师信息技术应用能力培训方面,也有专门的政府培训计划以及各级各类培训项目,现有研究针对中小学教师信息技术应用培训的研究成果颇多,农村和边远地区的中小学教师也受到了相应程度的关注,却鲜有以高校教师为对象的类似研究成果。笔者以"信息化"为关键词,在中国知网的数据库中共检索到的 62 035 个(截至 2019 年 4 月)结果中,以"信息化教学"为关键词之一的文献有 965 篇,其中针对"高校教师"的研究只有 38 篇文献(其中含"高校教师教学"1 篇),涉及教学能力(合并教师信息化教学能力、信息化教学能力和信息化教学设计能力)的共 21 篇,针对高校师资培训(含教师培训)的共 4 篇。该统计结果表明,高校教师信息化教学能力的相关研究可能尚未受到应有的关注,这与高校教师信息化教学能力在保证高校教学质量方面所具有的重要性并不相称,对此分支领域的研究尚有很大的空间。

本书将以有代表性的在职高校教师的信息化教学能力为研究的切入点,以问卷调查法和访谈法等为主要研究方法,收集第一手研究资料,了解普遍的现象和一般的趋势,获取高校教师信息化教学水平现状和能力发展途径及其发展的鲜活素材和资料,结合相关理论,分析现象和趋势背后的影响因素,尝试为制定高校教师信息化教学能力评价标准和设计培养培训方案提供可资参考的基础性研究数据,并思考高校教师信息化教学能力发展的相应策略。

第三节 理论视角

"师者,所以传道授业解惑也。"一千多年前韩愈对教师职业的定义至今仍广为流传,它以精练的表达道出了"为人师"的丰富内涵和本质属性。然而,千百年来,为了使教育教学更有成效、更具创造性,教师赖以传授道理、教授学业和解答疑难问题的工具、方式和方法始终在不断变化和发展着。因此,教师自身也必然处于持续的学习过程中,"终身学习,对于维持教师道德,促进教师职业进步与提升,应对充满活力的职场,应付变革,提高技能、丰富内容知识或改进教学方法,都是必需的"①。尤其是网络发达、数字化信息技术层出不穷的当下,"今日之教师正在学着以他们没有被教育的方式去从事教学"②。因而,本书将以教师学习理论和整合技术的学科教学法理论(TPACK)作为指导研究和分析的理论。

一、教师学习理论

为了胜任教师职业,教师在入职前后需要主动或被动地接受各种培训或自主研习学科知识、教学法、教学态度和技能,从而掌握教学知识,形成教学观念和教学技能。这样的过程将伴随教师职业的整个生涯,循环往复,螺旋上升。对教师学习的深度研究表明③,教师学习是一个持续不断的复杂过程,而且,如果要进一步应用学习所得去推动教育教学实践发生真正的变革,教师需要在学习中花费大量的时间,投入大量的精力。④

教师学习是一个掌握和发展学科知识、教学技能、教学态度或价值观的过程,与此过程相联系的主要要素是经验、反思和建构。⑤ 在很大程度上,教师是在做周期性的重复的工作,教学过程的基础模式是备课、实施、评价,然后在前期评价的基础上,修订后续的课程计划,如此循环不断;此外,教师工作的循环重复还体现在在学校的每一天、每一周、每一学期、每一学年和每一学段上的相似任务的完成,而就在这相似任务的一次次落实中,形成了教师的教学经验。但是,教师的教学工作并不是机械地重复,它隐含着对教学行动的反思,对行动的反思是教师学习的一个重要路径,是促进教师教学经验累积和发展的手段。经反思而升华的"经验",随后便会应用于未来不可避免的、具有不确定性的教学情境之中,来指导并避免自主随意地判断,并催生进一步的反思行为。"经验—反思—新经验"不间断流转的闭环就是教师实践性知识的建构过程,有的实践性知识就沉淀成教师个人专属的默会知识或隐性知识,在这个过程中,教师从自己的教育教学经验积累中获得意义。教师的建构性学习既可以发生在教师个体中,如某教师在自己的头脑中对自己应用的

---

① KINGTON A,LEE T,DAY C,et al. A critical review of the literature on school and teacher effectiveness and teachers' work and lives:towards relational and relative[J]. Edinburgh:British Educational Research Association Conference,2003:43-44.
② HARGREAVCS A,EARL L,MOORE S,et al. Learning to change:teaching beyond subjects and standards [M]. San Francisco:Jossey Bass,2001:197.
③ DAY C. Developing teachers:the challenges of lifelong learning[M]. London:Falmer Press,1999:3.
④ KINGTON A,LEE T,DAY C,et al. A critical review of the literature on school and teacher effectiveness and teachers' work and lives:towards relational and relative (a vitae project symposium paper)[J]. Edinburgh:British Educational Research Association Conference,2003:43.
⑤ FISHER T,HIGGINS C,LOVELESS A. 数字技术支持的教师学习:研究与项目综述 上[J]. 焦建利,译. 远程教育杂志,2008(4):4-11.

教学方法进行反思而获得的认识;也可以发生在教师群体中,如教师通过同事间的互动对话对所应用的教学方法进行讨论而获得的认知。

影响教师学习的因素有很多,除了众所周知的动机和时间之外,教师个人、学习环境和学习活动系统(图1-1)也是不可忽视的因素。每个教师都是彼此不同的,他们对接受新观点和新信息的意愿和理解能力存在着差异,这些差异使教师对于教学改革、学习和创新产生不同的倾向,呈现出不同的学习效果。学习环境也是影响教师学习的重要因素,环境既可能是支持学习的因素,也可能是抑制学习的因素,环境发生作用的后果也是因人而异的。教师个人、学习环境都是学习活动系统的组成部分,此外,学习目标、学习辅助工具、学习群体内成员的角色分工和互动、学习行为规则和规范、学习组织部门的支持等都是系统的有机组成部分。在这个系统中,"个体或群体参与到带有目的性的结果的活动中,这个带有目的性的结果,受到工具本身的独特特征(效用)以及劳动规则、结构和部门的支持或抑制,而劳动规则、结构和部门又受这个活动所发生的微观或宏观社会群组的控制"①。

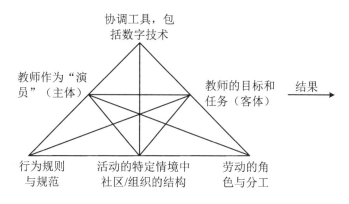

图1-1 教师学习活动系统构成图②

教师学习影响因素的多样性和相互之间的交织体现了教师学习的复杂性。除此之外,研究者还从教师知识的构成、教师知识和教师学习的整合等方面论述教师学习的复杂性、动态性、情景化和社会化等,其中,有代表性的研究成果是三个模型的建立,这三个模型虽然彼此互不相容,但他们从不同视角向我们揭示了教师学习的复杂性。

首先是2000年由Leach和Moon提出的教师知识模型(图1-2)③,他们认为教

---

① KCNNCWCLL S. Using affordance and constraints to evaluate the use of information and communications technology in teaching and learning[J]. Journal of Information Technology for Teacher Education, 2001(1/2):165.
② FISHER T, HIGGINS C, LOVELESS. 数字技术支持的教师学习:研究与项目综述 上[J]. 焦建利,译. 远程教育杂志,2008(4):4-11.
③ MCBCR H. Research into teacher effectiveness: a model of teacher effectiveness[M]. London: Falmer Press, 2000:397.

师知识是由学科知识、教育学知识和学校知识构成的全面、系统的知识体系,是教师根据教学目标结合个人的思维与学习观念在前期的个人经验基础上建构而成的。教师不是简单的"工匠或教学职员",教师是具有复杂知识体系的专业人士。不同的教师个体即使在相同的学习情境中所学所知也会完全不同。

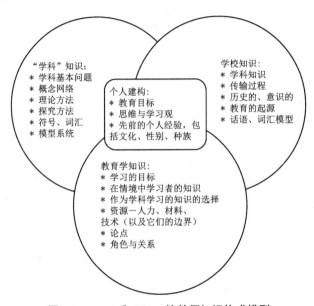

图 1-2　Leach 和 Moon 的教师知识构成模型

基于教师知识和教师学习的复杂性,Hoban 于 2002 年提出了"专业学习系统"(Professional Learning System,简称 PLS)理论,并建立了一个支持教师专业学习的概念模型和实践模型(图 1-3)。[①] 从专业学习的角度出发,教师知识的获得始终被看作一个通过概念输入及在与他人交互过程中不断重构个人经验的过程,这种动态的、情境化的、社会性的教师知识观与机械主义的"一蹴而就"的培训模式是完全不相容的。Hoban 的专业学习系统理论揭示了教师学习是发生在一个长期的、有计划的、有方法的学习情境之中的复杂过程,这种教师学习既能导致教学实践的变革,同时又能产出新的教师知识,在 Hoban 的 PLS 理论系统图中所展示的各种要素之间的关系可能与这些要素本身同等重要。

L. S. Shulman 和 J. H. Shulman 在 2004 年提出了一个"鸟巢式"的基于个体、社群和政策的教师学习模型(图 1-4),他们认为"多才多艺"是教师的工作基础。多才多艺的教师应该是教师专业社群中的成员,一个多才多艺的教师应该是一个有准备的(有远景)、有意愿的(有动机)、有能力的(不仅知道该做什么,而且能做该做的事情)、反思的(从经验中学习)以及有所属团体的(作为一个专业社群中的一员)

[①] HOBAN G. Teacher learning for educational change[M]. Buckingham:Open University Press,2002:60-70.

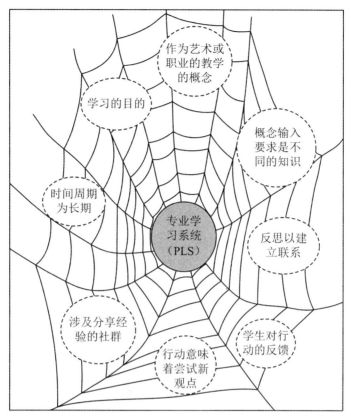

图 1-3　PLS 教师知识专业学习系统

教师,简述为远景、动机、理解、实践、反思和社群,这就是多才多艺教师发展的特点,同时也是教师学习的特点。这些特点的每一个维度构成了教师个人或教师专业发展的一个侧面。在 Shulman 的模型中,个人反思被置于中心位置,反思活动的个体、社群和政策/资源三个分析层面围绕在反思个体的周边。每一个分析层面的构成兼顾了其他层面。上文已描述了"个体"层的特点,"社群"层明确地表达了教师学习属于教师社群活动的观点,教师个体与教师社群既是独立的,又是相互合作的。作为最外层,政策/资源层代表了资源的分配情况。[1]

综上所述,教师知识是动态的,是随时代发展而变化的,因而,教师学习也是一个长期的、主动的、经验性的学习过程。在这个过程中,教师掌握与教育教学相关的概念,通过个人反思或与教师社群成员的讨论,生成、建构和修正教师与教育教学相关的知识。影响教师学习的因素有很多,这些影响因素构成了教师学习的复杂性,这种复杂性反映了专业的与个人的、个体的与社会的、客观的与主观的、正规

---

[1] FISHER T,HIGGINS C,LOVELESS A. 数字技术支持的教师学习:研究与项目综述　上[J]. 焦建利,译. 远程教育杂志,2008(4):4-11.

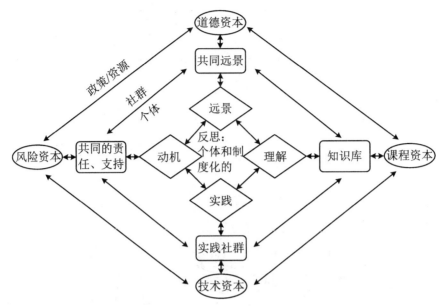

图1-4　Shulman的"多才多艺"教师学习模型

的与非正规的、情境化的和通用的学习之间的相互影响和相互作用。从理想的角度出发,我们愿意相信教师个体在不同程度上都具有终身学习所需要的远景、能力、动机、反思和参与到专业实践社群中去的意愿,他们乐于从事教师学习并致力于教师专业发展,并愿意结合时代的最新技术,开展教师学习活动,与时俱进地提高个人的教育教学能力。下面将讨论整合技术的学科教学知识理论——TPACK理论。

二、TPACK理论

TPACK是五个英文单词的首字母缩略词,完整的形式是"Technological Pedagogical and Content Knowledge",即"整合技术的学科教学知识"。TPACK理论是由美国密歇根州立大学的Matthew J. Koehler博士和Punya Mishra博士提出的一种整合技术的教师知识理论框架,这个教师知识框架是建立在Shulman提出的教师学科教学内容知识(Pedagogical Content Knowledge,简称PCK)框架基础之上的[①],并顺应教育技术的发展加入了技术知识,它是学科内容、教学法和技术这三种知识要素之间的复杂互动,是整合了学科内容、教学法和技术这三种知

---

① SHULMAN L S. Those who understand: knowledge growth in teaching[J]. Educational Researcher,1986,15(2):4-14.

识以后形成的一种新的教师知识形式。①

20世纪80年代,Shulman对教师知识构成及其相互关系进行了研究,他认为,教师知识涉及学科内容知识(Content Knowledge,简称CK)与教学法知识(Pedagogical Knowledge,简称PK),这两种知识的有机结合就是学科教学内容知识(PCK),能否正确理解这两种知识及其之间的复杂互动关系,对于教师的教育教学活动具有特别重要的意义。在20世纪末和21世纪初,学者们在这一领域开展了新的探索。Koehler和Mishra创新性地提出了整合教育技术的全新教师知识概念框架,他们的创新之处在于:在Shulman的学科教学内容知识(PCK)框架基础上加入了教育技术知识(Technological Knowledge,简称TK)。这种"加入"并非简单的叠加,而是通过"整合"形成一种新的知识架构,即"整合技术的学科教学知识"(Technological Pedagogical Content Knowledge,简称TPCK)。由于"TPCK"的缩写均由辅音字母组成,不利于拼读和记忆,为了便于在更大范围内普及和推广这种新型教师知识理论,全美教师教育学院协会(American Association of Colleges of Teacher Education,简称AACTE)的创新与技术委员会经过广泛征求意见后,决定在原来名称中增加一个词"and",使原来的英文名称变为:Technological Pedagogical and Content Knowledge,将原来的缩写"TPCK"改为便于拼读和记忆的"TPACK",该名称的原意不变,但可读成"T-Pack",意为教师知识的Total PACKage(总包装),这就是TPACK名称的由来。②

TPACK知识可以被理解为在教师的学科知识(也就是内容知识)和教学法知识(包括一般教育教学的知识和学科教育教学的知识)之外的技术知识,也可以被理解为学科知识、教学法知识、技术知识三者交叉组合而成的一个教师知识网络。这个网络由7种教师知识组成,即教育技术知识(TK)、学科内容知识(CK)、教学法知识(PK)、教育技术内容知识(TCK)、学科教学内容知识(PCK)、教育技术教学知识(TPK)以及整合技术的学科教学知识(TPACK)(图1-5)。此外,TPACK知识框架还可以被理解为教师结合具体的信息与数字通信技术,就具体的学科教学内容,采用某一种或某几种教学法实施高效教育教学的教学理论。

TPACK理论强调,教学过程中不仅要同时关注学科内容、教学法和技术这三个知识要素,更要关注因这三者之间的交互而形成的四种新知识,即教育技术内容知识(TCK)、学科教学内容知识(PCK)、教育技术教学知识(TPK)以及整合技术的学科教学知识(TPACK)。其中,学科教学内容知识(PCK)是指适用于具体学科内容教学的教学法知识;教育技术内容知识(TCK)涉及"在技术和学科内容之间彼此相互限制的方式";教育技术教学知识(TPK)是指当有具体技术应用于"教与学"

---

① SHULMAN L S. Knowledge and teaching: foundation of new reform[J]. Harvard Educational Review, 1987, 57(1): 1-22.
② 何克抗. TPACK:美国"信息技术与课程整合"途径与方法研究的新发展 下[J]. 电化教育研究, 2012(6): 47-56.

过程的条件下,"教与学"应如何有效开展的知识(包括对相关技术工具可提供哪些教学功能以及对这些功能的适用性及局限性的了解)。根据 TPACK 的内涵,可以看出它的三个特征:①

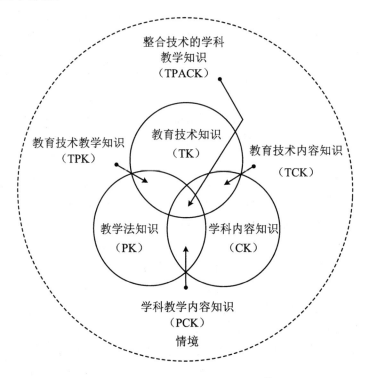

图 1-5　TPACK 教师知识构成图②

首先,TPACK 是教师在信息化时代应当具备且必须具备的全新知识,它的贯彻、实施离不开教师。所以,在推广、应用 TPACK 的过程中,必须强调教师是教学改革的积极参与者、课堂教学的设计者、实施者;在教学过程中教师应起引导和监控作用。在通过 TPACK 模式实现信息技术与课程整合的过程中,教师除了必须认真学习、掌握 TPACK 这种全新知识以外,更为重要的是要在头脑中确立教师在信息技术整合进学科教学过程中起"主导作用"的教育思想。以学生为中心,强调学生自主学习、自主探究,固然有利于学生创新创造能力的培养,而忽视甚至排斥教师的主导作用,也不利于教学效果和教学质量的提升。

其次,TPACK 涉及学科内容、教学法和技术三种知识要素,但并非是这三种知识的简单组合或叠加,而是要将技术融入到具体学科内容教学的教学法知识当中。这就意味着对于 TPACK 的学习、应用,不能只是单纯地强调技术,当然也不

---

① 何克抗. TPACK:美国"信息技术与课程整合"途径与方法研究的新发展　下[J]. 电化教育研究,2012(6):47-56.

② 焦建利. 教师的 TPACK 知识[J]. 中国信息技术教育,2014(9):18-19.

能孤立地强调教学法,尤其不能强调传统的教学法,而是应当更多地关注信息技术环境下"教与学"的理论及方法,加强对信息化教学理论与方法的学习与应用。

第三,TPACK 是整合了三种知识要素以后形成的新知识。由于涉及的条件、因素较多,且彼此交互作用,因此,这种知识将信息技术整合于学科教学过程中所遇到的问题是复杂多样的,因而,也就不存在一种适用于每一位教师、每一门课程或每一种教学观念的普适性的解决方案。恰当的解决方案只能依赖于每一位教师的认知灵活性,在三种知识的结合与交叉中针对具体教学内容和教学情境去寻找、去发现、去获得。其中,教学情境是指学生和教师组成的一个具体班级中,由包括课堂的物理环境(软硬件基础设施)、学生的家庭背景、认知特点、心理素质和班级的精神面貌等诸多因素结合在一起发挥协同作用的客观环境,涉及生理、心理、认知、语言、社会、文化等方方面面。教师在应用 TPACK 理论时要特别关注教学情境因素。由于教学情境的复杂性,特别是由于构成教学情境的多种因素之间的协同作用,教学情境对于信息技术整合进教学过程既有潜在的障碍,比如同一班级学生的知识基础与认知能力若有较大的差别,就会给课堂教学造成很大的障碍;又提供了潜在的机会与支持,比如在上述情况下,教师可选择适当的差异教学法来扫除相关的障碍。这种"危与机"并存的现象进一步突出了教师在信息技术整合进学科教学过程中的重要作用,也提醒广大教师在运用 TPACK 知识进行整合的过程中,不仅要考虑技术、教学法和学科内容这三个要素,而且对相关的教学情境也绝不能忽视。因此,相关的教师培训应当更多地引导广大教师关注教学情境的复杂性,特别要关注构成教学情境的诸多因素之间的协同作用,并要努力探索各种不同教学情境下的有效整合途径与方法,形成教师自身的教学智慧。

TPACK 模式是美国在"信息技术与课程整合"途径与方法研究领域进展到第三阶段所取得的理论成果,在此之前的两个发展阶段学界也推出了相应的模式。第一阶段所形成的模式被称为 WebQuest 模式,这一模式主要关注学生基于网络的自主学习、自主探究,探究的主题是现实生活中的真实任务。学生在探究活动中使用的全部或大部分信息都是自行从网上获取的,教师无需进行课堂讲授,也不用释疑解难、启发引导。其主要任务仅是结合本门课程要求,提出适当的探究主题,进行网页设计,完成对整个学习活动过程的评价及总结。WebQuest 模式是典型的"以学生为中心"的基于网络的课程学习模式,此种教学模式能有效地培养学生的创新精神与创新能力以及合作精神与合作能力。第二阶段的模式是 TELS(Technology Enhanced Learning in Science)模式。TELS 项目共形成了由信息技术环境支持的 18 个中学理科主题课程模块(初中和高中各有 9 个主题模块),其目的是想把类似 WebQuest 的基于网络的探究性学习引入理科课堂教学,以便能更有效地实现信息技术与学科教学的"课内整合",促进信息技术与理科教学的有效整合,从而显著提高学生的理科学习成绩,最终达到"运用技术加强理科学习"的目的。在这种模式下,教师可方便地完成 TELS 课程内容的设计、修改、完善与上传。在该信息化学习环境中,通过设计、实验、辩论、批判和解决问题等方式,让学生既能深入理解有关学科的知识、概念,又能运用这些知识、概念去解决实际问题。① TELS模式也是强调"以学生为中心"的教育理念,推崇基于合作、基于设计的学生自主学习,比较排斥传统的讲授式教学,对教师应在教学中发挥的作用不够重视。②

上述两种整合模式的主要关注点均是"技术"和"学生",强调"基于网络"或"信息技术环境下"学生的"自主学习、自主探究"。在第二阶段的TELS模式中,虽然也开始关注"课内的整合",但其目的只是想把基于网络的自主探究性学习引入课堂,关注的重点还是"学生"对技术的自主应用,仍然没有注意到"教师所需的知识"和"教师在将信息技术整合于学科教学过程中的重要作用"。显然,这是美国大力推进教育信息化进程中存在的问题与缺陷,并将对其今后教育信息化健康、持续、深入发展直接产生不良的影响。

为纠正WebQuest模式和TELS模式的缺陷,在全美教师教育学院协会创新与技术委员会的推广与宣传下,TPACK模式得以面世并逐渐为广大教师接受。必须说明的是,这三种技术与课程整合的教学模式各有特点,它们之间不是相互"取代"的关系,而是彼此"互补"的关系。第一种整合模式(WebQuest)是一种典型的课外整合模式,它鼓励学生围绕自然界或社会生活中的实际问题进行自主学习、自主探究,对于学生的创新精神与创新能力培养非常有利。但由于忽视课内整合,其对于中小学各学科基础知识的系统学习与掌握,效果往往不如传统课堂教学。第二种整合模式(TESL)在坚持课堂教学的前提下,适当吸纳WebQuest模式的优点(围绕若干主题进行课堂教学),使学科基础知识的学习与创新精神、创新能力的培养有机结合起来,从而有可能达到既培养学生的创新精神与解决实际问题的能力,又促进学生对学科基础知识的系统学习与掌握的目的,不过TESL整合模式对教师的作用仍重视不够。第三种整合模式(TPACK)则针对前两种模式只关注学生自主学习、自主探究,而忽视教师在教学过程中主导作用的缺陷,从教育思想、教学观念、教师职责等几方面提出了不同观点,但并没有将前两种模式完全否定,而是在充分吸纳第一、二两种模式优点的基础上加以创新与发展,可以说TPACK模式所秉承的是将"有意义的教师传授"和"教师主导下的学生探究"相结合的教学观念。与此同时,第一、二种模式并未因第三种整合模式的出现而退出历史舞台,相反,由于第一、二种模式在培养学生的创新精神与解决实际问题能力方面确实有较突出的优势,所以仍受到广大教师的青睐。尤其是WebQuest被公认是"课外"整合的有效模式,迄今仍在全球各级各类学校的课外整合中广泛使用。不过,就课内教学整合技术而言,TPACK模式应是目前最为有效的受到广大教师欢迎的一种

---

① 吕萍. 美国TELS技术支持科学学习的研究与实践[J]. 基础教育参考,2009(4):14-19.
② 何克抗. TPACK:美国"信息技术与课程整合"途径与方法研究的新发展 上[J]. 电化教育研究,2012(5):5-10.

模式。[①]

从美国在信息技术与课程整合模式的三个发展阶段以及由 PCK 到 TPACK 的演变来看,教师知识的确处于不断发展、不断完善之中,教师学习始终是动态的过程,是伴随教师专业发展的"终身学习"过程。

第四节 内 容 框 架

本书由三大部分组成,共包括五章。

第一章是本书的第一部分,该章为绪论部分。首先,在分析信息化社会经济发展的宏观背景和近十年我国教育信息化及国内外教师信息化教学能力标准的相关政策文件的基础上,提出本书研究的问题;其次,按照信息技术与教育教学、信息化教学能力标准与教师培训、信息技术与课程教学和智慧教育等类别,梳理国内外信息化教学领域的知名学者和专家的主要研究成果,对国内外的相关研究进行评述,进一步明晰本书要研究的主要问题领域,阐明研究方法;再次,基于教师职业需要随着社会发展和教育技术进步而持续学习的特点,介绍本研究选取的"教师学习理论"和"整合技术的学科教学法理论(TPACK)"两个理论视角的基本内容和理论模型;最后,简述本书的写作框架。

第二部分由第二章至第四章 3 章构成。第二章着重讨论本书围绕所研究的问题将着手开展的调查研究所依据的高校教师信息化教学能力框架。本章介绍了国内外主要的教师信息化教学能力标准或框架,包括美国的《ISTE 教育者标准》、欧盟的《教育者数字能力欧洲框架》、联合国教科文组织的《教师信息通信技术能力框架》以及我国的《中小学教师信息技术应用能力标准(试行)》和《国家高校教师教育技术能力指南(试行)》,并阐述了在参照国内外这些标准或框架的内容和结构的基础上,本研究在设计问卷和访谈提纲时所依据的"高校教师信息化教学能力框架"的构建。第三章主要探讨在职高校教师信息化教学能力发展的主要路径,分析讨论了高校教师通过参加信息化教学能力培训、开展信息化课程教学实践和参加信息化教学能力竞赛三种途径提高信息化教学能力的情况、形式和可能性等内容。第四章着手对高校教师信息化教学能力的现状开展调研,呈现研究设计,说明调研对象、调研方法、调研目标和内容,确定调查问卷和访谈提纲,收集第一手资料和数据,并对调研数据进行统计、分析和讨论,为提出高校教师信息化教学能力的发展

---

① 何克抗. TPACK:美国"信息技术与课程整合"途径与方法研究的新发展 下[J]. 电化教育研究,2012(6):47-56.

策略建立数据支撑和依据。需要说明的是,本章的最后一节参照政府相关政策文件和一些研究机构的调研数据以及本书作者的在线教学及亲身实践经历等,对新冠疫情影响下的高校教师信息化教学状况进行分析,与新冠疫情暴发前对高校教师所做的调研结果互为印证和补充,充实和丰富了后续研究所需要的信息和数据资源。

第三部分即第五章,呈现本书所涉研究的主要成果——本书作者对"高校教师信息化教学能力发展策略"的思考。在前述各章节分析和调研的基础上,根据在信息化教学过程中高校教师呈现出来的种种问题和面临的诸多挑战,尝试从宏观、中观和微观三个层面,对应政府、学校和教师三个维度,从高校教师信息化教学能力的框架制定、高校管理和激励制度的建设以及高校教师的自我反思和实践三项内容探讨高校教师信息化教学能力的三大发展策略。

本书是一本基于相关理论和实践的、在技术快速迭代的信息化时代背景下的、聚焦高校教师专业发展的应用性研究著作。本书作者立足于实践者和研究者的立场,依据较丰富的文献、较详实的调研数据和较实用的理论框架,融合理论分析与调查研究,尝试揭示信息化时代高校教师教育教学能力发展的趋势,提出一个立体多维的发展策略框架,为丰富高校教师专业发展研究成果作出贡献。

第二章 高校教师信息化教学能力框架

如果我们还像当年我们被教授的那样去教学的话,那么,我们就掠夺了我们的儿童的未来。

——约翰·杜威(John Dewey)

关于教师信息化教学能力的概念,业界有不同的名称,如教师教育技术能力、教师信息技术应用能力等,虽然称呼不同,但其实质与教师信息化教学能力所指类似,总体而言,均包含教师应用信息化、网络化和数字化的技术设备和技术手段优化教育教学效果、促进学生学习能力发展和促进教师个人专业能力发展。随着信息技术的更新迭代,信息化教学能力的内涵和构成要素必然也会随之改变。在讨论当下高校教师信息化教学能力的构成和发展阶段之前,我们应当了解国内外对信息化教学能力内涵和结构的已有界定。他山之石,可以攻玉;以史为鉴,可以明智。因此,本章第一节将简要介绍国内外主要的教师信息化教学能力标准和框架,第二节将分析本书提出的高校教师信息化教学能力框架。

第一节 国内外信息化教学能力标准与框架

信息技术和人工智能技术的发展已经并且将继续广泛而深刻地影响人类生活的方方面面,世界各国也都纷纷意识到信息技术素养对于民众生存与经济社会发展的重要意义。在此宏观背景下,很多国家或国际教育机构先后出台了针对学生、教师或公民的信息素养标准或信息能力框架,这些也为本书的研究提供了认识基础和启示。关于国外的信息化教学能力标准与框架,本节主要介绍美国、欧盟以及联合国教科文组织的教师信息技术能力标准或框架,国内部分主要介绍2014年教育部颁布的《中小学教师信息技术应用能力标准(试行)》和2010年全国高校教育技术委员会推出的《国家高校教师教育技术能力指南(试行)》。

一、ISTE 教育者标准(2017 版)

美国国际教育技术协会(International Society for Technology in Education, 简称 ISTE)定期推出《教育者标准》(ISTE Standards for Educators)。[①] 在其 2017 版本中,将教师能力维度分为"被赋能的专业人士"与"学习的催化剂"两个维度,并将教师角色细分为学习者、领导者、公民、合作者、设计师、促进者与分析师 7 个角色和 24 项基本能力(表 2-1),其中前三者属于"被赋能的专业人士"维度,后四者属于"学习的催化剂"维度。美国于 2016 年制订了国家教育技术计划《为未来做好准备的学习:重构技术在教育中的角色》(Future Ready Learning:Reimagining the Role of Technology in Education),提出了应用技术重塑教育的角色,培养适应未来社会发展所需要的人才。[②] 根据这个计划,ISTE 更新了《ISTE 学生标准》(2016 版)[③],为适应新版的学生标准,更新并颁布了《ISTE 教育者标准》(2017 版),服务于实现为美国培养面向未来人才的目标。

表 2-1 ISTE 教育者能力构成表(2017 版)

能力维度	教师角色	能力描述
1. 被赋能的专业人士	(1) 学习者	① 确定学习目标和教学方法
		② 创建学习网络
		③ 研究学习效果和学习科学
	(2) 领导者	④ 通过合作实现学习目标
		⑤ 倡导公平学习和差异化学习
		⑥ 成为同事的榜样
	(3) 国家公民	⑦ 为学生创造机会,富有同理心
		⑧ 创建数字学习文化
		⑨ 指导学生正确使用数字资源
		⑩ 管理个人数字资源,保护学生数据隐私

[①] ISTE. ISTE Standards for Educators:2017[EB/OL]. [2020-01-07]. https://www.iste.org/standards/for-educators.

[②] U. S. DEPARTMENT OF EDUCATION, OFFICE OF EDUCATIONAL TECHNOLOGY. Future ready learning:reimagining the role of technology in education:2016 national education technology plan[R/OL]. [2020-01-07]. https://tech.ed.gov/files/2015/12/NETP16.pdf.

[③] ISTE. ISTE Standards for Students:2016[EB/OL]. [2020-01-07]. https://www.iste.org/standards/for-students.

续表

能力维度	教师角色	能力描述
2. 学习的催化剂	（4）合作者	⑪ 与同事合作制订学习计划
		⑫ 与学生合作
		⑬ 使用协作工具与他人合作
		⑭ 与教学相关者互动
	（5）设计师	⑮ 创造个性化学习体验
		⑯ 设计促进深度学习的真实学习活动
		⑰ 创建符合教学原则的数字学习环境
	（6）促进者	⑱ 孕育促进学习成果的环境
		⑲ 管理虚拟或真实场所的技术和学习策略
		⑳ 创造解决挑战性问题的机会
		㉑ 展示并培养学生的创造力
	（7）分析师	㉒ 为学生提供可替代的方法
		㉓ 开展评估和反馈
		㉔ 调整进度，帮助学生自我指导

在 2017 版的《ISTE 教育者标准》"被赋能的专业人士"维度内，对于教师的要求如下：作为学习者，教师应该能够设定专业学习目标，探索能够应用技术实现的教学方法并反思其有效性；创建并积极参与本地和全球学习网络，发展专业兴趣；随时关注并支持关于优化学生学习效果的研究和关于学习科学的最新研究发现。作为领导者，教师应能够与各个教育利益相关方合作，创造、推进并加速实现通过技术赋能学习的共同愿景；倡导公平获取数字化教育技术内容和学习机会以满足所有学生的不同需求；成为同事识别、探索、评估、策划和采用新的数字化资源和数字化学习工具的榜样。作为国家公民，教师应努力做到为学生创造机会，使他们能够对社会作出负责任的、积极的贡献，并在网络社区中表现出同理心；建立学习文化，激发学生对在线资源的好奇心，提升学生的批判性能力，提高学生的数字素养和应用媒体的熟练程度；指导学生安全、合法和有道德地应用数字工具，培养学生保护知识产权的意识；建立并促进对个人数据和数字身份的管理，保护学生的数据隐私。简而言之，这个维度的最终目标是通过教师的专业发展来促进学生在信息社会的学习与健康发展。在教育教学中，教师要关注自身如何通过持续的专业发展实现在信息化教学能力上的终身学习与成长；如何为自己所在的教育组织乃至整个复杂的教育系统贡献自己的力量，领导面向未来的教育变革；示范如何安全、合法和道德地使用信息技术，成为学生的数字公民榜样，在技术能力增长的同时，

提高同理心等人文素养。

在"学习的催化剂"维度内,教师作为帮助学生学习的合作者,应能够投入时间与同事协作制订教学计划,创建利用技术的真实学习体验;与学生合作并共同学习以发现和使用新的数字资源诊断和解决技术问题;通过与当地及全球的专家团队和学生进行虚拟互动,使用相关工具,拓展学生与现实世界相关的真实的学习体验;在与学生家长和同事沟通时,展示文化胜任能力并作为学生学习的合作者与他们进行互动。作为教育教学的设计师,教师应做到利用技术创造虚拟学习体验,使其能够适应学习者的差异与需求,体现个性化,从而提升学生独立学习的能力;设计符合学科内容标准的真实学习活动,并使用数字工具和资源最大限度地促进学生积极地进行深度学习;探索并应用教学设计原则创建能激发兴趣并支持创新性学习的数字化学习环境。作为学生学习的促进者,教师应能够培育独立和小组合作学习的环境文化,让学生在其中锻炼掌控自己的学习目标和学习成果的能力;在数字平台、虚拟环境、动手操作的创客空间或现实场所,应用指导学生学习的策略,使用相应的教学管理技术;创造学习机会,培养学生使用技术和计算思维创造性地解决问题的能力;培养学生表达观点、阐述知识和建立联系的创新能力,并在这一方面成为学生的榜样。作为学习成效的分析师,教师应能够为学生提供可供替代的方法,从而使他们能够展示学习能力和使用技术反思学习的能力;利用技术设计并实施各种形成性和总结性评价,以满足学生的需求,并及时向学生提供反馈和指导意见;使用评价数据调整教学进度,并与学生家长和其他教育利益相关者沟通,以帮助学生培养自我学习和指导的能力。

"学习的催化剂"这一维度,强调教师角色的变化。首先,教师(Teacher)要转变为教育者(Educator)。"教师"的含义通常是通过解释或者示范来帮助学习者学习,在教学方法上更多的是以教师为中心的讲授法,而"教育者"则突出了在未来教师不再仅仅进行教学(Teaching)和传授知识,更重要的是要促进学生学习,其教育的范围更为广泛,教学方法更为丰富。其次,教师要成为学生学习的合作者。教师和学生可以成为合作的工程师,学习体验的设计者、领导者、引导者以及变革的催化剂。信息技术为教师提供了机会,教师可以将学习扩展到课堂之外,可以组织创建学习社区,社区成员由学生、学校教师、博物馆馆员、图书馆馆员组成,甚至包括世界各地不同学科的专家、社区组织成员和学生家长。教师与社区或世界各地的其他教育工作者和专家联系,一方面可以拓展自己的视角,另一方面可以为学生的学习创造机会;教师与社区组织建立联系,设计学习领域,指导学生探索当地的需求,体验解决现实问题的过程,使学习内容与现实社会更具相关性,使课堂学习更具真实性。最后,教师成为学习分析师。在大数据时代教师应具备利用数据进行教学分析的能力,理解并使用数据来推动自身教学水平的提高,针对学生的不同需求实现个性化学习,支持学生实现学习目标;同时,还要能够在数据分析的基础上,与学生家长进行基于证据的沟通,增强教师职业的专业性。总之,在信息化时代,为了促进学生的学习,教师除了传授知识之外,还要成为能整合各方资源的合作者、教学过程的设计师、学生学习的分析师以及促进者。

综上所述,美国的《ISTE 教育者标准》(2017 版)强调的是教师信息化教学能力在促进学生学习与发展方面的重要作用,为了顺应时代发展的需要,教师角色和能力必须做出的相应变化,达到通过提升教师教育教学质量来提高未来公民的素质和能力,而绝不是单纯地以提升教师的教育教学技术能力为目的。本质上,制定相关标准是美国面向未来培养人才的保障机制之一。《ISTE 教育者标准》(2017 版)强调技术是支持教师从事教育教学工作的一种工具,而非最终目标。对于教师而言,技术的最终目标是变革教学与促进学生学习。21 世纪的社会是信息技术无处不在的社会,信息技术能力在美国已是教师作为公民应该具备的能力,教师作为专业人士应该具备能够利用信息技术来促进学生学习的能力。在教育教学过程中,教师应时刻关注信息技术与学科内容的结合,因此,教师要以 TPACK 模型为框架,丰富自身的 TPACK 知识,将信息技术与教学数据、内容知识、各种资源和学习经验连接起来,为自身赋能,为所有学习者提供更有效的教育教学活动,更好地促进学习者的学习和发展。

二、欧盟《教育者数字能力欧洲框架》(2017 版)

为了给欧洲各成员国的教育者提供一个数字能力的评估参照标准,欧盟联合研究中心(The Joint Research Center,简称 JRC)于 2017 年颁布了《教育者数字能力欧洲框架》(*The European Framework for the Digital Competence of Educators*)(以下简称《框架》)。《框架》从专业能力、教学能力、促进学习者的能力三大维度描述教育者应具备的数字能力,共包含 3 个能力维度和 22 项基本能力(表2-2)。[1]

表 2-2 欧盟教育者数字能力构成表(2017 版)

能力维度	教师角色	能力描述
1. 专业能力	(1) 专业能力	① 组织沟通能力
		② 专业协作能力
		③ 反思实践能力
		④ 数字化持续专业发展能力

---

[1] REDECKER C. European framework for the digital competence of educators: DigCompEdu[S]. Luxembourg: Publications Office of the European Union, 2017.

续表

能力维度	教师角色	能力描述
2. 教学能力	（2）数字资源	⑤ 选择数字资源的能力
		⑥ 创新数字资源的能力
		⑦ 管理、保护和共享数字资源的能力
	（3）教学与学习	⑧ 教学能力
		⑨ 指导能力
		⑩ 促进学习者合作学习的能力
		⑪ 培养学习者自我调节的学习能力
	（4）评估	⑫ 评估策略能力
		⑬ 分析证据能力
		⑭ 反馈和计划能力
	（5）赋能学习者	⑮ 可获得性和全纳性
		⑯ 差异化和个性化
		⑰ 鼓励学习者参与
3. 促进学习者的能力	（6）促进学习者数字能力	⑱ 信息和媒体素养
		⑲ 数字沟通和协作能力
		⑳ 数字内容创作能力
		㉑ 负责任地应用数字技术能力
		㉒ 数字问题的解决能力

《框架》的"专业能力"维度内含有"专业参与"部分，主要针对课堂以外教育者所涉及的广义环境，即教育者在与同事、学习者、家长和其他利益相关方的互动中使用数字技术，致力于个人专业发展和所在组织的集体利益发展，包括四项细分能力，分别为：组织沟通能力，即能够应用数字技术加强与学习者、家长和第三方的组织沟通，协作发展并改进组织的沟通策略；专业协作能力，即能够利用数字技术与其他教育者合作、分享和交流知识与经验，并在实践中相互协作以创新教学法；反思实践能力，即能够独自反思或参与集体反思，批判性地评估和主动发展自身以及所在教学共同体的数字教学法实践；数字化持续专业发展能力，即能够利用数字资料与数字资源持续促进自身专业发展。

"教学能力"维度是整个框架的核心内容，包括数字资源、教学与学习、评估及赋能学习者四个部分。"数字资源"部分阐述了教师有效且负责任地应用、创建和共享数字资源以开展学习所需的能力，包含三种具体的能力描述：选择数字资源的能力，指教育者能够识别、评估和选择适合用于教学和学习的数字资源，并在选择和规划应用数字资源时,能够考虑具体的学习目标、学习情境、教学方法和学习者群体;创新数字资源的能力,指教育者能够根据具体的学习目标、学习情境、教学方法和学习者群体,修改、完善公共数字资源和其他资源,创建或与他人合作创建新的数字教育资源;管理、保护和共享数字资源的能力,指教育者能够组织数字化教育教学内容,并与学习者、家长和其他教育者分享,尊重并正确应用数字资源的版权规则,自觉保护敏感的数字内容,了解开放许可和公共教育资源使用与创建的规则,包括正确引用的规则。

"教学与学习"部分聚焦于管理和协调数字技术在教学中的使用,包括四种能力描述:一是教学能力,教育者在教学过程中能够规划实施数字化教学策略,适当管理和协调数字设备和资源,提高教学干预的有效性,并能够试验和开发新的教学形式和教学方法;二是指导能力,教育者能够指导学习者有效利用数字技术和服务,能够试验并开发新的数字技术指导形式和模板,在学习环节内外,加强与学习者之间的互动,为学习者提供及时且有针对性的指导与帮助;三是促进合作学习的能力,教育者能够利用数字技术促进和加强学习者之间的合作学习,使学习者能够将数字技术作为增强沟通、协作和实现合作性的创造知识的手段;四是培养学习者自我调节的学习能力,教育者能够应用数字技术支持学习者的自主学习,使学习者能够计划、监控和反思自己的学习,并通过数字技术手段提供学习者发展的证据,分析问题并提出创造性的解决问题的方案。

"评估"部分关注使用数字策略来改善教学评估的能力,包括三个方面:一是评估策略,指教育者能够应用数字技术进行形成性评估和总结性评估,并能够加强评估形式和方法的多样性和适用性;二是分析证据,指教育者能够生成、选择和批判性地分析、解释体现学习者活动、表现和进步的数字化证据,为改进教学和促进学习提供有用的信息;三是反馈和计划,指教育者能够根据所使用的数字技术产生的证据,及时向学习者提供有针对性的反馈,调整教学策略并为学习者提供有针对性的支持,使学习者和家长能够理解数字技术提供的证据并将其应用于决策过程。

"赋能学习者"部分注重在"以学习者为中心"的教育观念指导下,教育者应用数字技术开展教学和指导学习者学习等方面应用策略的能力,包括三个方面:一是可获得性和全纳性,指教育者能够考虑到学习者使用数字技术的情境、设备或认知方面的限制,回应学习者对于数字技术的期望、能力提升方法、使用模式及可能产生的误解,确保所有学习者(包括有特殊需要的学习者)能够获得相应的数字化学习资源并参与有关的学习活动;二是差异化和个性化,指教育者能够允许学习者根据自身不同的水平、学习能力和进度开展学习,指导学习者遵循个人学习途径和目标来使用数字技术,从而满足学习者的多样化学习需求;三是鼓励学习者参与,指教育者能够将数字技术融入教学策略中,或以其他方式促进学习者积极主动地、创造性地参与学科知识的学习,培养学习者的跨学科技能、深度思考及创造性表达能力,让学习者对新的现实世界的情境保持开放的态度,并积极参与实践活动、科学调查或复杂问题的解决过程。

"促进学习者的能力"维度包含的"促进学习者数字能力"部分,详细阐述了受到教育之后,学习者应该达到的五种素养或能力:一是信息和媒体素养,要求学习者能够明确表达信息需求,能够在数字环境中查找信息和资源,组织、处理、分析和解释信息,并能够比较和批判性地评估信息及其来源的可信度和可靠性;二是数字通信和协作能力,要求学习者能够有效地、负责任地使用数字技术进行交流、协作和参与学习活动;三是数字内容创作能力,要求学习者能够通过数字化手段表达自己的思想、观点,并修改、完善或创建不同形式的数字化学习活动,掌握如何在自己创建的数字化内容中应用版权和许可,注明所引用内容和资源的出处;四是负责任地使用能力,要求学习者具备安全负责地使用数字技术和管理风险的能力,能够采取措施确保自己在使用数字技术时的身心健康和社会福祉;五是数字问题的解决能力,要求学习者能够识别和解决技术问题,能够创造性地将技术知识迁移到新情境的学习活动中。

欧盟《教育者数字能力框架》(2017版)除了详细描述了教育者数字能力的构成之外,还提出了一个教育者六阶段数字能力发展模型(图2-1)。[①] 在发展模型最初的两个阶段,即新手(A1)和探索者(A2)阶段,教育者处于吸收新信息并进行基本的数字实践水平,在接下来的融合者(B1)和专家(B2)两个阶段,教育者致力于应用、扩展和构建自己的数字实践能力水平,在最高的领导者(C1)和先锋(C2)阶段,教育者应关注传授自己已有的数字化教学知识,批判现有的实践并形成新的实践能力。必须说明的是,虽然A1和A2、B1和B2以及C1和C2三对级别密切相关,但从A到B和从B到C之中,存在知识认知和能力水平方面质的飞跃。[②] 该框架明确了教育者数字能力发展的不同阶段与水平,有利于教育者了解自身在数字能力方面的优势和劣势,帮助教育者按照六大能力领域的能力构成评估自己所处的阶段,有利于教育者为了提高自身数字能力确定所需采取的具体措施。

欧盟的《教育者数字能力欧洲框架》(2017版)为欧盟各成员国在培养教育者的数字能力方面提供了一致的话语体系与逻辑支持,强调通过发展教育者的数字能力来促进学习者的学习与发展,并且通过划分六大能力领域为教育者提供了逐步发展数字教学能力具体可循的路线图,同时强调在学校和教育机构内部不同能力层级的教育者可以承担起先锋、领导者、专家、融合者、探索者和新手等不同角色,相互合作,共同促进教育教学变革,为学习者赋能。欧盟国家普遍意识到培养公民使用数字技术能力的重要性,并为此制定了《欧洲公民数字能力框架》且定期更新,同时他们也清醒地认识到要提升全体公民的数字化能力,首先必须要提升教育者的数字教育教学能力,通过发展教育者的数字能力来帮助欧盟成员国提高其

---

① 张琳. 师范生信息化教学能力培养研究[D]. 上海:华东师范大学,2019:71.
② REDECKER C. European framework for the digital competence of educators:DigCompEdu[S]. Luxembourg:Publications Office of the European Union,2017.

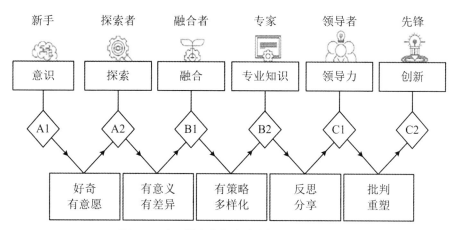

图 2-1 欧盟教育者数字能力框架(2017 版)

公民的数字能力,同时推动教育创新。因此,《教育者数字能力欧洲框架》本质上也是为提升欧盟内部各成员国的教育质量、面向未来培养高质量的国家公民这一目标服务的。

三、联合国教科文组织《教师信息通信技术能力框架》(2011 版)

为了支持教师发展信息化教学能力,联合国教科文组织于 2008 年制定了《联合国教科文组织教师信息通信技术能力标准》(以下简称《标准》)(UNESCO ICT Competency Standard for Teachers,简称 ICT-CST)①,方便各国使用统一的国际标准来衡量教师运用信息通信技术开展教育教学的熟练程度,并于 2011 年通过修订 2008 版《标准》,推出了《联合国教科文组织教师信息通信技术能力框架》(UNESCO ICT Competency Framework for Teachers,简称 ICT-CFT)(以下简称 2011 ICT-CFT 框架)②。2011 ICT-CFT 框架吸收了来自全球的各类学科专家和使用 2008 版《标准》的用户意见,并增加了教师能力考试大纲和教师能力细则,大大丰富了 2011 ICT-CFT 框架的内容。

制定 2011 ICT-CFT 框架采取的是倒推的思路。首先根据 21 世纪经济与社会发展需要具备什么能力的人力资源,确定学校应该培养具备相应能力的人才,从而推导出教师需要具备什么样的信息通信技术教学能力(图 2-2)。因此,2011 ICT-CFT 框架的最终目标是通过提升教师的信息通信技术能力来提升教育教学

---

①② UNESCO. UNESCO ICT Competency Standard for Teachers[S/OL]. [2020-05-08]. http://unesdoc.unesco.org/images/0021/002134/213475E.pdf.

注:其中的 ICT 是 Information Communication Technology 的首字母缩写。

的质量,培养学生成为具备合作能力、解决问题的能力和创新创造能力的学习者,使他们成为对国家、对社会有用的公民和人力资本,从而推动经济和社会的发展。2011 ICT-CFT 框架特别强调,仅仅保证教师自身拥有信息通信技术能力是不够的,教师也不能满足于仅将这些信息通信技术知识传授给学生,而是要致力于能够使用信息通信技术帮助学生成为能够合作的、有解决问题能力的和有创造能力的学习者。

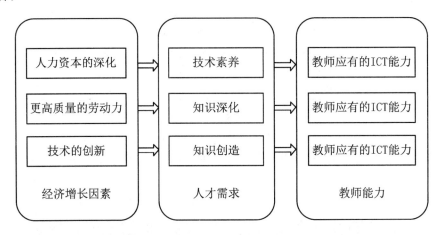

图 2-2　联合国教科文组织 2011 ICT-CFT 框架制定路径图①

2011 ICT-CFT 框架将应用信息通信技术的教育情境概括为理解教育中的 ICT、课程与评价、教学法、ICT、组织与管理和教师专业发展六大重点领域。对应每一个重点领域,在促进学生的发展方面,将教师应用信息通信技术的教育教学能力分为三个由低到高的发展阶段,分别为促进学习者的技术素养(第一阶段)、促进学习者的知识深化(第二阶段)和促进学习者的知识创造(第三阶段)。在这三个发展阶段中,对应每一个重点教育领域又有相应的教师能力要求,具体内容如表 2-3 所示。

表 2-3　联合国教科文组织 ICT-CFT 框架能力构成表(2011 版)②

教育重点领域	第一阶段 促进学习者 的技术素养	第二阶段 促进学习者 的知识深化	第三阶段 促进学习者 的知识创造
理解教育中的 ICT	政策意识	政策理解	政策创新
课程与评价	基础知识	知识应用	知识社会的技能

---

① 张琳.师范生信息化教学能力培养研究[D].上海:华东师范大学,2019:73.
② 张琳.师范生信息化教学能力培养研究[D].上海:华东师范大学,2019:74.

续表

教育重点领域	第一阶段 促进学习者 的技术素养	第二阶段 促进学习者 的知识深化	第三阶段 促进学习者 的知识创造
教学法	融合技术	复杂问题的解决	自我管理
ICT	基本工具	复杂工具	普及工具
组织与管理	标准的教室	协作性的小组	学习型组织
教师专业发展	数字素养	管理与引导	作为学习模范的教师

2011 ICT-CFT框架强调了教师的信息通信技术能力在帮助学生获得知识的三个成长阶段中应发挥的作用。在最初的"促进学生的技术素养"阶段,教师应能够帮助学生使用信息通信技术进行更为有效的学习;在"促进学生的知识深化"的阶段,教师应能够帮助学生深入理解学科知识,并让学生掌握将学科知识应用于认识和解决复杂现实问题的能力;在最后的"促进学生的知识创造"的阶段,教师应努力帮助学生成为能够创造新知识的公民和人力资本,为建设更加和谐、充实和繁荣的社会贡献力量,教师最终实现的教育教学目标与社会和经济发展目标保持一致。要实现这些教育教学目标,教师要能够承担新的角色,运用新的教学方法和手段,将信息通信技术成功地融入课堂,构建新型的学习环境,设计富有活力的课堂活动,鼓励学生开展合作学习和互动。因此,需要教师自身首先开展专业学习,发展专业技能,掌握一套不同于传统的课堂管理技能,包括开发新的方法提高使用信息通信技术改善学习环境的能力。

根据教师信息技术教育教学应用能力的三个成长阶段(技术素养、知识深化、知识创造),2011 ICT-CFT框架针对六个教育重点领域,都制定了与之配套的课程目标及相应的教师能力要求。以第三个成长阶段"知识创造"阶段为例,该框架首先明确了这一阶段的教育教学目的是通过培养参与知识创新创造和终身学习的学生、公民以及其他劳动力来提高社会生产力,围绕这个目标的实现,详细阐述了六个教育重点领域的课程目标和教师应达到的相应能力(表2-4)。由表2-4可见,在ICT-CFT框架下,针对每一项教育重点领域都制定了相应阶段的产出内容和课程目标以及与之对应的教师能力,为教师的专业发展和管理部门评估教师能力给出了清晰的参照标准。ICT-CFT框架将教师能力设定为由低到高的三个层级,有利于教师以及教育培训者针对教师的能力现状,因人而异地制定不同阶段的发展目标和不同的专业发展方案,促进教师基于自身的能力逐渐发展,满足教师的个性化需求,减少焦虑感和职业倦怠感,保护教师学习信息技术的积极性,真正促进教师运用信息通信技术能力的提高。

表 2-4　联合国教科文组织 ICT-CFT 框架"知识创造阶段"教师能力结构表(2011 版)①

教育重点领域	知识创造	课程目标	教师能力
理解教育中的 ICT	政策创新	教师和学校工作人员都将积极投身教育改革政策的不断演变的过程	教师必须了解国家政策的意图,并能够参与教育改革政策的探讨,以及旨在实施这些政策的计划的设计、实施和修订
课程与评价	知识社会的技能	课程不仅关注学科知识,而且包括知识社会的技能,如解决问题、沟通协作和批判性思维,学生还需确定自己的学习目标和计划,评估本身就是这个过程的一部分,学生必须能评估自己和他人作品的质量	教师必须了解复杂的人类发展,如认知、情感与身体的发展,必须知道学生如何以及在何种条件下学得最好,必须预见并能够有效地应对学生遇到的困难,必须具备应对这些复杂过程所需的技能
教学法	自我管理	学生在学习社区中工作,不断参与创建知识产品,并形成自己的知识和技能	教师在这种方法中的作用是明确地示范学习过程并创造学生应用技能的情境
ICT	普及工具	利用各种联网设备、数字资源和电子环境创建和支持该社区的知识生产和随时随地地协作学习	教师能够设计基于信息通信技术的学习资源和环境,利用信息通信技术支持学生的知识创造和批判性思维技能的发展
组织与管理	学习型组织	学校转变为学习型组织,其所有成员都参与学习	教师能够在其中发挥领导作用,并为同事提供后续支持。他们还能发挥领导力,与同事一起在以创新和持续学习为基础并由 ICT 所丰富的专业共同体内部,创建和实施学校的愿景
教师专业发展	作为学习模范的教师	教师本身就是学习的大师和知识生产者,他们不断从事教育实验和创新,以产生关于学习和教学实践的新知识	教师必须拥有通过实验不断学习及使用信息通信技术来建立教师专业学习共同体的能力、动力、倾向、激励措施和支持措施

① 张琳. 师范生信息化教学能力培养研究[D]. 上海:华东师范大学,2019:75.

2011 ICT-CFT 框架特别强调国家教育政策对教师信息技术教学能力发展的重要性。框架要求教师不仅要了解国家政策制定的意图,参与教育改革政策的探讨,并且要参与教育政策的设计、实施和修订过程。其背后的理念是教师只有真正理解、认同这些与信息技术相关的教育政策,才能在教育教学实践中落实这些政策,否则政策只能是束之高阁的文本或成为挂在口头的说辞,而无法真正落地。2011 ICT-CFT 框架具有很强的可操作性,针对三个阶段的每一项教师能力,框架都界定了其内涵并使用案例加以说明,为落实能力标准的相关人士提供了直观的、易于理解的参考。此外,框架还制定了相应的教学大纲和考试范例,便于意欲参照标准发展自身信息技术能力的教师和教育培训机构开展具体的操作,增加了框架真正落地的可行性。联合国教科文组织的 ICT-CFT 框架(2011 版)以提高教师教学能力为策略,通过教师充分发挥信息技术的力量来提高整个社会的人才培养质量,并以此为终极目标;通过要求教师参与政策制定来提高运用政策规范教育教学实践的实际效果,保持教育目标与社会发展的高度一致性;通过提供教学大纲与实施案例加强《框架》在教育教学过程中的可操作性;通过三个教师教学能力阶段的设计,实现教师信息技术应用能力的差异化和个性化发展,提高教师主动发展自身专业技能的意愿。因此,尽管框架颁布至今已有 10 年,但它对当下的教师信息化教学能力发展仍具有很强的借鉴和参考价值。

四、我国《中小学教师信息技术应用能力标准(试行)》(2014 版)

教育信息化已成为各国建设人力资源强国、实现经济社会快速发展的前瞻性战略选择。在信息化浪潮的席卷下,我国政府意识到必须把教育信息化上升到国家战略的层面,使教育信息化成为促进教育变革和发展的重要推动力量。教师的信息技术应用能力提升也被认为是破解教育信息化发展瓶颈、推进基础教育课程改革和促进教师专业发展的重要软实力。[1] 我国在 2004 年和 2014 年分别颁布了《中小学教师教育技术能力标准(试行)》和《中小学教师信息技术应用能力标准(试行)》(以下简称 2014 版《标准》),后者是作为落实《教育部关于实施全国中小学教师信息技术应用能力提升工程的实施意见》的文件精神而做的顶层设计中的一个组成部分。鉴于国家教育信息化发展的时代特点,中小学教师的信息技术应用能力至关重要。本书着重介绍 2014 版《标准》。2014 版《标准》自颁布之日起至今,一直都是规范与引领中小学教师在教育教学和专业发展中有效应用信息技术的准则,是各地开展信息技术应用能力培训、应用和测评等工作的基本依据。

---

[1] 祝智庭,闫寒冰.《中小学教师信息技术应用能力标准(试行)》解读[J]. 电化教育研究,2015(9):5-10.

在2014版《标准》中,"中小学教师信息技术应用能力"的内涵被界定为"中小学教师运用信息技术改进其工作效能、促进学生学习成效与能力发展,以及支持其自身持续发展的专业能力"①。这表明提升教师的信息技术应用能力,目的是使得教师能够充分利用信息技术优化课堂教学、转变学习方式,以支持优质、创新的课堂实践与个性、灵活的学生学习为价值取向,其主旨仍在于促进学生学习。由于我国客观上存在着信息技术软硬件设备配置的区域差异性,各地区教师信息技术应用情境也必然存在着差别,而教师的信息技术应用能力所能达到的高度与他所处的信息化教学环境密切相关。考虑到这种差异性,2014版《标准》对教师的信息技术应用能力提出了"基本要求"和"发展性要求"两个层级(表2-5),其中,"基本要求"是指教师应用信息技术优化课堂教学的能力。这一层级主要针对在没有网络与移动设施的多媒体环境中,教师在教学中应用信息技术的情境,因此,这一情境下的教学模式实际上还是以教师讲授、启发式提问为主,对于教师信息技术应用能力的要求主要指能够利用信息技术进行"讲解、启发、示范、指导、评价等"。"发展性要求"是指教师应用信息技术转变学生学习方式的能力,这一层级主要针对在教师和学生已经拥有网络或移动设施的教学与学习环境中,对于教师信息技术应用能力的要求主要指能够利用信息技术"支持学生开展自主、合作、探究等学习活动"。

表2-5 中小学教师信息技术应用能力分级表(2014版)

能力分层和要求	能力内容	教师能力描述
第一层级:基本要求	应用信息技术优化课堂教学	能够利用信息技术进行讲解、启发、示范、指导、评价的能力
第二层级:发展性要求	应用信息技术转变学习方式	能够利用信息技术支持学生开展自主、合作、探究等学习活动所应具有的能力

2014版《标准》从教师的角色出发,将教师信息技术应用能力分为技术素养、计划与准备、组织与管理、评估与诊断和学习与发展五个能力维度,分属于基本信息素养、促进学生学习与促进自身专业发展三个能力模块(表2-6)。五个能力维度中,技术素养属于基本信息素养模块,为后四大能力维度奠定技术基础;计划与准备、组织与管理、评估与诊断三项能力直接指向教师的教育教学实践过程,以"促进学生学习"为旨归;学习与发展能力维度与促进教师自身专业发展紧密相连。2014版《标准》按照两个能力层级,对应五个能力维度详细描述了中小学教师信息技术应用能力的内容和要求(详见附录一)。五个能力维度的选择与划分,能够清楚地

---

① 教育部.中小学教师信息技术应用能力标准:试行[EB/OL].[2020-04-25]. http://www.moe.gov.cn/publicfiles/business/htmlfiles/moe/s6991/201406/170123.html.

表明信息技术在教育教学过程及教师自身发展中应起到的作用,有利于将信息技术与教师的日常教育教学工作以及自身的专业发展建立关联性,使教师认识到提高信息技术应用能力对其开展教育教学实践的积极价值,而不是不得不完成的任务,从而激发教师探索在教学中运用信息技术的意愿与动力。[①]

表2-6 中小学教师信息技术应用能力维度表(2014版)

能力模块	能力维度	能力内容和要求	
1. 基本信息素养	(1) 技术素养	5项能力描述	详见附录一
2. 促进学生学习	(2) 计划与准备	6项能力描述	
	(3) 组织与管理	5项能力描述	
	(4) 评估与诊断	4项能力描述	
3. 促进自身专业发展	(5) 学习与发展	5项能力描述	

2014年前后,我国各地的网络环境差异性还是比较大的。因此,2014版《标准》设置"基本要求"和"发展性要求"两个层级是符合我国国情的。随着4G甚至5G网络的普及,各地的网络教学环境的差距在逐渐缩小,发展性要求应该逐渐成为教师能力发展的普遍目标。总体而言,我国的2014版《标准》从促进学生学习和促进教师发展这一目标出发,将"促进学生发展"与"促进自身专业发展"作为教师提高信息技术应用能力的评价维度,为确定中小学教师信息化教学能力的内涵与结构奠定了基础。最后,必须提及的是,为了切实提高中小学教师的信息化教学能力,配合2014版《标准》,教育部还组织专家编制了《中小学教师信息技术应用能力培训课程标准》(以下简称《课程标准》)和《中小学教师信息技术应用能力测评指南》(以下简称《测评指南》),这三份文件构成了比较完整的"标准体系"。

《课程标准》为2014版《标准》的实施提供了教师培训课程建设和自主选学的依据,《测评指南》为2014版《标准》实施提供了保障。根据2014版《标准》的内容和要求,《课程标准》设置了"应用信息技术优化课堂教学""应用信息技术转变学习方式"和"应用信息技术支持教师专业发展"3个系列共27个主题的培训课程,帮助教师提升信息技术素养,应用信息技术提高学科教学能力、促进专业发展;《测评指南》将测评分为诊断测评、培训测评、发展测评三个部分,规范指导各地组织实施中小学教师信息技术应用能力测评工作。系统的"标准体系"的设计和实施为推行2014版《标准》创造了绝佳的平台。[②]

[①] 张琳. 师范生信息化教学能力培养研究[D]. 上海:华东师范大学,2019:83.
[②] 祝智庭,闫寒冰.《中小学教师信息技术应用能力标准(试行)》解读[J]. 电化教育研究,2015(9):5-10.

五、我国《国家高校教师教育技术能力指南(试用版)》(2010版)

上文介绍的四种国内外关于教师教育技术和信息技术应用能力的标准或框架,有的是面向所有学段教师的通用标准或框架,有的是面向中小学教师的专用标准,专门面向高校教师信息化教学能力的标准或框架较为少见。由我国全国高校教育技术协作委员会组织制定并于2010年推出的《国家高校教师教育技术能力指南(试用版)》(以下简称2010版《指南》)是目前可以参照的、用以指导高校教师信息技术教育教学能力发展的比较正式的文件。2010版《指南》是依托全国教育科学"十一五"规划课题"高校教师信息素养现状与高校教师教育技术能力框架的研究"项目产出的成果。课题组针对高校教师不同于其他学段的教学与科研并重、从事的学科门类复杂、知识更新快等特点,在华北、华东、西南和西北等四个地区的45所高校的教师群体之间开展了深入、细致的调研,确定了我国高校教师教育技术能力的状况与需求,并在参考国内外教师教育技术能力标准和框架的基础上,经过多次广泛征求意见和多次修订[①],最终由全国高校教育技术协作委员会面向全国高校正式推出了2010版《指南》。

与中小学教师偏重教学实践的特点不同,高校教师具有教学与科研并重的特点。大部分高校教师除了完成日常教学任务以外,还要定期或不定期地完成相应的教研科研任务,要参加相关的学术会议和学术交流,撰写专著或发表论文,承担课题申报和项目管理等工作。这些任务和工作不仅要求高校教师掌握一定的信息技术来支持教学、优化教学的理念和方法等,还需要他们掌握一定的信息化工具和手段支持科研创新,如学术期刊网的使用、项目申报系统的使用、项目管理工具等。此外,因为高校各学科知识更新较快,使得高校教师几乎时时处于学习新知识、新理论、新方法、新技术、新工艺的状态,这就更加要求高校教师掌握一定的信息获取、收集、加工、应用的能力,因此,高校教师更加需要提高利用工具进行自发学习、自主研究的能力。鉴于高校教师的这些职业特点,2010版《指南》从意识与责任、知识与技能、设计与实施、教学评价和科研与发展五个维度陈述高校教师的教育技术能力,分属于观念意识、教育教学能力和科研能力三大模块,共包括17项能力指标和54项能力描述,详见图2-3和表2-7。

---

① 马宁,陈庚,刘俊生,等.《国家高校教师教育技术能力指南》的研究[J].远程教育杂志,2011,29(6):3-9.

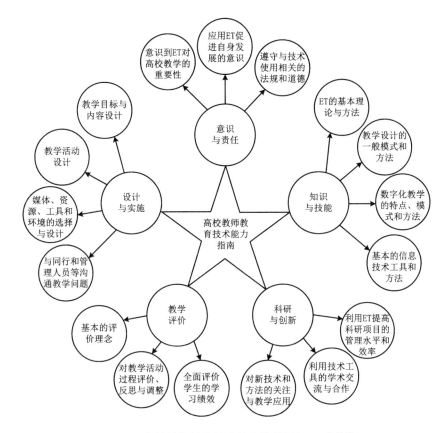

图 2-3　高校教师教育技术能力结构图(2010 版)[①]

表 2-7　高校教师教育技术能力构成表(2010 版)[②]

能力模块	能力维度	能力指标	能力描述	
1. 观念意识	(1) 意识与责任	① 能够意识到技术对于高校教学的重要性	4 项能力描述	详见附录二
		② 具有应用教育技术促进自身专业发展的意识	2 项能力描述	
		③ 能够遵守与技术使用相关的法律法规和社会道德	3 项能力描述	

---

①② 全国高校教育技术协作委员会. 国家高校教师教育技术能力指南:试用版[S/OL]. [2020-05-10]. https://wenku.baidu.com/view/064e6e7858fb770bf78a5558.html.pdf.

续表

能力模块	能力维度	能力指标	能力描述
	(2) 知识与技能	④ 了解教育技术的基本理论与方法	4项能力描述
		⑤ 掌握教学系统设计的一般模式和方法	3项能力描述
		⑥ 掌握数字化教学的特点、模式与方法	5项能力描述
		⑦ 掌握基本的信息技术工具和方法	5项能力描述
	(3) 设计与实施	⑧ 能够确定合理的教学目标,选择有效的教学内容	3项能力描述
		⑨ 能够设计并实施有效的教学活动	3项能力描述
		⑩ 能够为教学提供恰当的媒体、资源和工具,创设有效的学习环境	2项能力描述
		⑪ 能够与同行和管理人员等就教学问题进行有效交流	3项能力描述
	(4) 教学评价	⑫ 掌握基本的评价理念	3项能力描述
		⑬ 能够对教学活动过程进行合理的评价、反思与调整	2项能力描述
		⑭ 能够选择合适的评价方法全面评价学生的学习绩效	3项能力描述
2. 科研能力	(5) 科研与创新	⑮ 能够关注新技术和新方法并应用其改进教学	2项能力描述
		⑯ 能够借助技术手段开展广泛的学术研究、合作与交流	4项能力描述
		⑰ 能够利用教育技术提高科研项目的管理水平和研究团队的工作效率	3项能力描述

"意识与责任"维度由"对高校教学的重要性""促进教师专业发展""法律与道德"三个部分构成。"对高校教学的重要性"主要指高校教师要能够认识到教育技

术的有效应用对于提升高校教学质量、优化高校教学过程、培养创新型人才、丰富高校学习资源、营造良好教学环境、评价教学过程和效果的重要意义，并且能够持续关注新理念、新技术的发展，具有尝试应用新技术促进教学的意识。"促进教师专业发展"是指高校教师应具有应用教育技术促进自身专业发展的意识，具有终身学习、不断更新自身教学观念和提高自身教学能力与专业能力的意识。"法律与道德"是指高校教师能够遵守与技术使用相关的法律法规和社会道德。这三个部分相互联系，不可分割，构成了整个高校教师教育技术能力评价指标体系的思想观念基础。[①]

"知识与技能"维度由"基本理论与方法""教学设计模式与方法""数字化教学一般特点""信息技术工具与方法"四个部分组成。这四个部分也构成了一个不可分割的有机整体，它们共同构建了教师教育技术的教学能力基石。这四个部分分别从理论层面和技术应用层面对教育技术的基本知识与技能进行了描述，相关内容一脉相承。在掌握了相关的"知识与技能"后，进入第三维度"设计与实施"部分。"设计与实施"维度从高校教师教育技术应用的工作领域入手，把"设计与实施"的能力要求细化为"能够确定合理的教学目标，选择有效的教学内容""能够设计并实施有效的教学活动""能够为教学提供恰当的媒体、资源和工具，创设有效的学习环境"和"能够与同行和管理人员等就教学问题进行有效交流"等四个部分。该维度是高校教师教育技术能力的核心，对于在具体教学中，教师应该如何针对学科特点和教学内容要求、怎样利用教育技术优化教育教学、怎样创造性地促进教学任务完成等，都提出了明确要求。"教学评价"在高校教学和管理中是不可缺少的一部分，是整个高校教育教学质量和人才培养水平的保障之一。与以往的教育教学评价理念相比，信息化时代的教学评价已经发生了很大的变化，方式也日趋多样。高校教师不仅要关注结果，还要更加注重日常教学中的过程性评价、多元化评价和个性化评价等。本维度主要包括三个部分：掌握基本的评价理念，能够对教学活动过程进行合理的评价、反思与调整，能够选择合适的评价方法全面评价学生的学习绩效。这三个部分要求教师在掌握一定的现代教育理念和评价理论的基础上，还要掌握一定的评价工具及其使用方法，如网络教学过程监控系统、在线学生问卷调查、电子档案袋、学生发展性评估系统、在线考试系统等。[②]"知识与技能""设计与实施""教学评价"共同构成了高校教师教育技术的核心能力模块，是 2010 版《指南》的核心内容。

高校教师教育技术的"科研能力"模块是指高校教师的科研创新和自身专业发展能力，与中小学教师或其他学段的教师不同，科研创新是高校教师必须承担的责任之一，是高校教师区别于中小学教师的重要能力特征。在信息化时代，在实现教育教学信息化的同时，高校教师还要能够应用技术手段和工具开展教学和科学研

---

①② 马宁,陈庚,刘俊生,等.《国家高校教师教育技术能力指南》的研究[J].远程教育杂志,2011,29(6):3-9.

究。"科研与创新"维度包括"能够关注新技术和新方法并应用其改进教学""能够借助技术手段开展广泛的学术研究、合作与交流"和"能够利用教育技术提高科研项目的管理水平和研究团队的工作效率"三项能力指标[①],2010版《指南》分别从高校教师的"教学研究""学术交流""科研管理"三个方面来描述高校教师应掌握的相关能力与工具,如文献检索工具与课题申报系统、项目管理软件、数据分析软件等。

高校教师在漫长的职业生涯中,会经历新教师、富有经验的教师、专家学者型教师等不同专业发展阶段,因此,其信息化教育教学能力也同样存在着阶段性发展的客观现象。2010版《指南》除了从整体角度对高校教师应具备的教育技术能力进行了规范与描述以外,还开发了高校教师教育技术能力发展阶段模型(图2-4)。在能够娴熟地将信息技术有机融入教育教学的漫长过程中,高校教师从初期接触教育技术到能够熟练应用相关知识与能力,在信息化环境下进行有效的教育教学和教研科研,将经历学习模仿期、困惑徘徊期、整合应用期和创新发展期四个阶段。从一个时期过渡到另一个时期,高校教师的知识、能力、意识、态度和责任也会得到相应的变化发展。认识到高校教师教育教学技术能力发展的阶段性,有利于相关机构和部门有针对性、有侧重点地组织培训项目和开展能力评价工作,达到事半功倍的效果,从而更加有效地促进高校教师教育技术能力的提高。

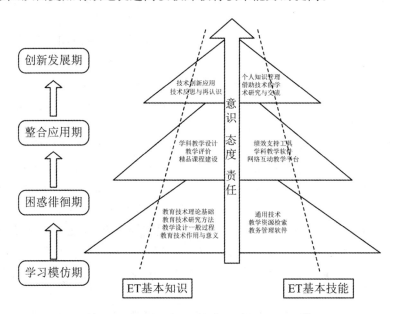

图 2-4 高校教师教育技术能力发展阶段图[②]

[①②] 全国高校教育技术协作委员会. 国家高校教师教育技术能力指南:试用版[S/OL][2020-05-10]. https://wenku.baidu.com/view/064e6e7858fb770bf78a5558.html.pdf.

注:图 2-4 中 ET 代表 Education Technology(教育技术)。

六、国内外信息化教学能力标准或框架的对比与启示

围绕着教师应用信息技术开展教育教学和促进专业发展的话题,上述五个部分分别介绍了国外的美国标准、欧盟框架、联合国框架和我国的面向中小学教师的能力标准及面向高校教师的能力指南,时间也跨越了 2010 年、2011 年、2014 年和 2017 年四个不同的年份,关键词也分别采用了教育技术、数字能力、信息通信技术、信息技术应用等不同词语,但其实质都是指教师将当代的信息技术运用于课堂内外的教育教学和自身的专业发展,推动教育变革与创新,促进学生能力的发展和素养的提升,适应当时当地的社会、经济发展需要。

对于教师信息技术能力的培养和评价体系,有的使用了"标准",有的使用了"框架"或"指南"。从字面意思来看,"标准"意味着其是唯一的参照体系和必须严格执行的要求,规定性强,灵活性弱;而"框架"则意味着其是一个基本的结构系统,使用者可以根据不同的问题情境或问题情境的复杂程度,在这个结构系统内允许探索和实验不同的解决方案和办法,规定性弱,灵活性强;"指南"则是提供一套指导方针,使用者可以根据自己的实际情况和预期目标开发最适合自己的方案和路径,相较于"标准"和"框架",其规定性最弱,灵活性最强。可能由于是为一个特定国家和特定群体使用,美国的《ISTE 教育者标准》和我国的《中小学教师信息技术应用能力标准(试行)》中都选择使用了"标准"一词,以突出其"唯一和规定"的刚性特点。而欧盟和联合国却不约而同地使用了"框架"一词,更符合他们面向不同国家、不同群体的国际组织身份。欧盟和联合国的各成员国在信息技术的基础设施、教师素能和学生来源等方面的差异性均比较大,使用"唯一"的标准体系显然是不现实、不客观的,也不具有操作性。我国的全国高校教育技术协作委员会作为一个学术组织,在推广学者们的研究成果时,使用"指南"一词,弱化了规定性,也表明了其并非教育部正式颁发的文件的事实,具有"供参考"使用的特点。

就涵盖的内容而言,国外的标准或框架都非常注重应用信息技术时应具备的伦理道德意识和社会责任感。如美国的《标准》中要求教师除了自己要遵守道德外,还要培养学生的信息伦理道德意识与社会责任感,指导学生安全、合法和有道德地使用数字工具并保护知识产权,保护学生的数据隐私等。欧盟的《框架》也同样在"促进学习者数字能力发展"中重点强调了伦理道德方面的内容。例如,"在数字环境中查找信息和资源;组织、处理、分析和解释信息;比较和批判性地评估信息及其来源的可信度和可靠性""使学习者能够安全负责地管理风险和使用数字技术"。此外,在其他领域中,《框架》也要求教师"有效保护敏感的数字内容,尊重并正确应用隐私和版权规则"。而我国的相关"标准"和"指南"中,对此部分着墨不多,仅略有提及。随着信息技术的快速迭代,各国也逐渐意识到,在存在不良的信

息伦理道德意识、社会责任感缺失且与信息技术相关的法律法规滞后于信息技术高速发展的背景下,信息技术的不道德应用可能会带来严重的负面效应,特别是在人工智能时代,这一问题的重要性将更加凸显。因此,必须通过加强教师的信息伦理道德意识与社会责任感来加强未来公民的信息伦理道德意识与社会责任感。①

综上所述,在思考高校教师信息化教育教学能力发展问题时,宏观方面要着眼于国家社会经济发展对人才培养规格的需求,从促进教师教学与学生学习的角度出发,而非仅仅以提升教师的信息技术应用能力为宗旨;在内容的选择上,不可缺失师生的伦理道德意识与社会责任感培养;在系统结构方面,宏观灵活的、阶段性的能力层级框架设计有利于教师或师资培养机构创造性地开展适用性强、实操性强的培训和测评活动。

第二节 高校教师信息化教学能力框架构建

在描述、分析了国内外五大类关于教师信息化教学能力标准或框架内容的基础上,本节将首先确定高校教师的角色,然后基于胜任自身角色的视角,分析高校教师信息化教学能力的构成和发展阶段,形成高校教师信息化教学能力框架,为后续设计调研问卷和确定访谈提纲奠定理论基础。

一、信息化时代高校教师的角色

从上述分析可以看出,在讨论教师应用技术开展教育教学的能力方面,国内外采用了不同的名称,包括教师教育技术能力、教师信息沟通技术能力、教师信息技术应用能力或教师数字能力等。尽管名称不同,但制定能力标准或框架的依据基本上都是在明确教师角色的基础上,再行讨论教师的信息技术能力标准或框架,达到指导或评估教师信息技术应用能力发展内容和发展水平的目的。从教师角色的角度出发,阐述教师信息化教学能力的构成,易于获得教师的认同感,而不会将信息技术与教师自身的工作和事业发展隔离开来,有利于教师形成提高自身信息化教育教学能力的意识和使命感,便于教师明确信息化教育教学对于促进学生学习的作用,有助于促进教师主动、积极地思考如何有效利用信息化工具和手段更好地实现教育教学目标。

---

① 张琳.师范生信息化教学能力培养研究[D].上海:华东师范大学,2019:81.

在当下的信息化社会,高校教师承担着三重角色,即信息化社会的公民、高等学校的教育工作者和高等教育相应学科领域的研究者(图2-5)。因此,高校教师的信息化教学能力的构成也应该对应这三个角色,即作为社会公民的基本信息意识和素养、应用信息技术面向学生开展教育教学的能力和应用信息技术促进自身专业发展及促进所属学术共同体发展的能力。

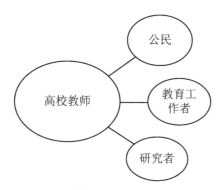

图 2-5　高校教师角色身份模型图

首先,在当今社会,高校教师对基本信息技术的认知和应用能力不一定比身为信息时代"原住民"的高校学生更强,但是高校教师首先必须在遵守信息伦理道德方面成为学生的榜样。在教育教学过程中,应具备安全、道德地应用信息技术和学科信息技术工具的基本素养并做出示范,注重培养学生保护信息技术和信息资源的版权意识、隐私意识以及应用信息技术的道德意识和社会责任感,使他们形成合理的信息技术价值观,成为具有社会责任感和法律道德意识的信息社会的合格公民。其次,作为高校教师,承担着教书育人、为社会经济发展培养适用人才的责任,在信息社会,高校教师理当具备应用信息技术开展教育教学、促进学生成长发展的能力,即能够根据专业和课程教学标准,应用信息技术分析学情和学生的需求,基于教学目标,设计教学过程,选择、整合恰当的数字化教学资源,应用信息化设备和手段实施教学,激发学生的学习兴趣和热情,对学习过程中呈现的大数据进行诊断性评估,并及时与学生进行反馈交流,根据学生的情况适当调整教学环节的内容和安排,开展个性化、多样化学习。最后,作为高校教师,与中小学教师的差异之处主要体现在:除了日常的教育教学工作以外,高校教师还需要能够借助信息技术,对学科教学和学科理论发展开展持续的研究,在尝试推动学科建设和学科理论发展的同时,促进自身的专业发展。高校教师与中小学教师在研究能力方面的差异在我国的《中小学教师信息技术应用能力标准(试行)》(2014版)和《高校教师教育技术能力指南》(2010版)中已有明确的体现。

二、高校教师信息化教学能力的内涵和框架构建

根据高校教师的社会公民、教育者和研究者的三个身份属性,本书认为高校教师信息化教学能力是指:高校教师秉持"促进学生发展为中心"的教学理念,在教育教学各个环节中充分合理地应用信息技术和数字资源实现教育教学目标的能力,以及围绕提高教育教学质量的目标,应用信息化工具和手段进行教学研究和科学研究以促进学科发展和自身专业发展的能力。参照国内外教师信息技术能力标准或框架,紧紧围绕"以教学为中心",本书提出我国高校教师信息化教学能力的"3520"结构。其中,数字"3"指的是高校教师的社会公民、教育者和研究者的三重身份;数字"5"指的是高校教师应具备的5个信息化教学能力维度,包括信息意识和素养、信息化教学设计能力、信息化教学实施能力、信息化教学评价能力和信息化研究能力;数字"20"则是对应5个教学能力维度的20个能力模块。其中"信息意识和素养"对应"公民"身份,"信息化教学设计能力、信息化教学实施能力和信息化教学评价能力"对应"教育者"身份,"信息化研究能力"对应"研究者"身份。详见高校教师信息化教学能力构成表(表2-8)。

表2-8 高校教师信息化教学能力构成表

教师角色	能力维度	能力模块	能力描述
1. 社会公民	(1) 信息化意识与素养	① 信息伦理知识	遵守并指导学生规范应用信息技术和工具、自觉保护数字资源和学术成果的知识产权;保护自身、学生及他人的信息数据隐私;承担合理、安全使用信息技术进行沟通交流的社会责任
		② 信息知识技能	掌握应用互联网、移动设施、网络教学平台和其他智能化设备的基本知识与技能;了解它们对所任教学科的支持作用并能够在教育教学中灵活应用
		③ 信息化教学意识	理解高校信息化教学的重要性和必要性,并能够主动落实于日常教育教学过程
		④ 运用TPACK的能力	了解整合技术的学科内容和教学法知识,并能够将其灵活应用于课程教学

续表

教师角色	能力维度	能力模块	能力描述
2. 教育者	（2）信息化教学设计能力	⑤ 教学环节设计	根据学生情况、教学目标和信息化设备设施情况合理设计信息化教学环节；设计符合学科内容标准的真实、虚拟或仿真的学习活动，促进学生开展积极、深度的学习
		⑥ 教学内容和资源选择	根据教学目标，应用信息技术选择、创建并运用适切的教学内容和数字化教学资源
		⑦ 教学环境设计	能够为教学提供恰当的信息化、数字化媒介、工具和资源，设计有利于达成教学目标的信息化教学环境
		⑧ 个性化学习设计	根据学生的具体情况，设计多元化、个性化的学习目标和学习体验，因材施教
	（3）信息化教学实施能力	⑨ 激发学习动机	应用信息技术引发并保持学生的好奇心和学习兴趣，激发学生保持开放、探索的学习态度和热情
		⑩ 促进自主学习	支持学生应用信息技术根据自身情况设定学习目标，掌控学习进度，开展自主学习
		⑪ 促进协作学习	支持学生应用信息技术开展基于项目或问题的共同协作学习，促进、加强学生之间的沟通、交流与合作
		⑫ 提升思维能力	了解信息技术在促进学生发展方面存在的积极作用和潜在的消极影响，引导学生批判性地探索、选择、运用适合自身条件和需求的信息技术与数字资源
		⑬ 培养创新能力	应用信息技术为学生创造学习、体验的机会，促进学生积极主动、创造性地深度学习学科知识，提高学生发现、解决复杂问题的能力，培养学生的创新创造能力

续表

教师角色	能力维度	能力模块	能力描述
	(4) 信息化教学评价能力	⑭ 制定评价体系	根据学习目标设计评价指标体系,并合理选取或创建信息化评价工具,实施形成性和总结性教学评价
		⑮ 分析学习效果	应用信息化评价工具生成、选择、分析和解释关于学生学习过程和学习成效的数字化证据,综合利用信息技术进行学习效果分析
		⑯ 促进学生反思	及时向学生反馈信息技术产生的学习成效数字证据,为促进学生的自我反思提供依据,帮助学生调整自主学习内容和进度,优化个性化学习效果
		⑰ 改进教学策略	根据信息技术产生的教学成效数字证据,合理调整教学目标与教学策略,优化教学设计和教学实施
3. 研究者	(5) 信息化研究能力	⑱ 研究工具应用	了解支持研究开展的软件、硬件和系统平台,并能够将其应用于教研科研过程
		⑲ 合作/协作研究	规划自身专业发展的目标和阶段,借助信息技术和手段与国内外、校内外的同事或同行开展交流合作,协同发展
		⑳ 学科创新创造	深刻反思信息化教学和研究的实施效果,关注相关领域的研究动态和前沿成果,探索、实验新的信息化教学或研究模式,开发、创新并推广学科教学和研究的新模式或新方法

"信息化意识与素养"维度对应高校教师的"社会公民"角色,由"信息伦理知识""信息知识技能""信息化教学意识"和"运用 TPACK 的能力"四个能力模块构成。"信息伦理知识"主要指高校教师掌握与使用与信息技术相关的法律法规知识和社会道德规范,能够遵守并指导学生规范应用信息技术和工具,自觉保护数字资源和学术成果的知识产权;能够有效地保护自身、学生及他人的信息数据隐私;能够主动承担安全、合理地使用信息技术与他人进行沟通交流的社会责任。"信息知识技能"指高校教师具备应用互联网、移动设施、网络教学平台和其他智能化设备的基本知识与技能;了解这些设备设施对其所任教学科的支持作用并能够在教育

教学中灵活应用。"信息化教学意识"是指高校教师能够认识到信息技术与手段的有效应用对于优化教育教学过程、丰富数字化教学资源、创造信息化教学环境和实施信息化教学评价,并最终提高高校创新人才培养质量的重要意义,因而能够主动、持续地关注关于信息化教学的新理论和新技术的发展,并拥有将其灵活应用于课程教学、提升教学实效的意识。"运用TPACK的能力"是指高校教师了解整合技术的教学法和学科内容的理论知识,并具备相应的TK、PK、CK、TPK、PCK和TCK的知识和技能,能够将其有机地融入课程教学,促进学生开展个性化的深度学习,培养学生的自主学习和创新能力。这四个能力模块的主要内容包含信息社会高校教师应该拥有的意识、理念、素养、知识和技能,是构成整个高校教师信息化教学能力的基石。

对应高校教师"教育者"角色的三个能力维度分别是"信息化教学设计能力""信息化教学实施能力"和"信息化教学评价能力",这三个维度是构成高校教师信息化教学能力的核心部分,也是高校教师信息化教学能力框架的核心内容。因为信息技术只有切实应用于教学实践并实实在在提升了教学效果才能体现其对于教育教学的实际价值。教师不能"为技术而技术",教师只有通过将信息技术有效地应用于教育教学的全过程并促进了学生的全面发展,才可以说完成了信息时代一个合格的"教育者"所应承担的任务。"信息化教学设计能力"包括信息化教学环节设计、信息化教学内容和数字资源选择、信息化教学环境设计和支持学生开展个性化学习四个能力模块;"信息化教学实施能力"由激发学生学习动机、促进学生自主学习、促进学生之间开展协作学习、提升学生的批判性思维能力和培养学生创新创造能力五个能力模块构成;"信息化教学评价能力"则含有能够借助信息技术工具和手段科学制定学习评价指标体系、及时分析学生的学习效果、利用大数据促进学生反思并改进教师自身教学策略四个能力模块。

高校教师的"研究者"身份特征所对应的能力维度是"信息化研究能力",是指高校教师应用信息技术开展教研科研创新、形成研究成果、促进自身学术和专业发展的能力,由"研究工具应用""合作/协作研究"和"学科创新创造"三个能力模块构成。在信息化时代,除了教育教学的信息化,教育教学研究也要实现信息化,高校教师要了解支持开展教科研的各类软件、硬件和系统平台,如文献检索工具、课题申报与管理系统、项目管理软件、文献管理软件、数据统计分析软件等,并能够将其应用于教研科研项目的确立、实施和管理过程;高校教师要具有应用信息技术促进自身学术和专业发展的意识,定期规划或调整自身的专业发展目标和阶段,树立终身学习、不断更新自身教学观念和研究方法的意识,能够借助信息技术和手段与国内外、校内外的同事或同行开展信息沟通交流和合作研究,实现自身和学术共同体的协同发展;能够就信息化教学和研究的实施效果进行自我或学术共同体内部的深刻反思,紧密关注相关学科领域的研究动态和前沿成果,并能够主动探索、实验新的信息化教学或研究模式,开发、创新并推广学科教学和研究的新模式或新方法,为学科发展作出理论和实践层面的贡献。

高校教师信息化教学能力结构模型图如图2-6所示。

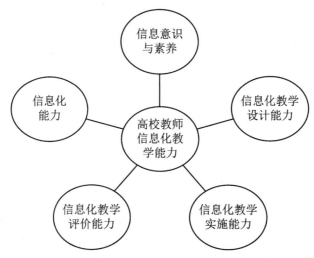

图 2-6　高校教师信息化教学能力结构模型图

高校教师从入职到职业生涯结束要经历一个漫长的过程,因而其信息化教学能力也必然不会是自始至终一成不变的,而应该是一个伴随职业生涯的长期、不断发展的过程。休伯曼(Huberman)等将教师的职业生涯分为入职期、稳定期、实验期和重估期、平静期和保守期以及退休期①,并描述了各个时期所处的时限和教师呈现出来的主要特点。例如,他们认为教师生涯的稳定期发生在入职后的第四年至第六年,此阶段教师已初步掌握了教学方法,教学技能有所提高,教学风格逐渐形成,教师表现出自信、愉悦和幽默的状态;而实验期和重估期发生在入职后的第十九年至第三十年,这一时期教师容易不满现状,对职业存在危机感,易于产生自我怀疑,敢于重新评估自我,乐于通过改革来改变自我。欧盟《教育者数字能力欧洲框架》(2017版)对教育者的数字能力进行了新手、探索者、融合者、专家、领导者和先驱六个层级的划分;联合国教科文组织《教师信息通信技术能力框架》(2011版)则从"促进学习者的技术素养""促进学习者的知识深化"和"促进学习者的知识创造"三个层次对教师的信息通信技术能力进行了描述。我国《中小学教师信息技术应用能力标准(试行)》(2014版)中对教师的信息技术应用能力提出了基本要求和发展性要求两个发展层次要求;我国《国家高校教师教育技术能力指南(试用版)》(2010版)也将高校教师的教育技术能力分为模仿期、困惑徘徊期、整合应用期和创新发展期四个阶段。国内外的研究都表明,教师的教学能力客观上存在着阶段性发展的特点,认识到这一点,对理解高校教师不同的信息化教学能力发展水

---

① KEAGAN I G,CASE C W,BRUBACHER J W. 成为反思型教师[M]. 沈文钦,译. 北京:中国轻工业出版社,2005:23-36.

平和有针对性地、有侧重点地开展培训和评价工作十分有利。

借鉴国内外的研究经验和研究成果,本书认为高校教师信息化教学能力也存在着阶段性发展的特点,并以教师参与实际教学实践作为一个完整的时期,将其分为新手教师、熟练教师、资深教师和专家教师四个阶段(图2-7)。

新手教师为第一阶段,原则上指入职后的1—3年;熟练教师为第二阶段,指入职后的4—10年;资深教师为第三阶段,指入职后的11—20年;专家教师为第四阶段,指入职后的第21年及之后的时期。必须说明的是,四个阶段的入职年限划分只是指一般的情况,现实情况会有所不同。因为在意识、天赋和后天投入等方面存在着教师的个体差异性,高校教师的信息化教学能力发展阶段并不一定与本研究界定的入职年限完全保持一致。对应各阶段的高校教师信息化教学能力的主要能力特点描述如表2-9所示。

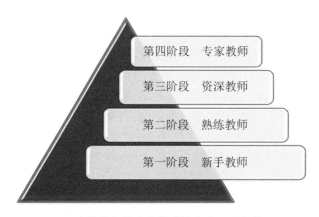

图 2-7　高校教师信息化教学能力发展阶段模型图

表 2-9　高校教师信息化教学能力发展阶段表

发展阶段	发展时期	主要能力特点
第一阶段	新手教师	了解适合课程教学的信息技术工具和手段,并尝试将其应用于教学过程
第二阶段	熟练教师	能够在教育教学过程中结合所任教学科课程内容熟练应用信息化教学工具和手段
第三阶段	资深教师	能够将信息化教学工具和手段与课程教学深度融合,并结合教学实践开展教学研究
第四阶段	专家教师	能够发现并创造性地解决信息化教学中出现的问题,创新信息化教学模式或方法并加以推广

在能力发展的第一阶段,新手教师着重了解适合所任教学科课程教学内容的

信息化技术工具和手段，熟悉并掌握新的技术，并尝试将其应用于教学过程。经过第一阶段的应用，新手教师进入第二阶段，成为熟练教师，此时，教师已经积累了一定的信息化教学的实践性知识，并形成了适合自己的隐性或默会知识和技能，达到了能够在教育教学过程中熟练应用信息化教学工具和手段的程度。到第三阶段，教师应能够将信息化教学工具和手段与课程教学深度融合，并结合教学实践开展教学研究，初步构建自己的信息化教学实践体系，成为资深教师。在成为专家教师的第四阶段，教师基于自身掌握的教育教学理论和长期的教学实践，应该能够发现信息化学科教学中存在的问题，并能够提出创造性的解决方案，开发新型教学模式或方法，并通过利用学术交流的机会或手段加以推广，如发表论文、学术会议发言、出版著作等，成为学科信息化教学领域的引领者和榜样人物。

  该发展阶段模型概述了我国高校教师进入教学岗位以后，信息化教学能力发展可能经历的四个不同阶段。明确信息化教学能力发展存在着不同阶段与水平，有利于教师清楚了解个人的信息化教学能力状况和所处的水平，总结已经取得的成就，梳理自身的优势和劣势，有助于教师立足所处阶段，确定为进一步提高其能力所需关注的内容和领域，明确下一步努力的目标和方向，引导他们为进一步发展其信息化教学能力采取恰当的措施。通过不同发展阶段的划分，可以为高校教师逐步发展信息化教学能力提供具体可循的"路线图"，同时强调在高校组织内部不同能力发展阶段的教师承担着新手、熟练者、资深教师和专家的不同角色，教师可以清楚地认识自己的学习目标或帮助对象，主动寻求合作，向着各自的阶段目标同步发展，共同进步。

第三章　高校教师信息化教学能力发展路径

高校教师在入职之前,作为学生或其他岗位从业人员,在日常的学习、生活或工作中已经具备了一定的信息技术知识和信息技术应用能力。本章讨论的"高校教师信息化教学能力"是指高校教师入职以后,为了将信息化工具和手段融入教育教学过程中,达到应用信息技术促进学生发展和自身专业发展的目的,在原有的信息化知识和技能的基础上,逐渐构建和发展出来的更高水平的信息化教学能力。一般来说,在职的高校教师信息化教学能力发展主要有参加信息化教学能力培训、开展信息化课程教学实践和参加信息化教学能力竞赛三种路径。本章将逐一对这三种路径加以讨论。

第一节　信息化教学能力培训

高校教师入职以后,原则上会按照教育主管部门的要求定期接受岗前培训、在职教师信息技术培训和参加定期或不定期的校本培训。

20世纪90年代末,信息技术逐渐融入高等教育领域,为高校提升教育教学质量带来了前所未有的机遇。1998年,时任教育部领导曾指出"教育技术的发展将对我国教育观念和教育过程的改革产生深刻的影响,是教育教学改革的制高点"[1]。要实现高等教育的信息化变革,高校教师具备较高的教育技术能力和较好的教育技术素养是关键。为了推动教育教学信息化改革,我国教育部自1999年就启动了"现代远程教育工程实施方案",其中教师的教育技术培训是重要内容之一;教育部现代远程教育资源建设委员会于1999年10月举办了首次"全国现代远程教育资源建设高级研修班",开启了高校教师现代教育技术培训的先河。

---

[1] 全国高校教育技术协作委员会. 国家高校教师教育技术能力指南:试用版[S/OL]. [2020-06-10]. https://wenku.baidu.com/view/064e6e7858fb770bf78a5558.html.pdf.

首次培训的对象是承担 21 世纪网络课程开发项目的高校教师,培训覆盖的范围和人数十分有限。为扩大培训范围,惠及广大的高校教师,2000 年 12 月,教育部高教司决定从 2001 年开始面向全国高校教师开展教师教育技术培训工作,并颁发了《关于开展高校教师教育技术培训工作的通知》(教高司〔2000〕79 号),具体培训工作由全国高校教育技术协作委员会组织落实。全国 31 所高校被批准成立第一批"现代教育技术培训中心",2002 年即增加到 127 所,按区域接纳高校教师参训,目标是争取在 5 年内基本完成对全国高校教师的培训,提高高等教育应用教育技术的整体水平,促进教育技术培训体系的建立和完善,以适应信息技术快速发展的需要,满足高校教师不断提高教育技术水平的需求。

全国高校教育技术协作委员会组织制订了培训计划和大纲,编写了培训教材,落实培训工作并开展了培训教师认证工作,指导各高校培训中心组织面向教师的培训、考核和结业,并对培训工作开展调研,及时对培训大纲、培训内容、培训方式等进行调整,并于 2004 年 11 月开通了全国高校教师教育技术培训网站(图 3-1),便于培训教师和学员浏览通知公告,上传网络课程课件、优秀培训案例等。截至 2010 年,有 5 万多名来自各类高校、各年龄段的一线教师接受了培训,使他们更新、提升了教育教学理念,提高了他们的信息化水平和教育技术应用能力。

图 3-1　全国高校教师教育技术培训网

全国高校教育技术协作委员会还在总结和反思近十年的高校教师教育技术培训实践工作的基础上,结合国内外的经验,制定了《国家高校教师教育技术能力指南(试用版)》(2010 版),对于提高各高校教师教育技术能力培训的组织、考核和培训质量产生了重要意义,至今仍被很多高校用于指导开展培训工作及用作培训研究的参考文献。

除了参加全国高校教育技术协作委员会举办的专门为提高高校教师教育技术应用能力的培训以外,教育部每年还面向在职教师定期发布《全国高校教师网络培训计划》,通常每年的上半年和下半年各一次,培训由教育部全国高校教师网络培训中心具体落实。培训内容包括高校教学理念、教学经验、教学方法和技术等,开设双一流建设、基层教学组织建设、人才培养模式等培训课程,培训方式有同步集中培训、网络直播培训、在线点播培训和专项培训等四种。这类培训虽然不是专门为提高教师的信息教学能力而设计的,但是其中涉及信息化教学的模块和课程还是比较丰富的。以《2020年上半年全国高校教师网络培训通知》[①](图 3-2),其培训内容中就列有信息技术与教育教学深度融合、虚拟仿真实验教学等与信息化教学有关的培训模块。[②]

图 3-2　2020 年上半年全国高校教师网络培训通知

在同步集中培训方式中,有精品慕课的建设、应用与服务,线上线下混合课程的建设等培训课程;在网络直播培训中,有基于微软 PowerPoint 规范高效编制多媒体课件(上、下)、慕课建设及线上线下混合式教学、基于雨课堂和 BOPPPS 模型的混合式金课设计等培训课程;在在线点播培训中,提供了 61 门提升教师信息技术能力的培训课程,内容涉及信息时代教育观念与理论、信息技术应用能力提升、数字资源建设能力提升、信息化教学方式和信息化教学管理能力提升等。其中,在面向高等学校新入职及入职三年内的新教师在线点播课程模块中,也有信息化教学技术、信息环境下的教学模式、在线教学资源与学习工具等 28 门培训课程;在专项培训中,也有涉及"信息化教学"的培训内容。

利用高校教师暑假时间较长的特点,教育部全国高校教师网络培训中心也组织高校教师开展暑期培训班,旨在提升高校教师的教学能力、业务水平和综合素养,加强高校教师之间的沟通与交流。培训内容中也常常包含信息化教学方面的专项模块,如在 2019 年高校教师暑期培训的内容中,就安排了在长春举办的为期 3 天的"以学习者为中心的信息化教学模式创新"课程。教育部全国高校教师网络培

---

① 教育部. 2020 年上半年全国高校教师网络培训[EB/OL]. [2020-06-10]. http://www.moe.gov.cn/s78/A10/jss_left/moe_600/.
② 全国高校教师网络培训中心. 2020 年上半年全国高校教师网络培训通知[EB/OL]. [2020-06-10]. https://www.enetedu.com/Notice/NoticeDetails?id=5257.

训中心为高校教师的信息化教学能力发展提供了一个学习平台,各高校师资管理部门可根据本校的师资培养规划鼓励教师选修相关课程;教师个人也可根据自身的专业发展规划,结合个人实际情况有针对性地参加课程培训,在完成必需的在职继续教育学时的同时,提高自身的信息化教学能力和水平。

高校教师接受教育技术培训的另一个重要方式是校本培训。据统计,截至2019年,我国普通高等学校教职工有256.67万人,比上年增加7.92万人,其中专任教师有174.01万人[①]。随着高校从专科至研究生招生规模的逐年扩大,专任教师的人数也逐年增加。依托各高校对教师信息化教学能力进行校本培训,将更加符合客观现实,也更加具有针对性。各高校根据信息化校园或智慧校园建设的进程,定期或不定期地对本校教师开展教学平台应用、信息化管理系统应用等专题培训,是切实提高教师信息化教学和管理能力的有效措施,更能体现学以致用、学即能用的效果。

一般来说,各高校都设有专门负责与网络信息建设、培训与应用指导相关的职能部门,随着技术的发展,部门名称也发生着变化,由最初的电教中心,逐渐更名为现代教育技术中心、网络教育技术中心或网络信息中心等。名称的变化反映着教育技术应用的工具、手段、载体的进步,每一次进步意味着提升技术应用水平的校本培训都是不可或缺的。除了工具、平台、系统等硬件、软件设备应用的培训之外,围绕着信息化项目建设、数字化专业和课程资源建设、信息化教学能力竞赛等活动,包括微课制作、慕课设计与建设、信息化教学设计等将信息技术与课程融合的各类培训,也是校本培训的常见内容。因为校本培训是根据各自学校或教师的具体需求而举办的,与政府主管部门或社会培训机构为满足大众化需求而设计的培训课程相比,更加具有针对性、时效性和可操作性,并且学校和教师为此付出的时间成本、经济成本都相对较低。因此,校本培训成为高校教师信息技术培训的重要方式和必不可少的组成部分。

综上所述,提高高校教师信息化教学能力的培训路径和内容是比较丰富的,既有国家层面的培训平台和培训计划,提供由理论到实践的大量培训课程供学员自由选择,也有接地气的校本培训。但是,不得不说明的是,与中小学教师信息技术培训的系统性、正规性和连续性相比,针对高校教师群体的信息技术培训仍有很大的改进和完善空间。

首先,从顶层设计来看,政府主管部门非常重视中小学教师教育技术能力的提升,教育部专门颁布《关于实施全国中小学教师信息技术应用能力提升工程的实施意见》,中小学教师信息技术培训有由教育部组织制定并颁布执行的能力标准,还有依据标准编制的培训大纲、培训教材、培训计划等,全国各地中小学教师按计划

---

① 中国政府网. 高等教育[EB/OL]. [2020-06-30]. http://www.gov.cn/guoqing/2020-05/22/content_5513840.htm.

实行全员轮训,通过考核获得相应等级证书。其次,从连续性来看,中小学教师信息技术培训从20世纪90年代至今一直不间断地有序开展着,其间根据信息技术的发展不断制定或修订相关文件,如2004年颁布了《中小学教师教育技术能力标准(试行)》;2014年为适应新的信息技术发展形势,修订颁布了《中小学教师信息技术应用能力标准(试行)》;2019年3月,为适应"互联网+"、大数据、人工智能等信息技术发展的新形势和新要求,同时为进一步解决全国中小学教师信息化教学创新能力不足、乡村教师应用能力薄弱、支持服务体系不够健全等问题,教育部又发布了《关于实施全国中小学教师信息技术应用能力提升工程2.0的意见》,确定了"到2022年,构建以校为本、基于课堂、应用驱动、注重创新、精准测评的教师信息素养发展新机制,通过示范项目带动各地开展教师信息技术应用能力培训(每人5年不少于50学时,其中实践应用学时不少于50%)"的明确目标[1],推动中小学教师主动适应信息化、人工智能等新技术变革,积极有效开展教育教学。

与之相比,针对高校教师信息化教学能力培训尚缺乏专门的、科学系统的顶层规划和设计,也缺少与时俱进的、由政府部门颁布的高校教师信息化教学能力标准或框架。高校教师信息化教学能力的提升缺少说服力强的指导性文件,难免会形成"自上而下"及"自下而上"不重视的印象,对高校教师系统、科学、全面地提高信息化教学能力是不利的。

第二节　信息化课程教学实践

理论与实践结合,可以对实践起到积极的指导作用,实现理论存在的意义,实践是检验、巩固和升华理论的具体行为。因此,高校教师要保持和不断提高自身信息化教学能力,其关键途径就是将信息技术与自己的常规教育教学工作紧密结合起来。具体来说,就是在学科课程教学中深度融合信息技术,应用信息化技术手段改变传统的教学模式,营造信息化的教学环境,为学生提供数字化教学资源。目前,最为常见的信息化教学模式是基于混合式教学理念的翻转课堂教学模式,信息化教学环境和数字化教学资源以大规模在线开放课程(MOOC)建设和微课资源建设为主。高校教师的信息化课程教学实践也主要体现在采取翻转课堂教学模式、建设慕课课程和微课教学资源等方面。

---

[1] 教育部.关于实施全国中小学教师信息技术应用能力提升工程2.0的意见[EB/OL].[2020-06-12]. http://www.moe.gov.cn/srcsite/A10/s7034/201904/t20190402_376493.html.

一、信息技术融合学科教学

进入 21 世纪,信息技术渗透到社会生活和经济发展的方方面面,在交通运输、生产建设、购物支付等很多领域取得了重大应用成效,促使社会生活和经济发展产生了颠覆性的变革。尽管信息技术也进入了教育领域,如校园网和多媒体教学设施的普及、信息化教学管理系统的应用等,但其在教育教学领域的应用更多停留在手段、方法的表层,对于促进人才培养质量的提升,尤其是对创新人才的培养方面成效并不明显,离对教育教学发展产生革命性的影响仍有较大距离,以至于美国苹果公司创始人乔布斯都感到非常疑惑——"为什么计算机改变了几乎所有领域,却唯独对学校教育的影响小得令人吃惊?"[①]。为推动教育信息化,充分利用和发挥日新月异的信息技术优势,实现教育教学领域的变革,我国教育部在《教育信息十年发展规划(2011—2020 年)》中明确提出要"实现信息技术与教育教学的深度融合",以解决"技术"与"教育教学"两张皮的问题。

要实现信息技术与教育教学的深度融合,就不能只停留在利用信息技术改进教学手段和方法这类浅表性的工作层面,而是要对教育教学系统进行结构性变革。教育教学系统包括"学校教育""家庭教育""社会教育"和"终身教育"等四大组成部分,其中学校教育是整个多元教育系统的核心,而课堂教学结构又是学校教育系统的主要结构。因此,教育教学系统的结构性变革应落实在课堂教学结构的变革上,最终落实在信息技术与学科教学的深度融合上。[②] 信息技术与学科教学深度融合是指通过将信息技术有效地融合于各学科的教学过程来营造一种信息化教学环境,实现一种既能充分发挥教师主导作用又能突出体现学生主体地位的、以"自主、探究、合作"为特征的新型教学方式,从而把学生的主动性、积极性、创造性充分地发挥出来,使传统的课堂教学结构发生根本性变革,即由"以教师为中心"的传统教学结构转变为"教师主导-学生主体相结合"的新型教学结构。[③]

要利用信息技术改变传统课堂教学结构,创造信息化教学环境,提高学科教学质量,其关键就是要在学科教学中深度融合信息技术。要实现这一点,首先,要了解课堂教学结构变革的内容。课堂教学结构由教师、学生、教学内容和教学媒体四个部分组成。在传统课堂教学中,教师是课堂的主宰者、知识的灌输者、结果的唯一评价者,学生则是被动的接受者。教学内容是标准化的、统一使用的教材,教学媒体是帮助教师传授知识的工具或手段。融入信息技术以后,教师转变为课堂教

---

① 桑新民,李曙华,谢阳斌."乔布斯之问"的文化战略解读:在线课程新潮流的深层思考[J].开放教育研究,2013(3):13-16.
② 何克抗.如何实现信息技术与学科教学的"深度融合"?[J].教育研究,2018,38(10):88-92.
③ 何克抗.信息技术与课程深层次整合理论[M].北京:北京师范大学出版社,2008:8.

学过程的设计者、组织者和指导者,指导学生利用信息化教学媒体或平台自主学习教材和其他信息化教学资源,帮助学生在原有的知识基础上加工信息,促进学生主动建构自己新的知识体系,学生在信息化环境中自评或互评学习成果,参与评价过程。其次,要充分应用信息技术的新型教学模式,例如,基于混合式教学理论的翻转课堂教学模式,使原来的"学生坐在课堂上被动聆听教师讲解"转变为"学生课前自主学习信息化教学资源,课堂上师生交流,学生完成作业"的学习模式。最后,要实现翻转课堂教学模式,需要教师为学生提供充足的与学科课程相关的数字化学习资源,包括音频、视频、电子文档等,供学生自主学习、自主探究。教师准备的数字化学习资源可以是引进已经成熟的资源,也可以是根据课程教学目标和学习者特点,由教师自己创建的 MOOC 及制作的系列微课,后者是高校教师提高自身信息化教学能力的有效路径。

2012 年 9 月,全国教育信息化工作电视电话会议召开,部署教育信息化的重点工作。时任中共中央政治局委员、国务委员刘延东在会议上强调,要深入贯彻落实教育规划纲要,创新教育模式和学习方式,加强优质教育资源和信息化学习环境建设,推进信息技术与教育教学的全面深度融合,加快提升教育信息化整体水平,为实现教育现代化、建设学习型社会和人力资源强国提供坚实支撑。此次会议的召开表明我国从政府层面把教育信息化发展提到了重要的战略地位,预示着我国进入新一轮的包括优质教育资源建设与资源应用、促进信息技术与教育教学融合在内的教育信息化建设的全面启动,在全国高校兴起了慕课建设的高潮。

二、创建和应用慕课(MOOC)课程

慕课是对 MOOC 的音译,是由华南师范大学教育技术学院焦建利教授首次提出的。MOOC 是英文 Massive Open Online Course 的首字母缩写,意思是"大规模在线开放课程"。[①] 因为是在线课程,一切教学环节和教学材料都需要应用信息化教学平台和手段来完成和呈现,所以,独立创建或参与创建慕课课程是高校教师信息化教学能力的综合体现。

(一)慕课的缘起和发展

慕课起源于美国,是开放教育资源发展的一个阶段。2001 年,美国麻省理工学院(MIT)时任校长查尔斯·韦斯特宣布正式启动麻省理工学院开放课件计划[MIT OCW (Open Course Ware)],宣称麻省理工学院将利用几年的时间,将下属

---

① 焦建利. 从开放教育资源到"慕课":我们能从中学到些什么?[J]. 中小学信息教育技术,2012(10):17-18.

5个二级学院的3 300门课程、课件全部在互联网上公开,世界各地任何人都可以免费使用。在麻省理工学院的影响下,美国其他的很多高校,如约翰霍普金斯大学、卡耐基-梅隆大学、加州大学欧文分校等,也纷纷加入了开放课件行动计划。此后,世界其他高等教育发达国家的一些高等院校也纷纷效仿美国的开放课件计划,如法国巴黎高等专科学校、日本早稻田大学和日本东京大学等高校,相继将部分课程课件上传互联网,与全世界同行共享。日本还在2006年正式成立了日本开放课程课件联盟(JOCW),到2010年,其成员已多达40所高校。法国也在2005年开启了由10个正式成员和1个合作成员联合组成的"巴黎高科"开放课程课件计划项目(Paris Tech OCW),正式成员均为各自学术领域中法国公认的最优秀的工程教育研究型高校。这些开放式课件资源的设计开发采取的是自下而上的方式,由基金会和大学支持教师制作完成,教学资源的知识产权清晰。发布者和使用者遵从"创用共享协议",任何人都可以通过互联网在全球各地自由访问,无需注册、登记。开发者只提供课程课件资源,供任何有需求或有兴趣的学习者或教学教研人员免费使用,但不提供学分或学位。

2002年,联合国教科文组织在法国巴黎召开了题为"开放课件对发展中国家高等教育的影响"的论坛,首次提出"开放教育资源"(Open Educational Resource,OER)的概念。开放教育资源是指那些通过信息通信技术来向有关对象提供的可被自由查阅、改编或应用的各种开放性教育类资源,这些教育资源通过互联网免费获得,用于教育机构教师的教学和学习者的学习。此后,联合国教科文组织不断对OER概念和内涵进行讨论和修正,在2006年OER论坛的总结报告中,联合国教科文组织将OER定义为基于网络的数字化素材,人们在教育、学习和研究中可以自由、开放地多次反复使用这些素材。[①] 2006年修订后的概念比4年前的定义更为精练,至此,掀起了国际教育资源开放运动的浪潮。

随着信息技术的发展和人们对信息技术的理解加深及应用水平的不断提高,开放共享教育资源的理念逐渐被大众认可和接受,开放教育资源运动在世界范围内蔚然成风。从最初的开放课件,发展到开放教科书、流媒体、测试软件以及其他一些用于支持获取知识的工具、材料和技术资源。联合国教科文组织将开放教育资源概括为学生的学习资源、支持教师的资源和质量保证的资源三个部分。其中,学生的学习资源包括完整的课程内容模块、教学课件、学习对象、学习支持和学习评价工具、在线学习社区等;支持教师的资源包括为教师提供能够制作、改编和使用开放教育资源的工具以及辅助资料、师资培训资料和其他教学工具;质量保证的资源是指确保教育教学和教育教学实践质量的资源。开放教育资源运动颠覆性地推动了人类教育的发展,开创了知识共享时代,使大学成为真正意义上的知识生产和传播的重要阵地,使高等教育为人类文明作出巨大贡献成为可能。但是,开放教

---

① 焦建利. 从开放教育资源到"慕课":我们能从中学到些什么?[J]. 中小学信息教育技术,2012(10):17-18.

育资源并不意味着学习就能自然而然地发生,为了突破从单纯地提供在线教学资源到促成高校课程与教学的根本变革,MOOC应运而生。

慕课是在开放教育资源的观念基础上生发出来的一种在线课程大规模开发模式,MOOC的名称本身就体现了这种课程的显著特点,即大规模、开放和在线。2008年,加拿大爱德华王子岛大学的Dave Cormier和加拿大国家人文教育技术应用研究院的高级研究员Bryan Alexander联合提出了MOOC这个概念,他们是受到了一门名为"联通主义与关联知识"的在线课程教学模式的启发而发明了MOOC这个术语。"联通主义与关联知识"在线课程是由阿萨巴斯卡大学的George Siemens和加拿大国家研究委员会高级研究员Stephen Downes联合设计开发的一门在线课程,课程的学习者包括25名来自曼尼托巴大学的付费学生和2 300多名来自世界各地的免费学生。学生可以通过RSS feed订阅所有的课程内容,还可以用他们自己选择的工具来参与学习,如应用Moodle平台参加在线论坛讨论,发表博客文章,参加同步在线会议,在虚拟现实中开展学习。这门课程的学习者既有具体大学的付费在校生,也有世界各地的免费学习者,2 300多名学生同步在线学习、研讨,真实体现了大规模、开放和在线的特点。

受这门课程教学模式的启发,世界各国大批高校教师开始采用这种课程结构,并在自己的大学开始举办他们自己的大规模网络开放课程。其中,体现"大规模"特点的最典型的例子是2011年秋季斯坦福大学的Sebastian Thrun与Peter Norvig联合推出的"人工智能导论"免费课程,吸引了来自世界各地的16万名学习者注册学习。随后,支持MOOC运行的在线教育平台项目纷纷涌现,其中最著名的是Udacity、Coursera和edX,十几家世界著名大学的MOOC课程先后在这些平台上线。自此,慕课以其学生容量大、开放程度高、可随时随地使用、学习资源丰富、教学视频微型化、知识内容系统化、教学资源质量高等综合优势,迅速在世界范围内蔓延开来。有的慕课平台还获得了风险投资公司的融资,显示出了旺盛的生命力,被誉为高等教育史上的"数字海啸"以及"印刷术发明以来最大的教育革新"[1]。

(二)我国慕课的兴起、发展与应用

在经济全球化的时代,高等教育也不可避免地进入了全球化。慕课在美国兴起并繁荣发展,形成了Udacity、Coursera和edX三个世界头部在线教育平台。他们希望通过与国际顶尖大学合作,向全世界的人们提供最高水平的教育。日本、英国、澳大利亚等国家也都相继建设了自己的慕课平台。在教育全球化的环境中,已跻身世界高等教育之林的中国知名高等学府也不甘落后。在被称为中国慕课元年的2012年,清华大学、上海交通大学等国内一流高校纷纷与国际著名慕课平台合

---

[1] 张长海,焦建利.地方高校大学生慕课接受度影响因素研究[J].中国电化教育,2015(6):64-68,91.

作,上线本校的优质慕课课程,并自主开发了慕课平台,如清华大学创建了"学堂在线"慕课平台,致力于为国内高校搭建优质课程资源的共享平台,促进教育公平[①];隶属于教育部的"爱课程"网站也推出了"中国大学 MOOC"项目[②];一些国内的企业也以加盟或盈利模式开展了慕课的推广应用,如由优课(UOOC)在线教育有限公司运营的"优课联盟",作为首个全国地方高校优质 MOOC 课程资源共享平台,以整合全国地方高校优质教学资源、形成优质 MOOC 课程共建共享机制为目的,为 130 多所成员高校的学生及社会学员提供课程学习的选择和服务,除了促进地方高校间优质 MOOC 课程资源的共建共享以及学分互认外,还开展教师培训和在线教育理论研究活动,产生了较大的社会影响,为提升地方高校人才培养水平和社会服务能力、促进我国高等教育均衡化发展作出了一定的贡献。[③] 国内这些慕课教育平台的兴起和应用表明,慕课已经并将继续在中国发展壮大。

随着 MOOC 平台的不断涌现,政府、高校以及各类公司机构对慕课课程的设计、开发和推广的热情持续增加,大量资本的流入,使得慕课课程在数量、形式、学科、专业覆盖等诸多方面都在不断刷新"高度"。截至 2018 年,美国的 Udacity、Coursera 和 edX 分别推出了 233 门、4 095 门和 2 689 门慕课课程,英国的 FutureLearn 开放了 1 082 门课程;我国的学堂在线和中国大学慕课也分别上线了 1 000 多门课程,优课联盟推出了 349 门课程。国内外的慕课资源可以说已经比较丰富了,而且会越来越丰富。慕课作为一种全球开放教育资源,为生活在这个时代的每一个人提供了可资借鉴和可以反复应用的教育教学资源。

资源的建设和供给自然非常重要,但是只有资源是远远不够的,重要的是如何应用优质教育资源,尤其是在高等学校的正规学习之中如何应用。慕课呈现的是一门完整的课程,这不仅使它与以往世界各地高校建设的线上学习资源所呈现出的"内容碎片化"等特点有明显的差异,而且为各高校把慕课作为学习资源整合到传统教学实践中提供了良好的契机。结合高校传统教学活动形式和完整的慕课课程资源特性,参考教学中慕课整合的目的和使用方式,高校在课程教学中应用慕课的方式主要有学分替代、媒体资源利用、混合教学、建设 SPOC 四种类型。[④]

学分替代应用方式是指高校对来自不同平台的慕课课程及其学分进行认证。学生只要在规定的时间内完成慕课的学习,通过考核并取得相应的成绩,学校就免除学生本校相应课程的学习,并予以学分认定。这类应用完全遵照学生所选慕课规定的学习形式,根据所选慕课课程的要求,学生完全自主安排学习活动,学校只负责根据学校政策,评估和推荐适合学生和专业学习要求的慕课,验证学生慕课学

---

① 学堂在线网站[DB/OL]. [2020-06-30]. http://www.Xuetangx.com.
② 中国大学慕课网站[DB/OL]. [2020-06-30]. http://www.icourses.edu.cn.
③ 优课联盟网站[DB/OL]. [2020-06-30]. http://www.uooc.net.cn/league/union.
④ 焦建利,陈彩伟. 高校整合慕课的教学模式与实施路径分析[J]. 浙江师范大学学报(社会科学版),2019(4):9-15.

习的成绩和证书,对学生具体的学习过程则不加干预。学分替代型应用,是所有应用方式中最为彻底的类型。它取消了高校本身的传统教学活动,教学单位所需要做的事情只是给予学生慕课选取指南,详细说明学分认定规则,并指定慕课学习平台,列举课程名称,告知开课时间、结课要求、学分录入标准等工作。

媒体资源利用方式指的是,高校教师把源自慕课平台上其他同行设计开发的慕课作为其在自身课程教学中的教学资源加以应用。一般情况下,学生并不需要注册和学习慕课,甚至并不知道有这些慕课的存在,慕课课程资源的应用只是任课教师单方面的资源引用行为。教师根据自己的课堂教学需要,把某一慕课课程的教学视频、文档、教学活动设计等应用于自己的课堂教学。在媒体资源利用中,慕课仅作为供教师选取的教学资源,这种方式的应用关键在于教师要科学评判所选慕课中的视频、文本或其他资源与自身任教课程教学内容的适切性,并且要尊重所选慕课资源内容的版权。

混合教学应用是指线上线下结合式教学,它是包含课程教学完整过程的正式教学,其中部分教学在线上开展,部分教学在线下开展。高校应用慕课的混合教学模式又可分为监督增强型混合、教学补充型混合、翻转课堂型混合和同堂教学型混合四种细分类型。监督增强型混合指在教学过程中,学生完全跟随慕课课程的教学步骤完成线上学习部分,线下教学则主要集中于教师对学生线上学习的进度与效果进行监督和进行最后考核;教学补充型混合指的是在教学过程中,将慕课的线上教学作为线下教学的一个补充,既可以利用整门慕课课程,也可以利用慕课中的某个知识点;翻转课堂型混合是指在教学中,在正式线下教学开始前,布置基于慕课的学习任务,帮助学习者完成基本知识的学习,实现教学中低阶认知目标,而在正式的线下课堂教学中,则主要采取答疑、讨论等形式来实现学生高阶认知目标;同堂教学型混合是指在线下教学中直接采用慕课完成课堂教学,教师起到学伴和答疑者的作用,这与监督增强型混合极为相似,它们的最大区别主要在于教师是否进行线下同堂答疑和是否起到学伴的作用。混合教学应用方式是目前高校教学中应用慕课最为普遍的一种方式,它能有效结合线上教学和线下教学优势,把两者的有利资源结合起来,实现教学效果的优化。在学校层面采用整合慕课的高校混合教学模式,和采用混合教学的一般过程基本相同,只是线上教学资源换成了慕课课程资源。

采取建设 SPOC 的方式来应用慕课资源的高校,主要是各类教学资源建设较为薄弱的一些学校。他们针对校内的特殊学习环境和学生认知水平,利用慕课开放式应用的属性,通过和慕课开发者合作,将慕课课程改造成为更加针对和适合自己学校课程教学要求的 SPOC。建设 SPOC 的应用方式与前述三种方式主要有两点不同:一是其时间跨度较长,涉及应用前和慕课课程开发方的协商;二是它需要根据本校的特殊需求,对慕课中的内容资源、考核方式等进行"本土化"改造。应用 SPOC 方式需要特别注意慕课版权问题。在改造前,慕课由于其所具有的开放的属性,其使用权是公开的;改造后,慕课就变成了某一学校的专属课程,在控制上脱离了原开发方和平台的限制,需要格外注意版权问题。此类应用由于涉及将原有慕课课程资源和后续自制资源相结合,需要充分考虑两部分资源之间的衔接和契合,特别是在教学方法、知识内容、考核方式等方面,需要做到不同来源的授课资源在课程属性上的兼容性和统一性。[1]

慕课是高校教学不可多得的数量巨大、形式丰富的在线课程资源,高校教师一定要在教学实践中充分、有效地利用这些慕课资源,针对不同高校的学科、专业、生源等情况,推动和深化教学改革,提高教学水平,创新教学模式,提升高校人才培养质量,充分享受"慕课"这一全球开放教育资源运动的建设成果红利。

(三)慕课创建与高校教师信息化教学能力

慕课是在线完成教学全过程的一种课程教学方式,高校教师在创建一门慕课时,要应用信息技术将课程的教学设计、教学内容、教学实施、教学评价等环节在网络化教学平台上完整呈现并随着课程进展逐步落实,教师要将每一次课的教学内容和教学材料数字化并及时上传,要组织开展师生、生生间的在线互动,评价学生的在线学习成效并及时反馈。这一切都与教师的信息技术素养和信息化课程教学能力息息相关,可以说慕课平台是教师信息化教学能力的"试验场"和"展示舞台"。

通过对慕课建设过程和效果的记录、总结和反思,高校教师不仅能够培养、提高自身的信息化教学实践能力,还能够锻炼、提高自身的信息化教学研究能力。如美国在线教育三驾马车之一的 edX[2],一面为全世界的学习者提供"世界上最好大学的课程",一面鼓励支持教师对慕课课程的运行展开实证的教学研究。教师研究团队基于采集到的教学过程中由学习者生产的海量数据,研究学习者的学习行为,分析学习者如何学习、技术如何转变学习者的学习、教师在教学中应该采用什么样的教学法等与教学相关的重大问题,公开发表研究报告或研究论文。如 2013 年 5 月,edX 发表了题为《探究全球性课堂中的学习:基于 edX 首门慕课的研究》的研究报告,该报告就是在深度挖掘和分析 edX 的首门慕课"电路与电子器件"运行大数据的基础上完成的。[3] 我国华南师范大学焦建利教授团队在中国大学 MOOC 平台开设了教师教育类慕课课程"英语教学与互联网",这是一门信息技术与英语学科教学深度融合的在线课程,在建设这门慕课课程的过程中,教学团队提出了一种创

---

[1] 焦建利,陈彩伟. 高校整合慕课的教学模式与实施路径分析[J]. 浙江师范大学学报(社会科学版),2019(4):9-15.

[2] Udacity、Coursera 和 edX 被学术界称为美国在线教育的三驾马车,其中 edX 是麻省理工学院(MIT)与哈佛大学等一流研究型大学合作的在线教育组织。它延续了开放课件项目中"免费提供知识"的精神,明确了非盈利原则。

[3] 杨满福,焦建利. 大教学、大数据、大变革:edX 首门慕课研究报告的分析与启示[J]. 电化教育研究,2014(6):34-37,50.

新的 PTTCA 慕课课程设计模式,即以问题为导向的基于慕课教学法的"五步骤"在线课程设计模式,包括问题导入(Problem-Oriented)、理论支撑(Theory-Based)、技术驱动(Technology-Driven)、案例阐释(Case-Study)及拓展应用(Application-Developed)[①],团队教师合作撰写了《PTTCA:一种问题导向的慕课课程设计模式》的研究论文并发表在国内核心期刊上,推广 PTTCA 慕课课程设计与开发的理论模式,供其他高校教师在设计与开发相关慕课课程时借鉴。

综上所述,要创建一门慕课课程,需要高校教师有强烈的信息化教学意识,全面的信息素养,较高的信息化教学设计、实施和评价能力。如果教师同时拥有信息化教学研究的自觉意识和能力,则更加能够促进教师进入信息化教学水平不断完善和自身专业水平持续发展的良性循环。因此,毋庸置疑,创建慕课课程是提高高校教师信息化教学能力的有效途径之一。

三、微课资源建设

自 21 世纪初至 20 年代中后期,伴随着网络宽带、通信技术、无线网络、智能移动终端等高新技术的迅猛发展和应用,"微"行业在中华大地上风起云涌,"微博""微信""微商""微视频""微电影""微小说""微聊"等"微"字头的新鲜事物渗透到人们的日常生活中。这股"微"东风也不可避免地刮进教育界,高校教师也将以微视频为载体的"微课"应用于教育教学的各个环节。十几年间,微课经历了从概念形成到教学应用再到蓬勃发展的各个阶段。其间,依托微课资源的建设和应用,高校教师的信息化教学能力也得到了检验和提升。

(一)微课概念的形成和内涵

无线网络、智能手机和平板电脑等移动终端的普及使得学习者采取多元化、非正式的学习方式成为可能,形成了移动化、泛在化、微型化、碎片化的信息时代学习新方式。内容丰富、长时段的数字化学习资源的呈现形态面临着新的挑战,甚至系统设计单元内容、提供课堂教学实录视频的慕课课程资源也已无法满足"微时代"的学习者对信息载体微型化、移动化的需求。此时,"微型"数字化学习资源的供给势在必行,"微课"也应运而生。

2006 年,美国的萨尔曼·可汗为了帮助表妹学习数学,录制了很多讲解数学知识和解题过程及方法的短视频,一个视频只讲一个知识点,供其表妹反复观看学

---

① 焦建利,刘晓斌,陈泽漩,等. PTTCA:一种问题导向的慕课课程设计模式[J]. 中国信息技术教育,2018(3):1-8.

习,没想到效果非常好。于是,他索性创办了可汗学院(Khan Academy),将他所录制的课程视频上传到学院网站,供有需要的学习者免费学习。一时间可汗学院的数学教学短视频风靡美国基础教育领域,这种将知识点讲解录制成短视频的教学方法也开始向世界各国蔓延。在国内,有学者认为,"微课"概念最早是由广东佛山教育局教育信息中心的胡铁生老师率先提出的。他长期从事基础教育资源的研究,专注于解决我国基础教育资源建设及推广微课建设和应用等问题,受英国的Teachers TV里面短小精悍、形式新颖活泼的教育视频的启发,他率先在佛山市中小学校举办国内"微课"大赛。①

对于微课的内涵界定,国内学者说法各不相同。有学者关注微课的资源载体——微视频,注重视频的教学性和可用性,认为微课中的"微视频"是指富有教学意义、具有完整意义的知识模块或知识点的微视频资源。微视频承载的课程学习即是学习者在特定学习情境中,根据自我学习的需求和目标,利用微视频所进行的网络学习活动的总和。因知识内容属性、特点的不同,对视频时长也有着不同的需求,通常为2分钟至20分钟。② 张一春则认为"微课"是经过教师精心设计的信息化教学方案,是以流媒体形式展示的围绕某个知识点或教学环节开展的简短、完整的教学活动,目的是帮助学习者获得最佳的自主学习效果。③ 黎加厚从课程论的观点出发,将微课定义为时间在10分钟以内的、有着明确教学目标的、内容短小精悍的、集中说明一个问题的小课程。④ 胡铁生等也从课程视角出发,认为微课即微型课程,是基于学科知识点而构建、生成的新型网络课程资源。微课以"微视频"为核心,包含与教学相配套的"微教案""微练习""微课件""微反思"及"微点评"等支持性和扩展性资源,从而形成一个半结构化、网页化、开放性、情景化的资源动态生成与交互教学应用环境。⑤ 焦建利认为微课是以阐释某一知识点为目标,以短小精悍的在线视频为表现形式,以学习或教学应用为目的的在线教学视频,他强调了微课突出的四个特点:一是视频长度短;二是微课所选主题小;三是微课设计、制作、讲解精良;四是学习效果震撼,令人难忘。⑥ 郑小军从学习模式的角度定义微课,他认为微课是为支持翻转学习、混合学习、移动学习、碎片化学习等多种学习方式,以短小精悍的微型教学视频为主要载体,针对某个学科知识点或教学环节而精心设计开发的一种情景化、趣味性、可视化的数字化学习资源包。⑦

---

① 焦建利. 微课及其应用与影响[J]. 中小学信息技术,2013(4):13-14.
② 王觅,贺斌,祝智庭. 微视频课程:演变、定位与应用领域[J]. 中国电化教育,2013(4):88-94.
③ 张一春. 微课是什么?[EB/OL]. [2014-04-21]. http://blog.sina.com.cn/s/blog_8dfa9ca20101ouw0.html.
④ 黎加厚. 微课的含义与发展[J]. 中小学信息技术,2013(4):10-12.
⑤ 胡铁生,黄明燕,李民. 我国微课发展的三个阶段及其启示[J]. 远程教育杂志,2013(4):36-42.
⑥ 焦建利. 微课与翻转课堂中的学习活动设计[J]. 中国教育信息化,2014(24):4-6.
⑦ 郑小军. 我对微课的界定[EB/OL]. [2014-04-21]. http://blog.sina.com.cn/s/blog_4711a0210102e6ge.html.

可见,理解问题的视角不同就会得出不同的定义和表达。从上述各种界定"微课"概念的字面意义来看可以将其分为三个大类:第一类对应"课"的概念,突出微课是一种短小的"教学活动";第二类对应"课程"的概念,包括课程计划(微教案)、课程目标、课程内容(学科知识点)和课程资源(微教学视频、微练习、微课件);第三类对应"教学资源"的概念,如在线教学视频、数字化学习资源包。尽管各种定义在语言表述上有差异,但其内涵上是有共同点的,即"目标单一、内容短小、时间很短、结构良好、以微视频为载体"[①]。基于上述分析,本书认为微课实质上是支持教师和学生开展多样化教学活动的微型数字化课程资源包,学生可以通过网络自主学习,与教师和学习同伴在线讨论,进行间接互动,也可以在实体课堂上由师生进行面对面学习和交流,产生直接互动,开展有意义的课堂教学活动。

(二) 微课的设计开发和应用

1. 微课的设计开发

作为数字化的教育教学资源,在设计开发微课时,要综合考虑教学目标、教学内容、教学活动和教学环境等因素。这些微课的构成要素之间是相互联系、相互影响的,微课的开发者只有通过对这四大要素的精心设计和周密安排,才能创建出优秀的数字化微课课程资源。

教学目标是指教师期望通过应用微课资源所要达到的教学效果,它包含两个方面的内容:一是微课的应用目的,即为什么要设计开发微课,何时应用微课(课前、课中、课后),如可以为指导学生预先自主学习某个新的概念或知识点设计制作一个微课,也可以为帮助学生完成课后作业而专门设计、制作解答某个问题的微课等;二是微课的应用效果,即教师期望学生在使用微课后所能解决的具体问题,如引发学生的探究性学习、准确掌握某个问题的解决方法等。微课的教学目标一般具有单一、具体的特征,目标的确定直接影响微课的内容选择和应用形式。

微课所选取的教学内容是与特定学科内容相关的素材及信息,是教师实现微课预期目标的教学素材载体。教学内容的选取服务于教学目标的达成,选取微课教学内容时,教师要依据微课教学目标,分析教学对象的实际学习情况和准备应用微课的教学阶段(课前、课中或课后)等,有针对性地对具体学科教学内容进行增加、删减、修改等综合性加工。微课选取教学内容的不同会直接影响教师对教学活动的设计。考虑到微课短小精悍的特点,在教学内容的选取上要注意突出主题明确、相对独立的"颗粒化"内容特征。

教学活动是指教学过程中师生之间在一定的教学环境中相互作用的过程,包

---

① 苏小兵,管狂琪,钱冬明,等.微课概念辨析及其教学应用研究[J].中国电化教育,2014(7):94-99.

括教师"教的活动"和学生"学的活动"两个方面。教师"教的活动"是指教师作为活动的主体,与微课教学内容之间相互作用并向学习者传递有效教学信息的过程,达到帮助学生对学习内容进行理解、思考并自我建构的目的。教的活动是实现微课教学目标的一个方面,可以分为讲授、演示、操作、与其他活动主体的交流对话等类型。学生"学的活动"是指学生作为活动的主体,与微课教学内容相互作用掌握教学信息的过程,达到帮助学习者加强对学习内容的理解和内化的目的。学的活动是实现微课教学目标的另一个方面,可以分为复述、操练或与其他活动主体的互动等类型。设计微课时,要特别注意"学的活动"的设计,因为如果不能吸引学生自觉自愿地参与学习,"教"得再好,也是"拍不出响声的一只巴掌"。

教学环境也可以称为教学条件,是指为了顺利实施微课教学活动而要构建的工具条件,主要包括信息呈现工具和交互工具。信息呈现工具包括微课视频中呈现的多媒体课件、图形图像、动画、音视频等富媒体资源,帮助师生表达或解释教学内容,提高学习者在学习微课或呈现学习效果时与信息资源之间交互的有效性;交互工具是指在开展微课教学时,能促进师生与微课内容之间更有效地进行信息交互和操作交互的工具,包括教学平台、终端设备、网络环境等。

2. 微课的应用

在教学实践中具体如何应用微课,国外的做法主要是将其应用于翻转课堂、电子书包、混合学习等教育教学改革项目。对学生而言,应用微课可以更好地满足其个性化、差异化学习的需要。如可汗学院和 TEDed 提供的大量微课教学视频,其应用形式基本上是"学习者课前自主观看微课,独立完成在线练习,提问或参与主题讨论",要求学生在课前观看视频和完成学习任务,使得学习者可以根据自己的实际情况决定观看的时间、次数和快慢等。此时,观看微课取代了传统课堂中的聆听教师讲授的环节,而教师则成为在线或在课堂上回答学习者提问的答疑者、组织学习者开展主题讨论活动的引导者,以及评估学生学习成效的评价者。[①] 得益于教育全球化的影响,微课教学模式也被引入我国,并广泛应用于大中小学的各类教学实践之中。

根据微课应用的教学组织形式划分,微课应用主要包括学生独立自主学习、小组协作学习和课堂集体学习三种形式。学生独立自主学习是指学生根据自己的学习基础和需求,自己设定学习的进度和速度,一次或分次独立学习微课内容,并按要求完成教师预设的学习任务、反馈学习情况。课前、课中和课后均可采用这种应用方式,因此它是微课教学应用中最为常用的形式。小组协作学习主要用于学生合作学习的过程,具体形式为小组讨论、探究创设问题情境、合作解决问题等。这种应用方式也可用于课前预习、课中学习和课后复习等活动,但以应用于课堂教学

---

① 苏小兵,管珏琪,钱冬明,等.微课概念辨析及其教学应用研究[J].中国电化教育,2014(7):94-99.

效果最佳。课堂集体学习是指受环境或条件所限,教师将课堂上需要重复操作、演示或讲解的内容制作成微课视频,供学生在课堂上同步观看和学习,以替代教师的现场授课或操作。前两种方式可应用于线上教学、线下教学或线上线下混合教学,第三种方式只应用于线下课堂教学环境。

根据应用目标划分,微课主要应用于学习新内容、处理重难点和巩固拓展三个方面。应用于学习新内容的微课,就是教师针对某个要学习的新的概念或知识点进行有针对性的视频讲解,或者在学习新内容前通过微课视频的方式帮助学生预先自主学习。前者是为学生掌握新的概念或知识点提供个性化、差异化的学习支持,后者是为学生在预习新的教学内容时更好地引发思考、找到问题。处理重难点的微课应用,是指教师根据以往的教学经验,预测学生在理解和应用新知识方面可能会出现的错误或问题,就某些有一定难度的概念或知识点或者需要教师反复讲解、示范或演示的知识点或技能点,以及就某些学生难以理解的创新性内容或问题情境而录制的微课视频。巩固拓展所学内容的微课应用,是指教师根据学生学习的个体差异,制作以巩固所学知识为目的的微课或者以拓展知识范围为目的的微课,或者针对学习要达到的效果设计难度不同的活动,供学生根据自己的实际情况自主选择。受实际教学环境的影响,不同的应用目标在很大程度上受到不同教学阶段的影响,一般来说,课前以学习新内容为主,课中以解决重难点问题为主,而课后则以巩固拓展为主。

就目前高校教学实践来看,微课的应用方式主要是支持翻转课堂教学、课内外差异化教学和课外拓展训练等。翻转课堂教学应用微课资源,主要是指教师根据教学目标和教学内容的需要,将微课资源在课前提供给学生供学生自主学习。当然也可以在课内要求学生学习微课,只要学生学习微课的活动发生在教师讲授或讨论问题之前,即实质上达到"学生先学,课堂后练"的效果,即属于翻转课堂的教学模式范畴。要注意的是,任务安排一定要适当,难易程度和题量要符合学生整体水平,并要求学生自主学习微课后完成任务并及时反馈,以帮助教师了解学生对微课内容的掌握程度,为制定后续教学策略提供依据。课内外差异化教学是指在课前预习和课堂学习过程中,教师提供某些模块或知识点的讲解微视频,学生根据自身情况完成相应的课内外学习任务,提交体现学习效果的材料信息,教师根据学生学习任务的完成情况,进行差异化评价和有针对性的指导。课外拓展训练是指学生在课后进行知识巩固和应用时,可能会遇到某些不能解决的问题,针对这种情况,教师可以根据以往的教学经验,将解决办法事先录制成微课,以供有需要的学生自主学习。

总的来说,我国微课教学应用的优势也主要体现在课内外的学生自主学习方面,主要目的是促进翻转课堂和混合学习模式的推广和应用。

3. 应注意的问题

微课视频因其短小精悍、主体简明、应用便捷等特点受到高校教师的喜爱。就高校教育教学而言,微课不仅成为教师"教"和学生"学"的重要教育教学资源,而且也构成了改革教育教学模式、提高教学实效的数字化资源基础,无论是对于学生的学习,还是对于教师的教学实践以及教师的专业发展来说,都具有重要的现实意义。因此,微课资源的建设和发展在我国也引起了政府、相关教育机构和高校的高度关注,引发了数字化教学改革的热潮。自2000年教育部全国高校教师网络培训中心主办了面向全国高校的"首届全国高校微课教学比赛"和教育部教育管理信息中心主办了面向中小学的第一届"中国微课大赛"后至今,从教育部到各省市区县教育主管部门、各级各类学校、众多的企业、机构、学/协会和各种教育教学联盟,都在以举办赛事或培训教师的形式积极推动着微课的建设和发展,呈现出一派欣欣向荣的景象。2012年11月,时任教育部副部长的刘利民在全国高校教师网络培训中心成立五周年庆祝大会的讲话中就指出,微课教学比赛是符合时代要求的积极探索,并希望借此推动高校教师培训方式方法的改变,促进高校教学与现代信息技术的深度融合。

政府、高校和社会为微课教学资源的建设和发展创造了良好的外部环境,但高校微课的设计开发与应用主体仍然是高校教师,而教师不可避免地会遇到微课设计、制作和应用方面的各种技术难题。因此,一些企业、机构或教育技术研究人员也在积极尝试使用各种工具和技术手段来降低教师微课设计、制作和应用的门槛,在一定程度上减轻了高校教师的压力。但是,作为微课设计、制作和应用的主体,教师仍然要注意以下一些问题。

首先,在设计与开发微课的时候,要有用户意识。对于高校教师来说,根据自身教学要求自己制作微课是一个途径,除此之外,还有一些其他途径。如通过网络搜集并共享其他教师的微课作品等。因此,教师设计制作微课时,就要意识到微课除了自用以外,也有可能会被别的同行引用,引用得越多,越能体现微课的价值。所以,要注意微课应用的便捷性和可复用性。因为微课是为了鼓励教师创新教学模式而制作的,是为了支持学生个性化、差异化学习而产生的,微课存在的唯一价值就是让教师教学有成就感,学生学习有满足感。不考虑方便师生应用的微课设计和开发,将是徒劳无益的。

其次,设计与开发微课不能"为技术而技术"。一直以来,都有一些企业和专业人员在帮助一线教师解决所遇到的微课制作技术问题。其实,要做出真正好的微课,技术并不是最大的难点,最大的难点在于教学设计是否有创新、教师的教学智慧是否得以展现,这些才是微课的吸引力和价值所在。假如教学无设计,内容很空洞,活动无新意,再炫酷的技术也会引起审美疲劳,遭人厌弃。随着微课在教学实践中的广泛应用,不少高校都开展了有关微课设计、制作的培训。在这些培训中,培训者和被培训者往往都不同程度地将主要精力和关注点放在了微课的制作技术层面,更多关注的是如何录屏、如何拍摄、如何剪辑、怎么"摆 pose"等,而对微课的应用环境设计和内容选取却关注不够,甚至忽视。教学软件谈得多,教学设计想得少,使得很多微课制作培训事实上沦为了录屏和编辑软件技术使用培训班,教师的教学设计水平和教学能力提高甚微。

再次,设计和制作微课时,要注意视频长度。好的微课应该是短小精悍的。尽管微课的长度没有一个绝对限定的标准,但是在内容讲解清楚的前提下,保持视频尽可能地"短"是肯定必要的。今天的学生是数字时代的原住民,视觉化学习是他们的特点,如果一个微课视频2—3分钟之内不能够吸引他们,那么,他们对观看视频的兴趣就会大大降低。即使最初几分钟使人产生了兴趣,视频也不宜过长。实践表明,时长保持在5—6分钟、内容有趣、设计精巧的微课视频比较受欢迎。

最后,设计和制作微课时还要注意艺术性。微课作为一种新的教育资源形式,是以教学和学习为目的、围绕一个小的主题和问题而设计开发的在线视频。因此,好的微课视频还应当具备一定的艺术水准,应适当增加观赏性。有明确的教学目标和要解决的问题,富有教育意义,传递的是科学的和正确的知识、技能和理念,再加上画面的艺术性,就可以称作一堂优秀的微课了,也就是说好的微课应该是科学性、教育性、技术性和艺术性俱佳的视频作品。

总之,好的微课应达到"三精",即教学设计精、教师讲解精、课件制作精。教学设计精是好课的根本和精髓,其核心是教师课讲得好,同时,课件制作精,拍摄出来的微课才会比较吸引人。上海师范大学的黎加厚教授曾说,好微课的标准就两条:一是学生一看就懂,二是学生喜欢看。[1]

(三) 微课应用与高校教师信息化教学能力

通过上述分析可以看出,微课应用不仅丰富了教育教学资源,促进了教育教学模式改革,提高了人才培养质量,而且也丰富了提升高校教师信息化教学能力的途径。如前文所述,高校教师信息化教学能力框架包括信息化教学设计能力、实施能力、评价能力和研究能力,高校教师借助微课的设计、开发与应用可以集中体现并发展这些信息化教学能力。

1. 微课促进教师信息化教学设计能力发展

信息化教学设计能力不仅是教师根据既定教学目标,预先设计教学环节、选取教学内容、确定教学策略、选择教学方法的过程,而且还是体现系统、整体思维的过程。信息化教学设计能力是运用系统方法,以学习者为中心,充分利用现代信息技术与资源,科学安排教学过程的各个环节及要素,以实现教学过程和教学效果的最优化。微课的选题需要将知识点进行分类、筛选,这个过程不仅体现了教师对教学材料和教学内容的理解和掌控程度,而且也有利于教师更清楚地梳理各个知识点

---

[1] 焦建利. 微课与翻转课堂中的学习活动设计[J]. 中国教育信息化,2014(24):4-6.

之间的联系。微课的课件设计不同于传统课堂授课课件,其设计理念从传统的"辅助教师讲解"转变为"适合学习者自主学习",需要加入大量的富媒体资源,更能体现教师应用技术工具的水平。此外,整个微课的设计制作过程本身就是一种精细化的教学设计过程,在教师设计制作微课的过程中,不仅需要使语言表达精练,选取关键概念和知识点,而且要对教学设计本身进行重构,注重为学习者提供互动性、针对性强的学习素材和学习活动。

2. 微课促进教师信息化教学实施能力发展

信息化教学实施能力体现了教师为确保教学过程的顺利实施、达到预期的教学目标而调用一系列工具和手段的能力。在教学过程中,教师要对教学过程进行计划、检查、评价、反馈、控制和协调,它是教师的思维能力和随机应变能力在教育教学活动中的具体体现。出色的教学实施能力包括语言表达能力、知识整合能力、教师与学生的协作能力、教学资源的运用能力等。微课虽短小精悍、主体单一,但为了能够对学习者产生足够的吸引力,更加注重教学对象的差异性、教学策略的适切性以及教学资源的丰富性。微课不仅能够运用于课堂教学中的导入、新授、总结等教学环节,还可以帮助学生在课前预习或课后查缺补漏。因此,微课在教学全过程的可应用性更加要求教师要有较强的信息化教学实施能力。

3. 微课促进教师信息化教学评价能力发展

信息化教学评价能力包括教师对教学活动的计划、安排、检查、评价和反馈以及教师对教学活动的适时调节、矫正和自我控制。教师通过信息化技术和手段,收集学生学习微课视频和完成学习任务的过程及效果的数据。根据数据对学生的学习过程和效果呈现进行科学分析,并做出恰当的评价和反馈,对学生进行差异化、有针对性的指导,同时反思自己的课程设计和实施效果,考虑对后续教学内容的融合进行调节和纠正,以进一步提高教学设计和教学实施水平。

4. 微课促进教师信息化教学研究能力发展

微课应用不仅能够提高高校教师的信息化教学设计、实施和评价能力,还对提高教师的信息化教学研究能力、促进教师专业发展有莫大益处。信息化时代也是网络资源共享时代,一个完整的微课程不仅包含系列的微视频,还包含系列的微课件、微任务、微反思等辅助教学资源,其中隐含着教师的教学思想和教学设计,体现了教师长期积累的教学经验和教学智慧。教师利用微课教学资源平台,与来自全国乃至全世界的同行结成教学实践的共同体,与他们交流、切磋、分享彼此的教学经验和教学智慧,实现教学风格、观念、技能的模仿、迁移和提升,把隐性知识转化为自己的显性知识,并运用于自己的教学实践与专业发展过程之中。因此,微课资源平台为教师提供了一个学习研讨的网络社区,微课视频的共享不仅为教师提供了交流学习的契机,在与同行切磋的过程中,教师的批判性思维能力和反思能力也得到了提高,一方面优化了教学实效,另一方面提高了教师的教学反思和研究能力。

四、应用翻转课堂教学模式

翻转课堂是一种线上线下相结合的教学模式,是混合式学习理论的一种实践应用,也是信息化时代高校教学改革中力推的一种新型教学模式。

(一)混合式学习理论

混合式学习并非一种全新的教学理论,而是随着教育信息化的深入,在其原有学习概念的基础上注入了新的含义。广义的混合式学习概念由来已久,指的是教育教学过程中两种及以上教学方法、教学手段、教学评价等教学要素的混合使用,如应用多媒体技术的教学方式与应用黑板、粉笔的传统教学方式相结合,或自主学习与合作学习相结合等。狭义的混合式教学是指为了发挥教师的主导作用和充分体现学生在学习过程中的主体作用,在教学过程中将传统课堂教学的优势和网络化教学的优势相结合,从而提高教学效果的教学方式。目前教育界流行的主要是狭义的混合式学习概念。

混合式学习(Blended Learning)理念起源于美国,2003 年由北京师范大学何克抗教授在第七届全球华人计算机教育应用大会上首次在国内倡导应用,得到学术界的普遍关注,成为高等教育领域的研究热点。混合式学习最早是由国外培训机构为了弥补 E-Learning 教学中的不足提出来的,E-Learning 的概念也诞生在美国。2000 年,美国教育部在"教育技术白皮书"中使用了 E-Learning 的概念,主要是指通过因特网进行的学习与教学活动。[①] 21 世纪初,何克抗将 E-Learning 的概念引入国内,并将其翻译成"数字化学习"。E-Learning 学习方式改变了传统教学中教师的作用和师生之间的关系,曾经引发了美国教育界对"有围墙的大学是否将被没有围墙的大学(网络学院)所取代"这一问题展开激烈的辩论。"取代论者"与"不可取代论者"双方各执己见,谁也说服不了谁,并得到了世界各地(也包括我国)的一些学者的积极响应并加入辩论,形成两派意见,长期相持不下。但是在经历十几年的网络教育实践以后,国际教育界深入总结了开办网络大学的有益经验,同时也认真吸取这一过程中得到的教训,认识到"取代论"是一种过于偏激的片面观点,

---

① RILEY R W. E-Learning:pulling a world-class education at the fingertips of all children the national educational technology plan[Z]. U. S. Department of Education,Office of Educational Technology,2000.

从而使双方逐渐取得共识,形成了"E-Learning 能很好地实现某些教育目标,但是不能代替传统的课堂教学""E-Learning 不会取代学校教育,但是会极大地改变课堂教学的目的和功能"等观点,为混合式教学的新含义在美国乃至全球范围的提出与流行奠定了基础。①

混合式学习概念最早是由美国的企业培训机构为弥补 E-Learning 教学中的不足,引入面对面教学之后逐渐才形成的。美国培训部门从混合培训项目实施效果的角度对混合式教学做出如下定义:混合式教学模式是教师和企业组织的一系列教学和培训活动,以帮助学习者提高工作和学习效率。② 结合国内外对混合学习概念的阐释和实践,本书认为混合教学模式是指在多种教育理论指导下,为达到一定的教学目标,在教学过程中将面对面课堂教学的优势和学习者在线自主学习的优势相结合,将教学过程中教师主导作用和学生主体作用相结合,所形成的一种双主体教学模式。在混合式学习实践中,大量的案例表明在线学习与课堂指导相结合的混合式学习比单纯在线学习或固守传统的面对面学习都更加有效。美国的一份调查报告显示,在面对面教学、在线学习以及混合学习三种教学模式中,混合学习是最高效的,面对面教学是最低效的。③ 教育界也展开了基于混合式学习理论的线上线下相结合的教学模式改革,其成果之一就是形成了翻转课堂教学模式。

(二)翻转课堂教学模式

1. 翻转课堂的缘起和含义

近十几年来,翻转课堂(Flipped Classroom)教学模式一直是教育界关注的研究热点,它还曾被加拿大《环球邮报》评为"影响课堂教学的重大技术变革"。最初应用翻转课堂教学模式的是美国科罗拉多州落基山一所高中的两位化学教师——乔纳森·伯尔曼(Jon Bergmann)和亚伦·萨姆斯(Aaron Sams)。2007 年前后,他们的学校教学工作面临着一个难以解决的实际问题,那就是有些学生因为身体健康原因不能正常上课,还有一些学生因家离学校太远而必须花费很多时间在通勤上,导致他们经常缺课,跟不上学习进度。为解决这些问题,受可汗学院的可汗利用短视频帮助亲戚学习数学的经验启发,他们也开始制作课程讲解视频并上传到网络,供不能正常到校学习或学习跟不上的学生在家自主学习,从而帮助他们跟上学校的学习进度。后来由于这些教学视频也被很多其他学生下载用以课后复习巩固,乔纳森和亚伦两位教师就逐渐以学生在家观看视频讲解为基础,将课堂教学时间主要用来为完成作业或做实验过程中有困难的学生提供有针对性的指导和帮

---

① 何克抗. 从 Blending Learning 看教育技术理论的新发展[J]. 中小学信息教育技术,2004(4):21-31.
② 何克抗. 从 Blending Learning 看教育技术理论的新发展:下[J]. 电化教育研究,2004(3):1-6.
③ 焦建利. 微课及其应用与影响[J]. 中小学信息技术,2013(4):13-14.

助,这样就把传统的"学生在课上听教师讲解,课后回家做作业"的学习习惯和教学模式"翻转"成"学生课前在家观看教师的课程讲解视频,课上在教师指导下做作业或做实验"的教学方式和学习模式。他们颠覆传统观念的教学实践探索,引起了学校、家长和社会各界的关注,经常受邀去其他地方介绍翻转式教学经验,影响日渐扩大,在全美直至全球兴起了开展"翻转课堂"教学模式变革的热潮。

在应用翻转课堂模式开展教学的过程中,教师面临着两个难题——在线教学平台搭建问题和线上教学资源获取问题。在线教学平台搭建问题可以通过学校采购或使用开源平台搭建加以解决,而在线资源,尤其是如何获得充足、适切的教学视频,便成了开展翻转教学的一个主要瓶颈。因为应用"翻转课堂"教学模式的前提之一就是要有充足的、适用的课程教学视频,而要求每个教师都制作出大量的、有较高质量的学科课程教学视频,不仅技术难度大,而且时间和精力也不允许。

非营利性的教学网站的出现,如可汗学院、各种慕课平台或慕课联盟等,在很大程度上解决了教学视频不足的问题,促进了翻转课堂与慕课平台的整合运用(图3-3),进一步完善了翻转课堂教学模式,将最初的单向传授知识的学生独自"观看教学视频"发展为构建师生共同参与的"在线学习社区",增加师生和生生之间的在线互动和反馈,使学生能在参与交流的过程中产生一种"沉浸感"和"全程参与感"[1],有利于发展学生深层次的认知能力和思维能力,进一步深化教学内容和教学方式的变革。

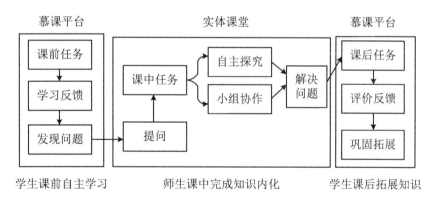

图3-3 翻转课堂与慕课整合运用流程图[2]

2. 翻转课堂的应用效果

"翻转课堂"教学模式的应用体现了"混合式学习"的优势。翻转课堂通过"学生课前自主进行在线学习"和"教师课中辅导答疑"的翻转教学方式,完美地将"在

---

[1] 何克抗.从"翻转课堂"的本质,看"翻转课堂"在我国的未来发展[J].电化教育教学,2014(7):5-16.
[2] 焦建利,陈彩伟.高校整合慕课的教学模式与实施路径分析[J].浙江师范大学学报(社会科学版),2019(4):9-15.

线学习"方式与"课堂教学"方式的优点结合起来,实践了线上线下混合式学习的理念。首先,这种混合学习使学生与教师之间的互动得到了加强,同时也是促进学生开展个性化、差异化学习的有效手段。应用翻转课堂教学模式可以使学生课外的深入学习真正发生,并使得教师能够高效利用课堂时间,组织学生开展学习经验的交流与观点的相互碰撞,从而深化学生的认知。

其次,"翻转课堂"教学更符合教育的认知规律。根据布鲁姆的教育目标分类理论,知识领域的学习目标可以分成"识记、理解、应用、分析、评价、创造"六个由低到高的难度层次,在传统教学中,通常是把"识记"和"理解"这些难度比较小的学习环节放在学校和课堂中进行,而把"应用""分析""评价"和"创造"这些难度比较大的学习环节放在课后让学生在家中自己解决,这种学习次序实际上是违反认知规律的。应用翻转课堂教学模式,教师把知识传授的过程放在网络上,学生在家中通过自主学习知识点讲解视频,来完成较低层次的"识记"和"理解"学习环节,如果遇到问题,也可以通过网络与教师或其他同伴学习交流而得到初步的帮助,然后把"应用""分析""评价"和"创造"这四个难度较大的学习环节,留在学校课堂面对面教学中完成,在此期间,教师可以根据学生的不同情况给予有针对性的、充分的、个性化的指导和帮助,因此,更加符合"由易到难"的学习认知规律(图3-4)。

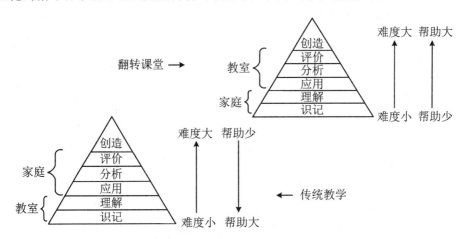

图3-4 翻转课堂与传统教学认知层次对比图①

最后,"翻转课堂"教学有助于实现"教师主导-学生主体"的教育教学结构。传统课堂教学为人们所诟病的原因之一是"以教师为中心",整个课堂教学过程中,教师为追求按时完成教学内容的传授而采取"满堂灌"的方式,教师不停地讲,学生被动地听,学生的主动性和创造性被严重抑制。此外,传统课堂教学常被批评的另一个原因是"教学实效低"。因为在传统课堂讲授中,教师传授的内容、使用的方法和讲解的进度是单一的,这种教学方式实际上只能满足三分之一学生的需求,也就是

---

① 焦建利. 微课与翻转课堂中的学习活动设计[J]. 中国教育信息化,2014(24):4-6.

学习成绩中等的那部分学生。因为三分之一学习好的学生,即使教师不讲解,他们本身可能已经理解了,而三分之一学习差的学生,其情况可能是:即使听教师讲解了一遍,他们也还是不懂。所以传统课堂的无差异教学无法实现因材施教,效率只能达到30%。[①]

而翻转课堂则完全改变了这种情况,无论是学生课前自主学习教学视频,还是在课堂上师生面对面互动交流,都体现着"以学生为中心"的理念。课前学生可以自己掌控观看教学视频的次数和进度,可以随时在线提出自己的问题和想法与教师或同伴沟通,从而获得了学习的自主权。学生由"被动接受者"转变成为"主动探究者",而教师也从传统课堂中的"知识传授者和课堂管理者"转变成为"教学资源开发者"和"学生学习的指导者、促进者和帮助者"。翻转课堂中教师和学生角色定位的变化,体现了"教师主导-学生主体"的新型"双主体"师生关系,有利于重构和谐的师生关系,有利于保持学生持续学习的积极性和主动性,有利于实现"因材施教"的理想教学形态。

(三)翻转课堂与高校教师信息化教学能力

如前文所述,我们可以看出,应用翻转课堂教学模式的关键要素包括教学视频的准备、慕课平台和其他教学网站的应用等。高校教师应用翻转课堂教学模式,必须围绕学科内容准备大量相关的教学视频和微课课程教学资源,准备的途径可以是网上收集、慕课平台导入、引用其他教师的在线资源等,或者自己根据教学需要对收集来的数字化资源进行修改,开发SPOC,或者自己独立制作开发新的数字化教学资源。无论是数字化教学资源的准备,还是慕课平台等教学网站的运用,都要求教师要有较强的信息化意识和技术素养以及较高的信息化教学设计、实施和评价能力。此外,慕课创建和微课资源建设本身就是应用翻转课堂教学模式的有机组成部分,因此前文所论述的慕课创建和微课资源建设对提高高校教师信息化教学能力的促进作用,同样适用于高校教师应用翻转课堂模式开展教育教学的过程之中。

第三节 信息化教学能力竞赛

参加竞赛是强化和快速提高参赛人某一方面能力的较好办法,因为在备赛期间,参赛者会对自己提出较高的要求,广泛地收集和涉猎参赛项目涉及的背景知识,对竞赛知识和技能点会主动地、高强度地反复训练,对自己的展示材料和竞赛

---

① 焦建利.微课与翻转课堂中的学习活动设计[J].中国教育信息化,2014(24):4-6.

内容不断打磨和演练，从而成为自身固化的知识和技能的一部分。为了提高教师的教学能力，面向教师的各类教学竞赛也在各种范围内常年举办，参加过竞赛并获奖的教师也往往更有机会成为某个领域、学科专业或课程的骨干教师、专家学者。进入21世纪，针对高校教师信息化教学能力的赛事也逐渐出现，成为快速提高高校教师信息技术应用能力的一个通道。本节将着重介绍其中的两个赛事——全国多媒体课件大赛和全国职业院校教师教学能力比赛。

一、高校教师教学竞赛概述

为提高高校教师的教学能力，尤其是促进青年教师适应岗位、快速提升教学能力，教育部、地方教育主管部门、高等教育类学会/协会或各高校等都会定期举办各种赛事。有的是针对某一专题的，如思想政治理论教学、辅导员素质、教学创新大赛等，有的是针对某一学科的，如外语教学、物理基础课程教学、电工学课程教学竞赛等；有的赛事是面向全国、全省或某个地区举办的。因为竞赛成绩可能会成为高校办学水平的评价指标之一，直接影响着高校的社会声誉和发展竞争力，所以，各高校往往都非常重视各种有影响力的竞赛活动。为了在比赛中取得好的成绩，高校内部会先行开展层层选拔和培训。围绕某一赛事，最终形成了国-省-校-院等多级竞赛体系，对整体提高教师教学能力发挥了积极的作用。我国面向高校教师的主要教学竞赛如表3-1所示。

表3-1 全国高校教师教学竞赛活动一览表（部分）

	竞赛名称	举办单位	举办时间
综合类教师教学竞赛	全国高校青年教师教学竞赛	中国教科文卫体工会全国委员会	8—9月
	全国高校思想政治理论课教学展示活动	教育部社科司	7—9月
	卓越大学联盟高校青年教师教学创新大赛	卓越大学联盟	6—10月
	工信部联盟高校"同课异构"教学创新大赛	工信部高校联盟	11月
	全国高校辅导员素质能力大赛	教育部思想政治工作司	4—6月
	全国高职院校教学能力比赛	教育部	9—11月

续表

	竞赛名称	举办单位	举办时间
学科教师教学竞赛	全国高校多媒体课件大赛	中国教育战略发展学会、教育部教育管理信息中心、教育信息专业化委员会	3—10月
	"外教社杯"全国高校外语教学大赛	教育部高等学校外国语言文学类专业教学指导委员会、教育部高等学校大学外语教学指导委员会、教育部职业院校外语类专业教学指导委员会、上海外语教育出版社	4—10月
	全国高校微课教学比赛	教育部全国高校教师网络培训中心	4—10月
	全国高等学校自制实验教学仪器设备评选	中国高等教育学会	5—10月
	全国高等学校物理基础课程青年教师讲课比赛	教育部高等学校大学物理基础课程教学指导委员会、教育部高等学校物理学类专业教学指导委员会、中国物理学会物理教学委员会	4—7月
	全国高等院校工程应用技术教师大赛	中国高等教育学会	6—11月
	中国外语微课大赛	中国高等教育学会、高等教育出版社	5—11月
	全国高校数学微课程教学设计竞赛	教育部高等学校大学数学课程教学指导委员会、教育部全国高等学校教学研究中心	3—10月
	全国高校自动化专业青年教师实验设备设计创客大赛	教育部高等学校自动化类专业教学指导委员会	4—8月
	全国高等学校药学类青年教师教学能力大赛	教育部高等学校药学类教学指导委员会、中国药学会药学教育专业委员会	4—8月

续表

竞赛名称	举办单位	举办时间
全国高等学校电子信息类专业青年教师授课竞赛	教育部高等学校电子信息类专业教学指导委员会	5—8月
全国高等学校测绘类专业青年教师讲课竞赛	教育部高等学校测绘类专业教学指导委员会	5—8月
外研社"教学之星"大赛	教育部高等学校大学外语教学指导委员会、教育部高等学校英语专业教学指导分委员会、外语教学与研究出版社	5—12月
全国高等院校英语教师教学基本功大赛	高等学校大学外语教学研究会、全国高等师范院校外语教学与研究协作组	7—9月
全国高校经管类实验教学案例大赛	高等学校国家级实验教学示范中心联席会经管学科组、中国高等教育学会高等财经教育分会	8—12月
全国高校混合式教学设计创新大赛	上海交通大学	4—8月
全国高校思想政治理论课教学展示活动	教育部社科司	8—10月

（左侧分类：学科教师教学竞赛）

表3-1中所列只是部分针对高校教师举办的教学能力竞赛活动，举办单位各不相同，有的是不分学科专业的综合性赛事，有的是针对具体学科类别或某种教学能力的赛事，限于篇幅，下面选择两项与信息化教学能力联系较为紧密的竞赛活动进行分析。

二、全国多媒体课件大赛

全国多媒体课件大赛是由教育部教育管理信息中心主办的、面向全国各级各类院校教师和信息技术人员征集参赛课件作品的一个大型赛事。参赛者在规定的时间内（每年的3—10月），将参赛课件提交至大赛组委会或赛区指导委员会，经过评审组初审、复审后评选出进入决赛的作品，然后参加在北京举办的现场决赛及获奖作品的交流、颁奖等活动。大赛分为高教组、高职组和中职组三个组别，其中高教组又根据参赛课件的适用对象,分为高教文科组、高教理科组、高教医科组和高教工科组四个细分组别。大赛鼓励尽可能多的人员参赛,没有地区或院校的名额限制。参赛作品可以由各赛区指导委员会、各院校教务处或现代教育技术中心等职能部门,作为大赛组织单位统一报送本单位的参赛作品。大赛可以个人参赛,也可以组团参赛,以团队形式参赛的每件课件的制作者原则上不超过8人。参赛课件的制作软件、制作工具和风格形式不受限制,但课件教学内容的原创部分必须达到50%以上,课件引用的图文资料应注明来源,避免引起知识产权纠纷。大赛奖励名额不按参赛作品总数的比例设定,而是设为固定的数值,如高教组按四个组别划分,每组分别设一等奖5名、二等奖10名、三等奖20名;此外,各组还都设有最佳创意奖、最佳教学设计奖、最佳技术实现奖、最佳艺术效果奖等各一名和优秀奖若干名。评审组由现代教育技术领域和各学科知名专家组成,对参赛课件从教学内容、教学设计、课件体现的技术性和艺术性以及课件的应用效果及现场答辩的表现等方面进行综合评分,获奖者获得由教育部教育管理信息中心颁发的获奖证书。[①]

多媒体课件大赛自2001年首次举办至今已有20年,从教育思想的转变和信息技术的应用方面来看,大体上可以说大赛的举办经历了起步、成长和发展三个阶段。起步阶段是指大赛成立的最初4年(2001—2004年),这个阶段国外的多媒体技术和网络通信技术的应用已开始在高等教育教学领域加速推广,流行的教育思想是"以学生为中心",倡导数字化学习(E-Learning)理念,应用多媒体计算机的交互性,激发学习者的学习积极性,体现学习者在学习过程中的认知主体地位。而彼时,国内传统的"以教师为中心"的教育思想仍然主宰着课堂教学,参赛课件中的90%体现着"教师传授-学生接受"的教学观念,主要通过用PPT文档取代板书向学生讲解学科知识,并试图利用计算机辅助教学(CAI)功能突破教学中的重点、难点。课件设计制作比较简单,设计中通常忽视学生,缺少教学目标分析和学习者特征分析。制作时主要采用基于PPT和CAI的方法,把文字教材的章节目录和详细内容转化为电子版,有的会加上导航和超链接形成网络课件。如果不打算上传网站,那么参赛作品就只包含由主要教学内容转化而来的PPT文档,再加上一定量的与内容相关的图片或动画的多媒体课件。[②]

经过第一阶段的4次竞赛活动,高校教师对课件的设计与制作有了一定的实践、观摩和交流学习的经历,教育理念有了明显转变,课件设计制作水平也得到了提升,进入了成长阶段(2005—2007年)。这一阶段参赛的作品中,有一些课件开始体现"教师主导-学生主体"相结合的教学观念,课件设计中已开始包含教学目标

[①] 百度百科.全国多媒体课件大赛[EB/OL].[2020-06-05]. https://baike.baidu.com/item/%E5%85%A8%E5%9B%BD%E5%A4%9A%E5%AA%92%E4%BD%93%E8%AF%BE%E4%BB%B6%E5%A4%A7%E8%B5%9B.

[②] 何克抗.全国多媒体课件大赛发展历程回顾与评述[J].中国教育信息化,2013(23):22-27.

分析、学习者特征分析、教学策略选择、媒体呈现方式、教学评价反馈等环节,反映出"学教并重"的教学设计思想,能够将传统的"以教为主"的教学设计与建构主义的"以学为主"的教学设计结合起来,使两者优势互补,以达到更理想的教学效果。不少课件制作中应用了虚拟现实技术、VRAM 语言和 Flash 技术。自 2008 年至今,全国高校课件制作大赛进入了发展阶段,参赛课件的设计普遍体现了"混合式教学(B-Learning)"的先进教育理念。在课堂教学中,应用课件演示和呈现教学内容,在课后开展在线交流、提交作业和师生互动,形成"课堂面对面教学+课后在线互动"的混合式教学模式,反映出"既重视充分发挥教师的主导作用,又能认真关注要体现学生的认知主体地位"的教学设计特点。课件制作的技术水平也普遍提高,Flash 动画、三维仿真、网页设计、虚拟现实等技术的应用已基本成为常态,智能手机、平板电脑等移动终端设备以及 QQ、微信和公众号等在教学中的应用日渐频繁,几近不可或缺。

全国多媒体课件大赛是高校教师展示自己的课件制作应用水平和信息化教学能力的重要舞台,在全国各类高校中产生了很大的影响。高校教师通过参加课件大赛,一方面产生了大量优秀的专业课程课件作品,丰富了高校数字化教学资源库,推动了高校精品在线课程、精品开放课程、慕课课程等网络课程的建设与应用;另一方面促进了高校教师教育思想的转变和进步,并触发教师主动应用先进的教育理论指导教学实践,提高了他们在教学过程中应用信息技术的能力和水平,为促进教师的专业发展和深化我国高校信息化教学改革与提升高校教学质量作出了重大的贡献。

三、全国职业院校教师教学能力比赛

全国职业院校教师教学能力比赛是目前涉及高校教师信息化教学能力的唯一由教育部主办、多部委共同参与的全国性赛事。自 2012 年开始吸纳高等职业教育院校的教师参赛以来,大赛规模逐年扩大。2013 年起,实现了全国 37 个省、自治区、直辖市、计划单列市、新疆生产建设兵团的高等职业院校全覆盖,至今已经形成了"国赛-省赛-地市级比赛-校内选拔赛"四级竞赛体系。从教育部到各省、自治区、直辖市的教育主管部门高度重视这项一年一度的赛事,成立了教育部和各地的专门化组织机构,形成规范化竞赛机制。从大赛的主办和协办单位、覆盖的院校和专业类别以及参与的教师群体等方面来看,该赛事可以说是国内高校最高层次、最大规模的教师教学能力类型的比赛。

(一)比赛由来及名称的演变

2010 年,为贯彻全国教育工作会议精神,落实《国家中长期教育改革发展规划纲要(2010—2020年)》的指导精神和具体要求，推动职业教育教学改革创新，提高教师信息素养、教育技术应用能力和信息化教学水平，促进信息技术与教育教学的深度融合，加快信息技术在教育教学中的广泛应用，教育部发出举办一年一次的"全国中等职业学校信息化教学大赛"的通知，要求各中等职业学校开展利用信息技术改造传统教学的活动，改变一支粉笔、一本教材、一块黑板的传统教学方式，全面推动信息技术环境中教师角色、教育理念、教学观念、教学内容、教学方法和教学评价等方面的变革。2012年，大赛将高等职业院校纳入参赛院校范围，并更名为"全国职业院校信息化教学大赛"。[①] 2018年，为纠正赛事中存在的一定程度上"为技术而技术"的现象，回归应用信息技术提高教师教学能力和优化教学效果的本质目的，大赛再次更名为"全国职业院校技能大赛教学能力比赛"，并说明将举办本科层次职业教育的院校教师纳入高职组参赛。

（二）比赛的实施

大赛组委会由教育部等主办单位、省市地方教育部门等承办单位、基层职业院校等协办单位、赞助企业以及相关行业部门组成，共同负责大赛的组织和管理工作。大赛组委会下设秘书处、评判委员会和仲裁委员会，协助大赛组委会一起完成大赛的各项具体工作。大赛的参赛办法是以各省、自治区、直辖市、计划单列市和新疆建设兵团为单位组成代表队参赛。为了保证各地代表队的比赛成绩和作品质量，各参赛单位一般都会每年举行一次本省或本地区的教师信息化教学能力大赛，在提高本地区参赛教师的覆盖面和提升教师信息化教学水平的同时，也为全国大赛遴选参赛选手和优秀作品。在举办全国大赛之前，教育部会为各地区平衡分配参赛申报名额，然后再组织专家和评委按照大赛规定的统一评分标准，对全国各代表队申报的参赛教师和参赛作品进行初审，评选出具有参加国家级决赛资格的选手。

自2012年高等职业院校首次参赛至今，大赛已举办了9届。9年间，比赛的项目设置、比赛办法等也经历了不断完善的过程。2012年的大赛方案中，高职组设置了多媒体教学软件比赛、信息化教学设计比赛和网络课程比赛3个赛项。多媒体教学软件比赛旨在考察参赛教师对教学软件的教学设计和应用能力、媒体的选择及其表现能力以及教学过程中软件的使用效果。比赛采取网络初评与现场决赛相结合的方式进行，参赛教师按要求在赛前完成软件制作，在决赛现场限时进行展示、讲解和答辩；信息化教学设计比赛考察教师按照现代教学理念，科学、合理、巧妙地安排教学过程的各个环节和要素，充分利用信息技术和数字化资源以及系

[①] 教育部职业院校信息化教学指导委员会赛事工作专门委员会. 全国职业院校信息化教学大赛部分优秀作品点评[M]. 北京：高等教育出版社，2016：1.

优化教学过程的能力。比赛采取网络初评与现场决赛相结合的方式进行,参赛教师赛前完成教学设计,录制不超过10分钟的讲解视频,决赛时现场限时讲解教学设计并答辩;而网络课程比赛项目主要考核参赛教师在学习环境网络化、学习资源数字化、学习方式多样化的前提下,设计、制作网络课程的基本技能,体现"教、学、做"一体化的教学理念,推动"教、学、做"一体化教学的深度实施,加强课程内涵建设,促进人才培养模式改革。此项目采取网络评审的方式进行,参赛者按要求向大赛组委会提供网络课程有关材料,由组委会统一搭建课程网站并组织专家进行网络评审。评审专家按照各项目相应的评分指标现场评分,按照分数高低,决出各赛项和组别的单项奖和团体奖,单项奖中一等奖占参赛总数的10%,二等奖占参赛总数的15%,三等奖占参赛总数的25%,团体奖设最佳组织奖10个(详见附录三)。[①]

此后,大赛根据比赛反映出来的问题、各参赛组织的意见和建议以及实际教学情况的变化,每年在赛项设置、参赛分组、比赛形式、评审指标和奖项设置等方面都有不同程度的调整和完善。如2014年,高职组暂停多媒体教学软件赛项,增设了信息化课堂教学赛项;2015年,高职组又暂停了网络课程赛项,增设信息化实训教学赛项;2012年,大赛不作课程和专业类别的限定,而从2013年起,为使更多学科、专业教师获得锻炼、展示的公平参赛机会,大赛分设了公共基础课程组和若干专业类别组。在评审指标方面,围绕着"利用信息技术改造传统教学"的核心理念,每两年进行一次调整,如2012年和2013年的信息化教学设计赛项的评价指标和分值分别为教学设计(40分)、内容呈现(25分)、技术应用(25分)和创新与实用(10分),2014年和2015年调整为总体设计(40分)、教学过程(30分)、教学效果(15分)和特色创新(15分)。[②] 自从更名为"教学能力"比赛后,评价指标与分值发生了较大的变化,如2019年和2020年确定为目标与学情(20分)、内容与策略(20分)、实施与成效(30分)、教学素养(15分)和特色创新(15分),更加全面地考核教师的教学能力,尤其关注教学实施和教学成效。[③] 各赛项和组别的奖项设置也逐渐完善,总体上呈现数量增加、名目增加的趋势,如2018年单项奖中一等奖数量占参赛总数的10%,二等奖数量占参赛总数的20%,三等奖数量占参赛总数的比例也增加到30%,团体奖中除设置最佳组织奖外,还增设了最佳进步奖。

2018年的赛事是更名为"全国职业院校技能大赛教师教学能力比赛"后的首

[①] 教育部办公厅. 关于举办2012年全国职业院校信息化教学大赛的通知[EB/OL]. [2020-06-05]. http://www.moe.gov.cn/srcsite/A07/moe_953/201206/t20120614_138827.html.
[②] 教育部职业院校信息化教学指导委员会赛事工作专门委员会. 全国职业院校信息化教学大赛部分优秀作品点评[M]. 北京:高等教育出版社,2016:2-5.
[③] 全国职业院校技能大赛教学能力比赛官网. 教育部办公厅关于举办2019年全国职业院校技能大赛职业院校教学能力比赛的通知[EB/OL]. [2020-06-05]. Http://www.moe.gov.cn/.
教育部办公厅. 关于举办2020年全国职业院校技能大赛职业院校教学能力比赛的通知[EB/OL]. [2020-08-18]. http://www.moe.gov.cn/s78/A07/A07_sjhj/202008/t20200814_478105.html.

次大赛,高职组比赛项目分为教学设计、课堂教学和实训教学3项。其中,教学设计组别分为公共基础课程组和其他5个按专业大类分设的专业组,共6个组别;课堂教学组别分为公共基础课程组和其他4个按专业大类分设的专业组,共5个组别;实训教学赛项有"老年护理"和"物联网应用"2个组别。各赛项的比赛办法均采取先网络初评后现场决赛的方式进行,参赛教师按要求提交作品视频和相关材料进入初评,初评即拟定三等奖获得者和决赛参赛作品。确定进入决赛的作品,在现场进行限时阐述和答辩,决出一、二等奖。①

2019年,比赛方案又进行了调整,比赛不再细分为教学设计、课堂教学和实训教学等环节,要求也转向了重点考察教学团队(2—4人)针对某门课程中部分教学内容完成教学设计、实施课堂教学、评价目标达成情况和进行反思改进的综合教学能力;高职组比赛分组也调整为公共基础课程组、专业课程一组和专业课程二组3个组别;参赛限额也在组织省级比赛的基础上,高职组各代表队各推荐12件参加决赛的作品,其中公共基础课程组推荐2个作品,并要求各代表队中职、高职公共基础课程组作品各自不能出现课程的重复,高职专业课程一组、二组10件作品不能出现专业大类的重复;参赛作品材料包括参赛作品实际使用的教案、2—5段课堂实录视频、教学实施报告,另附参赛作品所依据的实际使用的专业人才培养方案和课程标准。比赛办法仍然是采取先网络初评后现场决赛的方式进行。网络初评时,评审参赛作品材料,确定入围现场决赛的作品,初定拟获得三等奖的作品;现场决赛时,教学团队在参赛作品范围内随机抽定1个学时的教学内容,在备赛场所限时完成准备,然后进行现场讲解和模拟实际教学,并回答评委提问。②

虽然更名后的赛事名称中不再含有"信息化"字样,但是,对参赛教师的信息化教学能力的考核水平丝毫没有降低,事实上反而要求更高,即考核教师将信息技术与课程教学有机融合的能力,考核教师在教学过程中应用最新信息化技术和手段的能力。如对公共基础课程组的"实施与成效"评价指标中明确了"关注教与学全过程信息采集,针对目标要求开展考核与评价"和"合理运用信息技术、数字资源、信息化教学设施设备提高教学与管理成效"的评价要素;对"专业(技能)课程组"更是要求要能够"合理运用云计算、大数据、物联网、虚拟仿真、增强现实、人工智能、区块链等信息技术以及数字资源、信息化教学设施设备改造传统教学与实践方式、提高管理成效";在"特色创新"评价指标中,要求参赛教师要"能够与时俱进地更新专业知识、积累实践技能、提高信息技术应用能力和教研科研能力"。在2020年暴发了"新冠疫情"的社会环境背景下,评价要素中又增加了"特别是疫情防控常态化

---

① 教育部办公厅. 关于举办2018年全国职业院校技能大赛职业院校教学能力比赛的通知[EB/OL]. [2020-06-05]. http://www.moe.gov.cn/srcsite/A07/zcs_yxds/s3069/201809/07576176803113.pdf.
② 全国职业院校技能大赛教学能力比赛官网. 教育部办公厅关于举办2019年全国职业院校技能大赛职业院校教学能力比赛的通知[EB/OL]. [2020-06-05]. http://www.nvic.edu.cn/Web/NewsPage/NewsDetail.aspx?id=73896caa-e9ad-475e-bf8e-44f103bb4a6a.

形势下的线上线下混合式教学实践"的内容(详见附录四)。①

由此可见,在后续历年将举办的比赛中,竞赛方案将始终处于动态调整之中,以反映方方面面的诉求以及社会环境、信息技术快速迭代的变化,适应现实教学状况的需求。但也可以肯定,大赛的宗旨将会始终坚守"利用时代进步不断出现的先进教学设备和手段,提高教师信息化教学能力和水平,提升教育教学效果和质量"的初心。

(三) 比赛的影响

比赛自 2012 年在高职院校开展以来,对高职院校的数字化教学资源建设、教师信息化教学能力培训和推动教学改革产生了积极的影响。比赛的内容包含教学设计讲解视频、课堂教学视频、电子课件和文档资料等,经历从校赛到国赛的层层选拔,每一次比赛都累积了大量的视频和电子文档等数字化资源。比赛还有专门的官方网站,大赛组委会将国赛获奖作品比赛实况制作成数字化资源在官网展示。在决赛期间,还专门组织举办全国职业院校教学成果在线展示活动,汇集各地的优质教育教学资源和成果,包括专门录制的信息化教学示范课视频,所有这些资源都在网上展示,供教师观摩学习。

历届竞赛资源的积累,形成了内容丰富的数字化共享资源库。每次比赛前后,在教育部有关部门指导下,大赛组委会组织信息化教学专家到各省市的行业、高职院校等,对教师开展公益性信息化教学能力提升培训,培训课程包括"信息化教学设计""信息化教学能力结构""信息化大赛方案解读"等,有些大赛获奖选手也为参训教师进行现场演示、分享个人参赛经验、解答教师疑问等,对各校的数字化教学资源开发和网络平台建设及教师参赛能力提升等都产生了积极的促进作用。

在大赛决赛期间,组委会还同期举办"职业教育信息化教学辅助报告会",通过播放专题片、微电影等形式介绍相关组织部门的工作和成果并介绍相关经验,参赛教师除了与其他同行同场竞技外,还可以学习借鉴全国各地的成功经验,结识领域内的优秀同行和知名专家,了解信息技术推动教育教学改革创新的前沿理论和成果,并带动本校的信息化教学改革。调查数据和典型案例显示,90%以上的参赛教师在后续的教学生涯中能坚持开展信息化教学,78%的参赛教师通过经验介绍、举办公开课、组建教学团队等方式发挥带动和引领作用,成为本校或本学科(专业)领域的信息化教学骨干力量或信息化教学改革的领军人物。②

---

① 教育部办公厅. 关于举办 2020 年全国职业院校技能大赛职业院校教学能力比赛的通知[EB/OL]. [2020-08-18]. http://www.moe.gov.cn/s78/A07/A07_sjhj/202008/t20200814_478105.htm.
② 教育部职业院校信息化教学指导委员会赛事工作专门委员会. 全国职业院校信息化教学大赛部分优秀作品点评[M]. 北京:高等教育出版社,2016:6.

四、信息技术应用类竞赛与高校教师信息化教学能力

从上述内容可以看出，针对高校教师教学能力的综合类竞赛和学科专业类竞赛逐年循环举办。其中不乏直接考察教师信息技术应用能力的赛事，如多媒体课件大赛、微课教学比赛、职业院校信息化教学能力大赛等。即使竞赛名称中没有与信息技术直接关联的词汇，在当前的信息化时代宏观背景下，各类赛事在赛前要求提交的参赛材料中基本都会包含教学视频、设计思路讲解视频、电子文档等材料，教师不具备一定的信息化教育技术应用能力是不可能入围的，而且每项教学类竞赛的评价指标中都不可避免地会包含教学设计、教学实施、教学评价等教学关键环节的考核内容，因此，参加竞赛无疑会全面促进高校教师信息化教学能力的提升。

经过时间的洗礼留存下来的竞赛项目一般都具有科学性、权威性和规范性的特点，代表着某个领域的教育教学理论与教学实践的最新发展和最高水平。竞赛实施方案，尤其是竞赛评价指标，对于提高教师信息化教学能力有着深度、细化的指导作用，对于信息技术与学科教学的深度融合也具有重大的指导价值。竞赛提供的教学实践平台，让高校教师更具有积极性和创造性，对教学设计、教学实施和教学评价等教学环节的理解更加透彻。通过备赛和参赛，教师集中研读大量国内外前沿教育理论论文或专著等文献，了解和掌握与信息化相关的教学理念，教学理论水平得以提升，并在理论指导下进行教学实践，加上观摩学习前期的优秀参赛案例，获得直观的教学经验。从而激发教师将各种新型教学理念、教学设计和实施方法、信息化教学技术手段等应用于自身的课堂教学，实现从知识技能的认知阶段提升到知识技能的应用和内化阶段，实现课堂教学方式的根本转变。

借助竞赛的平台，经过一次次的"磨课研课"过程，促进了高校教师不断地自我探索、自主学习和反思，由内而外地激发了高校教师自我发展的动机。有过参赛经历的教师更会主动致力于应用信息化技术手段整合学习资源，营造开放式的信息化教学环境，改革学习方式和评价手段，提高教学效率，培养学生持续自主的学习动力和创新的批判性思维能力，教师的信息技术应用能力也会得到质的提高。

竞赛搭建了校、地区、省乃至全国性的教师交流平台，这些平台开阔了教师的眼界。教师以解决实际的现实问题为导向参与跨界研讨，学习优秀教师的参赛和教学实践案例，促进自身更快进步，推动自身专业发展。竞赛获奖教师通过示范课、教研讲座、课题论文等形式在校内外开展参赛成果和经验的深度交流，带动教师的整体专业发展。毋庸置疑，竞赛是高校教师提高信息化教学能力和促进专业发展的有效渠道。

第四章 高校教师信息化教学能力现状调研

本章依据对高校教师信息化教学能力现状调研所收集到的第一手资料和数据,对调研数据进行统计、分析和讨论,为后续提出高校教师信息化教学能力的发展策略建立数据依据和支撑。

第一节 调 研 设 计

一、调研对象

本研究以普通高校的教师为调研对象。高等职业院校在教育部的院校分类中也被列为实施高等教育的院校范畴,所以本研究的参研对象包括普通高等院校的教师和高等职业院校的教师两大类别。

二、调研方法

本研究主要采用调查研究的方法,具体包括问卷法和访谈法,结合运用文献法和内容分析法等研究方法。调研的第一阶段包括调查问卷的编制和访谈提纲的确定。首先,通过多渠道搜索相关文献,从已有文献的研究成果中,了解国内外相关的研究现状与常见内容;其次,在文献检索和参考相关研究的基础上,根据调研目标,分解本研究的调研内容,结合第二章提出的高校教师信息化教学能力框架和第三章描述的高校教师信息化教学能力发展路径的相关内容,编制调查问卷和访谈提纲。调研的第二阶段是实施问卷调查和访谈。为保证调查问卷的可操作性,在正式开展问卷调查前,先对问卷进行2—3次小规模测试,根据测试中反映出来的问题,对问卷进行修订优化,然后再采取随机的线上在线答卷和线下纸质答卷两种方法同时收集参研教师的问卷信息;依据访谈提纲,对部分参研教师同步进行深度访谈,进一步了解教师信息化教学能力的发展现状。调研的第三阶段包括数据统计、分析和讨论。首先,对搜集到的访谈和问卷数据进行分类、统计和分析,多角度、多维度对样本数据进行研究,力求全面呈现高校教师信息化教学能力和水平的现状。其次,通过调研数据的交叉对比,讨论高校教师在应用信息技术方面存在的问题,并分析教师信息化教学能力发展的影响因素,探讨信息化教学能力发展的趋势,为制定高校教师信息化教学能力发展策略提供数据依据。

三、调研目标和内容

通过对高校教师群体开展调研,达到了解和掌握高校教师信息化教学能力和水平现状的目的,具体调研内容包括:了解高校教师信息化教学的意识和素养现状,了解高校教师信息化教学能力和水平现状,了解高校教师信息化教学研究能力和水平现状,了解高校教师发展自身信息化教学能力的路径。根据对调研数据的整理和统计,探讨导致这些现状的主客观因素。

第二节 数据收集与分析

本研究通过问卷调查和深度访谈对不同学科背景的教师在信息化环境下开展教学和研究的现状进行调研,以期客观呈现我国高校教师信息化教学能力发展中存在的问题,反思其成因,为提出"提高教师信息化教学能力以开展有效教学的策略"提供可资参考的数据来源,促进我国高校信息化教学改革的进程和教育信息化的发展。

一、调查问卷的设计、应用和分析

问卷调查法是用问卷的形式间接搜集书面研究材料的一种研究工具。通过向自愿参与研究的高校教师随机发放问卷,可以在短时间内集中获得与研究问题相关的高校教师的基本情况,以及大量与高校教师信息化教学能力发展相关的数据资料。

（一）调查问卷的设计和应用

为了掌握第一手资料，更好地呈现与研究内容相关的现状，根据高校教师信息化教学能力框架的构成和高校教师发展信息化教学能力的路径，本研究设计了涵盖高校教师基本情况、高校教师信息化教学的意识和素养、高校教师信息化教学（包括教学设计、教学实施和教学评价）能力、高校教师信息化教学研究能力和高校教师信息化教学能力发展路径五部分内容的调查问卷。

问卷共设置了 5 个模块，共计 37 个题项。其中，第一个模块的 8 个题项意在从高校类别、性别、年龄、学历、职称、教龄、教学工作量和学科专业背景等方面收集参研高校教师的基本情况；第二个模块的 10 个题项主要了解高校教师信息化教学的意识和素养，涉及教师的信息安全意识、信息化教学的意识和态度、基本信息技术应用素养和能力等；第三个模块的 6 个题项包括了解高校教师信息化教学（包括教学设计、教学实施和教学评价）能力和研究能力方面的问题；第四个模块的 13 个题项旨在较全面地了解高校教师信息化教学能力发展的路径；第五个模块是一个开放式问题，收集教师对信息化教学能力发展的个人见解和建议（详见附录五）。

调查问卷的题型主要包含两种类型：一种是由单选题和多选题组成，用于了解教师的基本信息、信息意识和素养、教学过程中信息技术应用及信息化教学能力发展等情况；另一种是里克特五级量表型题目，主要考察信息化教学与教师具备的信息素质之间的关系等。必须说明的是，本研究设计的调查问卷还采用了"嵌入式"设计方法，即除了以选项形式回答的问题外，在每个选项式问题下方留有一个文本框，供有意愿的参研对象补充表达自己对相应问题的观点和看法，详细说明选项背后的事实或具体细节，弥补选项内容过于笼统、缺乏个性化和针对性的缺点，并在问卷最后设置了一个开放式问题。"嵌入式"环节的设计本质上属于"书面访谈"形式，对于问卷中收集到的这些补充说明的文字材料，一并归于访谈资料进行分类和分析。

问卷初步定稿以后，首先在小范围内请 20 位高校教师和教学管理人员参与试测，并根据他们提出的意见和建议进行反复修改，最后再形成定稿，然后随机发送给其他参研教师，开始正式调查。参与调研的教师并不来自同一所高校，而是笔者自 2019 年年初开始利用参加校内和校外会议的机会，请与会教师协助完成线下纸质问卷，并且通过各类 QQ 群或微信群推送问卷开展在线调查。截至 2020 年 3 月，通过这两种方式共回收问卷 426 份，剔除无效问卷，获得有效问卷 380 份，有效率约为 91％，并使用 SPSS23.0 统计软件对问卷数据进行处理和统计。问卷主要采用 Alpha 的测量方法对问卷内在一致性信度评估方式进行分析，问卷信度测量结果克朗巴赫 a 系数为 0.891，说明问卷题目设置符合信度要求。该问卷的问题设置均遵循问卷编制原则，主要以国内外通用的教师信息技术应用能力标准或框架为参照,并吸收其他调查教师信息化教学能力及水平的问卷的设计优点编制而成,在投入使用之前,由高校教师和信息化教学专家进行指导,以保证问卷的效度。

(二)问卷调查的统计与分析

1. 高校教师基本情况统计与分析

问卷第一个模块参研高校教师"个人基本情况"的数据统计表明,380位高校教师中,来自本科院校的教师有277名,占比为73%,103位教师来自高职院校,占比为27%;参与调研的教师中男性教师有182名,占比约为48%,女性教师有198名,占比约为52%,女教师人数占比高于男教师人数占比4个百分点,总体来看趋于平衡。虽然社会普遍认为女性更适合教师职业,但是高校工作既包括教学,也包括科研,并不是如常人所认为的"高校教师是一份轻松、闲适的职业",自我价值感强的高校教师会主动投入大量的时间和精力开展教研和科研,可以说是一种体力和脑力都不轻松的职业。此外,随着国家对教育的重视程度加深,高校教师收入也日渐增加,当下的高校教师可以算得上是收入稳定、颇为体面的职业,因此,高校教师中的男女比例平衡度要高于其他学段,并没有显著的"阴盛阳衰"的现象。

从年龄数据来看,整体呈正态分布,中青年教师是高校教师的主体,基本情况如表4-1所示。具体情况是:参研教师中年龄在56岁及以上的有31人,占8%;46—55岁的有42人,占11%;36—45岁的有123人,占32%;31—35岁的有132人,占35%;30岁及以下的有52人,占14%。从教龄来看,教龄在26年及以上的有57人,占15%;16—25年的有84人,占22%;6—15年的人数最多,为160人,占42%;5年及以下的有79人,占21%。样本数据的教龄也呈正态分布,教龄在6—25年的占多数。

表4-1 参研教师基本情况一览表

院校类型				年龄(岁)									
本科		高职		>56		46—55		36—45		31—35		<30	
人数	占比	人数	占比	人数	占比	人数	占比	人数	占比	人数	占比	人数	占比
277	73%	103	27%	31	8%	42	11%	123	32%	132	35%	52	14%
性别				教龄(年)									
男性		女性		>26		16—25		6—15		<5			
人数	占比	人数	占比	人数	占比	人数	占比	人数	占比	人数	占比		
182	48%	198	52%	57	15%	84	22%	160	42%	79	21%		

在学历层次方面,参研教师中拥有博士学位的教师占总数的42%,拥有硕士

学位的教师占总数的49%,拥有本科学历(学士学位)及其他的教师共占9%,如图4-1所示。随着高等教育普及化进程的加快,我国高校对教师学历的要求越来越高,普通本科院校在招聘新教师时,在同等条件下,基本上倾向于优先选择具有博士学位的应聘者,有的专业明确要求应聘者必须具有博士学位,有的专业提供优惠条件吸引博士前来应聘。高等职业院校招聘新教师时,除少数专业或特殊岗位外,要求应聘者必须拥有硕士以上学位。近年来,多数高职院校也开始以优越的生活和教科研条件吸引博士生前来应聘。一般来说,高学历代表着教师具备扎实的学科理论知识,具备较强的科研能力和学习新知识、新技能的能力,具备较快提高教学水平和产出教学成果的学识和能力基础,是提高高校人才培养质量的保障,也有助于提高高校的社会声誉。

在参研教师中,助教占12%,拥有讲师职称的教师占38%,拥有副高级职称(含副教授、副研究员等)的教师占32%,拥有正高级职称(含教授、研究员等)的教师占18%,讲师和副教授共占70%说明大多数教师在事业发展的上升期,如图4-2所示。在教学工作量方面,在填写问卷的学期,每周承担2—4课时教学任务的教师占6%,承担6—10课时教学任务的占22%,承担12课时以上教学任务的占70%,无课的占2%,如图4-3所示。数据显示,高校教师教学工作量饱满,大多数的参研教师每周承担12节以上课时的教学任务,少部分教师因属于"双肩挑"人员①或其他原因,教学工作量少于每周4节课(含每周4节);因为高校教师进行学术休假或国内外访学等,有极少数教师在某一学期会处于无课状态。参研教师中,学科专业背景为哲学的有10人(约占3%),历史学和文学背景的共有38人(约占10%),教育学的有22人(约占6%),经济学和管理学共有104人(约占27%),理学和工学的共有167人(约占44%),法学的有23人(约占6%),艺术学的有16人(约占4%),如图4-4所示。符合目前我国综合类高校中经济学、管理学和理工科专业为主体的现实,参研教师的学科背景具有代表性,如图4-4所示。

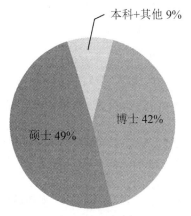

图4-1 参研教师学历/学位分布图

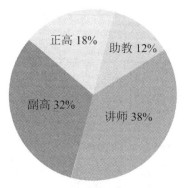

图4-2 参研教师职称分布图

① "双肩挑"人员指的是在高校中担任教学管理工作的同时兼顾承担少量课时教学任务的教师。

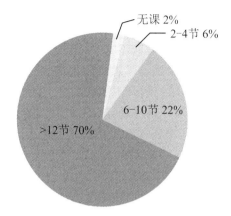

图 4-3　参研教师教学工作量情况分布图

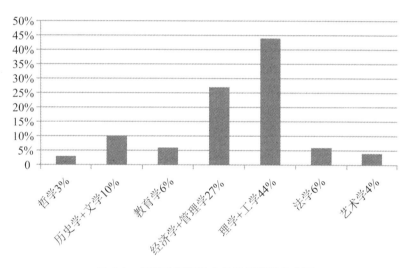

图 4-4　参研教师学科专业背景情况分布图

2. 高校教师信息化教学意识和素养状况的统计与分析

高校教师对信息技术的应用受客观和主观两个方面因素的影响。客观因素包括学校信息化教学环境(含硬件设备、软件、学校政策及信息化教学资源等)和信息化教学技术支持等；主观因素是教师信息化教学的意识和素养以及信息技术应用能力等。主观因素和客观因素两者相互制约、相互影响,共同构成影响教师信息化教学能力的决定性因素。调查显示,作为信息化基础设施的计算机配置和校园网络普遍情况良好。这里假设高校信息化教学硬件环境良好,在此基础上调研高校教师的信息化教学意识和素养现状。

教书育人,简单地说,就是一个信息传播的过程,信息始于教师,经历各种传播媒介,如黑板、书本、言行等,最终到达学生,转化成学生的认知和言语、行为能力。

但是在信息社会里,除了人与人之间面对面的交流和接触以外,信息的传播模式已变得更加多样化,网络媒介起着至关重要的作用。在日常生活、社会活动和学校教育教学模式中,作为受众的学生在信息环境中耳濡目染,学生的信息化素养越来越高。学生的信息化程度也反过来推动了教师角色的转变,促使教师对自身的信息化教学意识和素养提出新的要求。教师不能仅满足于把信息技术作为教学的工具和手段使用,而是应使之成为教师自身素养中不可或缺的组成部分。

信息时代对公民具备信息安全意识的要求越来越高,无论是保护个人信息安全还是保护知识产权,都要求教师必须在教育教学过程中将信息安全意识直接或间接地传递给学生,这就要求高校教师自身要具备较强的信息安全意识。调研数据表明,高校教师"对安全使用信息数据和资源的了解程度"还有提升空间,对此问题,22%的教师表示"非常了解"和"了解",62%的教师了解情况"一般",10%的教师"不了解",还有6%的教师"非常不了解",如图4-5所示。虽然整体情况较为乐观,但是仍有近两成的高校教师信息安全意识需要加强,尤其是信息技术的发展日新月异,缺乏安全使用信息的知识和技能将会给教学带来不便,高校信息管理部门应采取措施加强对师生安全使用信息的教育和培训。关于教师应用信息化教学的频次问题,在新冠疫情暴发前①,46%的教师"经常"开展信息化教学;"偶尔"开展的教师占39%;12%的教师选择了"总是",即几乎每次上课都应用信息化教学;"几乎不"开展的占比为3%;无人选择"从不",如图4-6所示。这些数据表明,开展信息化教学在高校教师中已经得到普遍认可,只是应用的程度存在差异,这可能源自于课程的性质和内容以及教师对"信息化教学"的理解等方面的差异。

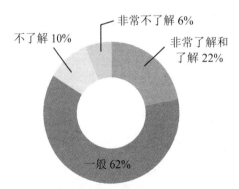
图 4-5　高校教师了解安全使用信息情况图

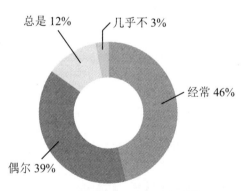
图 4-6　高校教师信息化教学频次情况图

教师对"实施信息化教学具有什么意义"的不同认识,也是导致教师是否经常应用以及如何应用信息化教学的因素之一。81%的教师认为信息化教学主要是"帮助解决教学重点难点,提高教学质量",其次是为了"提高教学或学习效率"(占

---

① 问卷主要了解高校教师在新冠疫情爆发前,即2020年之前开展信息化教学的情况。疫情期间,几乎所有高校教师"被迫"开展在线教学,应用情况和效果尚需进一步调研。

79%),也就是说教师普遍希望通过信息化教学帮助教师顺利、有效地完成教学任务,或者说目前教师应用信息化教学主要侧重于教师的"教";而"激发学生学习兴趣,提高学生注意力"(占 49%)和"促进合作探究学习,进行教学改革创新"(占 46%)则相对较少地受到教师的关注,如图 4-7 所示。数据表明,一定程度上还存在着重"教"轻"学"的现象,"教师主导下的学生在线自主或合作学习模式"的应用仍存在较大的推广空间。

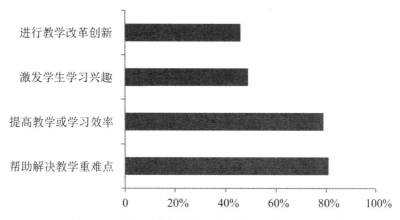

图 4-7　高校教师对实施信息化教学意义的认识情况图

在信息技术素养方面,95%以上的高校教师都能在教学中熟练应用常用的搜索引擎(如百度、谷歌、必应、搜狗等)、文件下载软件(迅雷、网际快车等)和文字处理软件(如 Word、WPS 等);大众化、普适性的网络互动社交软件(如微信、QQ、钉钉等)的熟练应用程度也达到了 100%;能够熟练应用日常使用机会少、专业性略高的社交性软件(如博客、云盘等,占 82%)和教学中应用的课程管理平台(如 Moodle、蓝墨等,占 85%)的人数有所减少;75%的高校教师认为自己能够熟练应用课件制作工具(如 PowerPoint 等);能够熟练应用数据处理软件(如 Excel、SPSS 等)的占比为 58%;自认为能够熟练应用更为高级的课件制作软件包括图像处理工具(如 Photoshop 等,占 46%)、音频处理工具(如 Audition 等,占 42%)和视频编辑软件(如剪映、会声会影等,占 40%)的教师人数相较于以上减少得较为明显,如图 4-8 所示。数据表明,教师普遍能够熟练使用与日常生活关系密切的、应用场所多的信息技术软件,如人们经常会使用百度搜索信息、使用迅雷下载歌曲、电影,使用 Word 编辑文本,使用微信、QQ 与家人、朋友沟通等。因此,对高校教师来说,这些几乎每天都有可能使用到的应用软件在教学中应用起来得心应手,而对硬件设备要求稍高、技术更新快且跟日常生活关联不大的一些技术软件,则应用的熟练程度逐渐降低,如 SPSS、图像处理和音视频编辑软件等。

电子白板是信息化教学中常用的交互工具,但是参研高校教师中仅有 46%的教师经常使用,28%的教师偶尔使用,20%的教师几乎不使用,还有 6%的教师从不使用,如图 4-9 所示。这说明电子白板在高校中的使用率一般,其原因是多方面

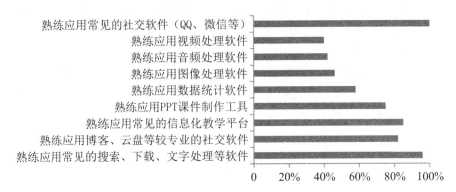

图 4-8 高校教师信息技术素养和应用能力情况图

的。首要原因是在高校中并不是每个教学场所都配有电子白板;其次,教学中存在可以用来替代电子白板的其他交互工具。目前,准备教学课件已成为高校教师备课时的重要工作之一,90%的参研教师教学时使用免费下载的课件,很多出版社在教学资源网站上提供配套课件,供选购教材的教师免费下载使用,也有高达88%的教师使用自己制作的课件,这也比较匹配大多数教师认为自己能够熟练应用课件制作工具的调查结果,而使用"和其他教师合作制作"课件的比率并不高(占42%),表明高校教师在教学中的相互合作程度还有待加强,教师付费购买课件的意愿也较低(占6%),如图4-10所示。说明高校教师对自己制作课件的能力还是有信心的,同时也说明教学对象的不同决定了不太可能使用统一的商业化课件,即便有的教材配套现成的课件,很多教师表示也需要根据自己的教学需求对其进行适当的增加、删减或修改。

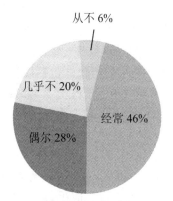

图 4-9 高校教师电子白板使用情况图

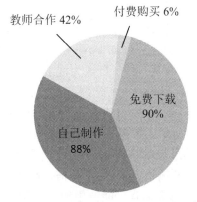

图 4-10 高校教师教学课件来源情况图[①]

除了教学课件之外,教学资源还包括教学中使用的音频、视频、电子文档、图片

---

① 该题项为多选题,详见附录五,下同。

等。在获得教学资源的途径方面,90%的教师通过网上搜集资料自己制作,91%的教师使用教材配套的教学光盘,39%的教师参考其他教师的资源,还有34%的教师通过学校提供的资源库下载,如图4-11所示。这个结果与上述"上课使用的课件来源"的统计结果是高度相符的。同时,只有约三成的教师"从学校提供的资源库下载教学资源"的调查结果也从侧面反映出高校共享教学资源库的建设尚需加大投入。65%的参研教师表示自己能够熟练应用网上教学资源的检索方法,5%的教师选择了"非常熟练"的选项,22%的教师认为自己的应用程度为"一般","不熟练"和"非常不熟练"的仅占7%和1%,如图4-12所示。这与前述的高比例(95%)教师"能够熟练应用常用文件下载软件"的调研结果基本保持一致。

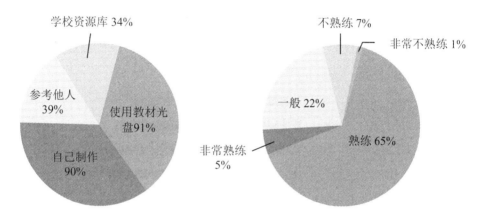

图4-11 高校教师教学资源来源情况图　　图4-12 高校教师网上检索熟练程度情况图

在信息技术与学科课程教学融合的熟练程度方面,大多数教师的水平处于"一般"(占47%)以下,"不熟练"和"非常不熟练"分别占26%和8%,非常熟练和熟练占比较低,分别为3%和16%,如图4-13所示。要实现"信息技术与学科课程融合",除了要求高校教师具备过硬的信息技术应用能力外,还要求他们掌握先进的教育教学理论和学科教学理论,并且能够将理论与教学实践有机统一,达到"知行合一"的境界,即要求教师拥有较高的运用TPACK的能力。要达到这些高标准要求,从外部条件来看,需要高校提供良好的信息化教学环境、适时适当的培训和持续的激励机制,同时还要求教师自身有较强的内部成就动机和严格的自律精神,需要教师主动投入大量的时间和精力去学习、实践和反思。而这些内外部条件在现实环境中往往不尽如人意,在回答"您认为影响信息化教学实施的障碍"题项时,92%的高校教师选择了"信息技术与课程整合难度太大,信息化教学动力不足",其后依次为对相关理论和方法不熟悉(占82%)、缺少时间(占78%)、软件应用不熟悉(占77%)、学校缺乏激励机制(占76%)、硬件设备操作不熟悉(占69%)和其他(占1.2%),如图4-14所示。因此,要提高高校教师的信息化教学素养,实现信息技术与学科课程教学的深度融合,高校在硬件设备建设、软件设施配套、教师培训和管理制度创新等方面还有很长的路要走。

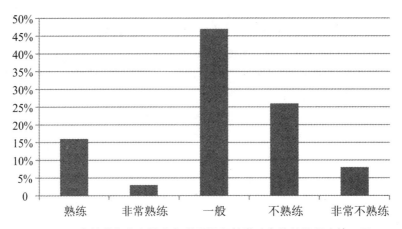

图 4-13　高校教师信息技术与学科课程教学融合的熟练程度情况图

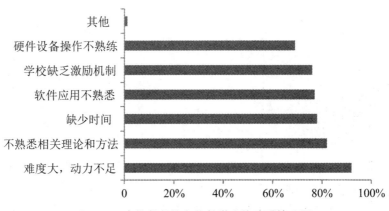

图 4-14　高校教师信息化教学实施障碍情况图

3. 高校教师信息化教学能力和研究能力状况的统计与分析

恰当地选择信息技术手段对提高信息化教学效果具有重大的影响,当下信息化教学手段繁多,如何从众多信息化教学手段中选择适用于学科教学内容和教学对象的能力显得非常重要。

参研教师中,52%的教师能够根据课程需要做出选择,25%的教师跟随其他教师的做法,22%的教师选择当下比较热门的教学媒体,还有1%的教师不清楚怎么选择,如图 4-15 所示。数据表明,半数以上的教师具备自主选择合适的信息化教学手段的能力,还有近一半的教师自主选择的能力尚需加强,尤其是小部分"不知道如何选择"的教师,其信息化教学设计能力亟待提高。切实开展信息化教学,要求教师能够将信息技术应用涵盖整个教育教学过程。对于在教育教学过程中具体实施的信息化教学环节,参研教师使用最多的是制作教学课件(占 88%),其次是上网检索教学资源(占 80%),再次是运用教学平台管理教学(包括上传学习资源、开展课堂活动、作业布置与批改、成绩录入等)(占 73%)和运用网络进行师生交流、答疑(占61%),而撰写教学反思、与其他教师交流心得的不足两成(占19%),如图4-16所示。数据表明,高校教师都能在教育教学过程中实施难度不等的信息化教学环节,在教学中运用信息技术的主要实践普遍为难度不大的课件制作和检索网络教学资源,大多数教师也能应用信息化教学平台管理日常教学和应用网络与学生交流互动,但对自身的教学反思做得很少,与其他教师的交流也很不足。

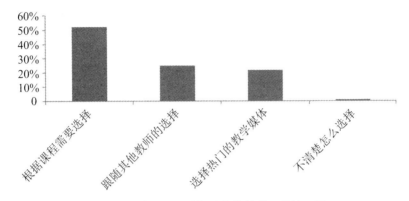

图 4-15　高校教师选择信息化教学手段情况图

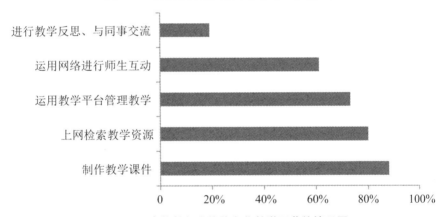

图 4-16　高校教师实施信息化教学环节的情况图

信息化教学评价包括在线开展教学效果评估、对学生的学习进行过程性评价并及时反馈和调整教学计划和策略等,这其实要求高校教师要有较高的理论水平和较强的实践能力,并且还要具备强烈的责任心和敬业精神。调查结果显示,能够"经常"对学生的学习情况开展在线评价并及时反馈的教师占参研教师的37%,"总是"进行的仅占6%,45%的教师"偶尔"进行,"几乎不"和"从不"进行的分别占10%和2%,如图4-17所示。数据表明,高校教师的信息化教学评价能力整体不强,需要在思想观念和知识技能方面加强教育和培训。

在信息化研究能力方面,参研教师通过网络与国内外的人士开展交流与合作的频率由高到低依次为偶尔(占48%)、一般(占33%)、几乎不(占16%)、从不(占2%)、经常(占1%),如图4-18所示。数据表明高校教师在教研科研方面相互之间开展交流与合作的情况整体不容乐观,同行、同事之间交流合作少,思想碰撞少,难以产生有价值的思想内容和观点,也难以产生丰富的、价值高的学术成果,这一点得到了本项调查结果的佐证。参研教师中,有"很多"和"较多"信息化教学学术成果(包括论文发表、专著出版等)的仅占 0.2% 和 0.8%,占比最大的是"少量"(占 42%),其次是"几乎没有"(占 34%),"从来没有"的比率达 23%,如图 4-19 所示。高校教师应具备研究能力是其不同于其他学段教师的属性特征,通过信息化工具和手段开展研究是提升高校教师研究能力的重要渠道,调查结果显示,目前高校教师的信息化研究能力存在很大的提升空间。

教师信息化教学能力的提高离不开所在学校在信息化教学环境建设和应用技术指导与培训方面的大力支持和帮助。高校教师对学校信息资源配置和技术支持的满意程度整体属于中等偏上水平,大部分教师对学校信息资源配置和技术支持的满意度为"一般"(占 53%),34% 的教师表示"满意",也有 12% 的教师表示"不满意","非常满意"和"非常不满意"的占比都很小,分别为 0.6% 和 0.4%,如图 4-20 所示。数据表明,教师对学校信息资源配置和技术支持方面的满意度还有提升空间,学校尤其要关注信息化教学投入中技术支持方面存在的问题。

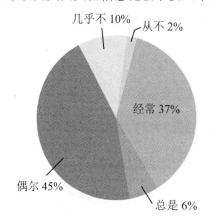

图 4-17 高校教师开展信息化教学评价情况图

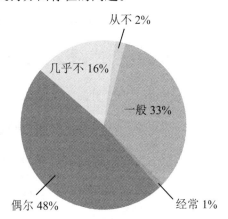

图 4-18 高校教师网络交流合作情况图

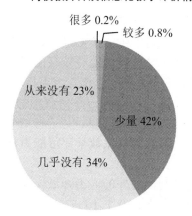

图 4-19 高校教师信息化教学研究成果情况图

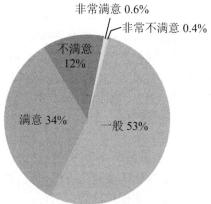

图 4-20 高校教师对技术支持满意度情况图

4. 教师信息化教学能力发展状况的统计与分析

结合第三章对高校教师信息化教学能力发展主要路径的论述,调查问卷中针对高校教师参加信息化教学培训、落实信息化课程教学实践和参加信息化教学能力竞赛的情况共设置了 13 个题项。

对于学校组织教师参加信息化教学培训的情况,教师的主观评价总体在平均水平以上,选择"一般"的占比最大,为 53%,也有 17% 和 1% 的教师分别认为"比较多"和"很多",选择"不太多"的占 21%,有 8% 的教师认为学校没有组织过信息化教学培训,如图 4-21 所示。这组数据说明,高校普遍重视对教师信息化教学能力的培训,因为 7 成以上的教师选择了"一般"以上。当然,数据也反映出教师对信息化教学培训的认知和期望存在偏差,有些学校在信息化教学培训制度方面存在问题,信息化教学培训可能没有完全覆盖到所有教师。对于学校组织信息化教学培训的形式,教师的认识类似于第一题,即多数教师评价在"一般"以上,认可度由高到低依次为一般(占 54%)、不太丰富(占 26%)、比较丰富(占 16%)、不丰富(占 3.4%)、很丰富(占 0.6%),如图 4-22 所示。这说明高校在选择信息化教学培训的形式方面仍需改进。

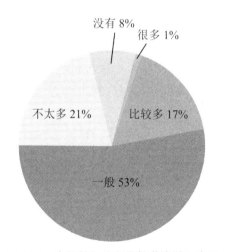 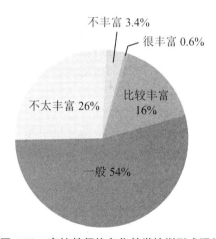

图 4-21 高校教师信息化教学培训评价图　　**图 4-22 高校教师信息化教学培训形式评价图**

关于教师参加学校组织的信息化教学培训的意愿情况,统计数据依次是:一般(占 36%)、愿意(占 34%)、非常愿意(占 22%)、不愿意(占 6%)、非常不愿意(占 2%),如图 4-23 所示。数据表明,高校教师群体绝大部分具有接受信息化教学培训的主观意愿,相对来说,只有较少比例的教师对参加学校组织的信息化教学培训抱有抵触情绪。在教师参加信息化培训的频次方面,近三年,一年参加一次学校组织的信息化培训的教师占比最大(占 42%),其次是两年一次的,占 33%,9% 的教师半年参加一次,15% 的教师表示近三年只参加过一次,也有 1% 的教师近三年没有参加过一次,如图 4-24 所示。数据表明,绝大多数教师近三年都参加过学校组织的信息化教学培训,但总体来看,参加的频次较低。

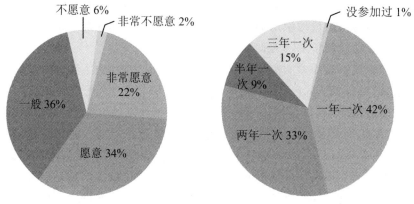

图 4-23　高校教师参培意愿情况图　　图 4-24　高校教师参培频次情况图

最受教师欢迎的培训方式前三名依次是:观摩学习(占 61%)、学校组织的信息化教学现场培训(占 54%)和校外提供的教师信息化教学培训(占 47%);其他培训方式的受欢迎程度由高到低依次为聘请专家讲授(占 35%)、教师研讨交流心得(占 30%)、网络授课(占 21%)、其他(占 1.1%),如图 4-25 所示。可见,直观的、实操式的培训更受高校教师的欢迎。这与信息化教学本身的操作性特点相关,因为信息化教学能力的提升也是"做中学"的过程。针对信息化教学培训对提高教师的信息化教育教学能力的影响这一问题,参训教师的整体反映差强人意。认为影响"一般"的占 49%,认为影响"较大"和"很大"的教师分别占 21% 和 1%,有 29% 的教师认为影响"较小"或"很小",如图 4-26 所示。

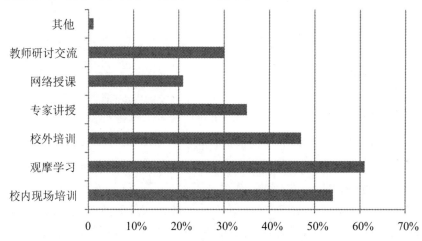

图 4-25　高校教师对受欢迎的培训方式的评价图

教师认为当前信息化教学培训中存在的最突出的问题是培训内容过于理论化,不切合教学实际(占 63%),其次是培训时间短、效果不佳(占 57%),再次是教

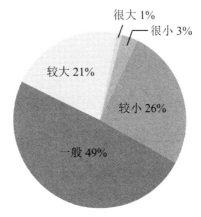

图 4-26　高校教师对培训提高信息化教学能力的评价情况图

师培训意愿不强、参与度不高(36%),也有 22% 的教师认为培训管理不到位,如图 4-27 所示。这些问题之间存在着相互影响的作用,因为培训内容偏重理论,势必实用性不强;培训时间短,留给参训教师的实际操作时间可能就很有限,再加上培训管理的疏漏,自然会导致教师认为参加培训也未必能解决教学中的实际问题,那么一些教师参与度不高、意愿不强也就在情理之中了。数据表明,高校在进行信息化教学培训时,应充分重视培训内容、模式、时间及管理等方面的问题。

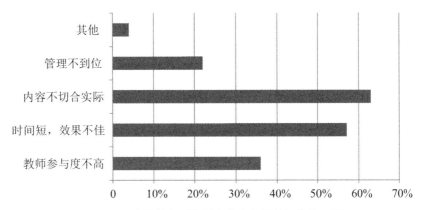

图 4-27　高校教师对培训中存在问题的评价情况图

教师对当前自身获得信息化教学能力的主要途径的评价是:69% 的教师认为是"业余时间自学信息化教学相关理论与技术",54% 的教师认为是"向同事学习信息化教学经验",还有 31% 的教师选择"上学时跟老师学习",通过"参加培训获得相关知识和技能"的教师仅占 26%,如图 4-28 所示。统计数据表明,当前教师获得信息化教学能力的主要途径是自主学习和自我钻研,其他主要途径包括向同事学习和在校学习期间受老师影响而习得,说明高校教师信息化教学能力获得途径的多元化,也显示出学校对教师信息化教学能力的系统性培训需要加强。

教师希望今后能够得到提高的信息化教学能力的培训内容中,"信息化教学设

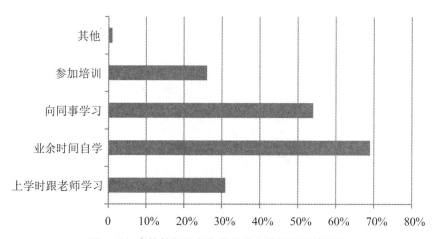

图 4-28　高校教师信息化教学能力获得途径情况图

计和实施的培训课程"需求最旺盛(占 69%),其次为"信息化教学模式和理念的学习或培训"(如信息技术与课程整合、翻转课堂等,占 63%),其他课程的需求程度由高到低依次为多媒体技术课程(如数字视频、音频设备的使用等,占 52%)、互联网的应用和一般程序的入门课程(如文字处理程序、电子表格、演示文稿等,占 37%)、网络课程开发及网络资源库的使用(占 36%)、互联网应用的高级课程(如网站创建、视频会议、虚拟学习环境等,占 34%),如图 4-29 所示。统计数据表明,希望提高信息化"实用"教学能力(如教学设计和课堂教学实施能力)是高校教师的共性,但是由于教师的信息化能力和基础水平的客观差异,他们希望提升信息化教学能力的侧重点也存在差别,不同教师有不同的提升需求,采取集中培训和分类培训相结合,应该是高校解决不同教师学习需求的有效策略。

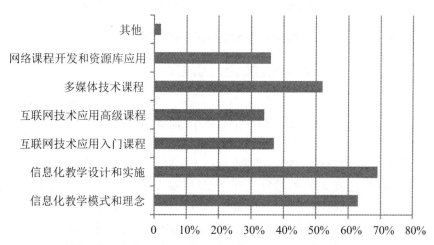

图 4-29　高校教师希望学习的培训内容情况图

在信息化课程教学实践方面,制作或参与制作微课的高校教师占比不大,七成多的教师"较少"(占 57%)或"很少"(占 16%)制作微课,23% 的教师制作微课情况

"一般",只有4%的教师选择"较多"(占3.6%)或"很多"(占0.4%),如图4-30所示。高校教师建设或参与建设慕课的情况同样不容乐观,统计数据为:较少(占62%)、很少(占23%)、一般(占14%)、较多(占0.7%)、很多(占0.3%),如图4-31所示。这两组数据表明,高校教师参与建设的数字化教学资源数量很少。而"应用翻转课堂开展教学的情况"的统计数据有所好转,46%的教师选择了"一般",还有11.5%的教师选择"较多"(占11%)或"很多"(占0.5%),当然,也有42.5%的教师属于"较少"(占33%)或"很少"(占9.5%)的情况,如图4-32所示。但是,总体上半数以上的教师开展翻转课堂的教学实践情况达"一般"以上,说明高校教师是比较了解这种"以学生为中心、以信息技术为教学手段"的新型教学模式的,但是实际应用尚需推广。教师"参加包含信息化教学环节的竞赛"情况的统计数据表明,高校教师参加竞赛的次数不多,41%的教师选择了"一般",选择"较少"和"很少"的教师分别占32%和14%,选择"较多"和"很多"的分别占12%和1%,如图4-33所示。这说明教师对于能够高效、快速提高教师信息化教学能力的"参加竞赛"的途径应用得很不充分。

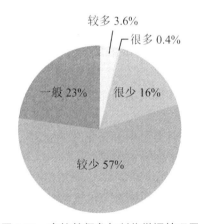

图4-30 高校教师参与制作微课情况图

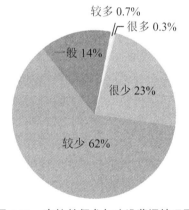

图4-31 高校教师参与建设慕课情况图

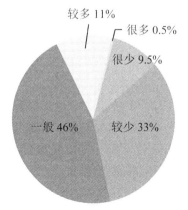

图4-32 高校教师开展翻转课堂教学情况图

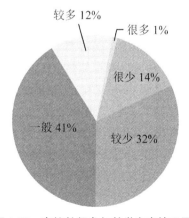

图4-33 高校教师参加教学竞赛情况图

二、访谈提纲的设计、应用和分析

"访谈"是围绕研究问题发生在研究者和研究对象之间的有意识的交谈,是研究者通过与研究对象进行口头交流,达到收集第一手资料的目的的研究方法。[①] 本研究采用访谈法中的半开放性访谈,这种访谈方式一方面可以帮助研究者在一定程度上控制访谈节奏和内容,使得研究者能够围绕事先设计的访谈提纲进行访谈;另一方面又赋予受访者一定的主体性和自由表达的空间,激发他们主动、深入地参与交谈的兴趣和热情,以帮助研究者获取更加丰富、详实的信息。

(一)访谈提纲的设计和应用

访谈的目的是了解高校教师信息化教学能力的现状及教师对具体情况的观点和意见。与问卷调查的目的保持一致,访谈提纲也涉及高校教师信息化教学的意识和素养、高校教师信息化教学设计、教学实施和教学评价能力、高校教师信息化教学研究能力和高校教师信息化教学能力发展路径 5 部分内容,共包含以下 12 个问题:

(1) 您对计算机互联网等信息技术手段的掌握情况如何?
(2) 您是否愿意进行信息化教学?
(3) 您认为年龄、性别、学科背景等因素是否会影响信息化教学能力?
(4) 您认为哪些因素限制了教师信息化教学能力的发展?
(5) 您认为您最缺乏哪方面的信息化教学能力?
(6) 您有与信息化教学相关的研究经历和成果吗?
(7) 您是否参加过信息化教学培训?
(8) 您对信息化教学培训满意吗?您有什么建议?
(9) 您主持或参与过微课或慕课的建设吗?
(10) 您应用过翻转课堂教学模式吗?
(11) 您参加过有关信息化教学能力的竞赛活动吗?
(12) 您对高校教师信息化教学能力发展有什么想法和建议?

依据抽样的目的性和方便性原则,综合考虑性别、年龄、教龄、职称和学科背景等因素,本研究选择了来自 7 所高校的 12 位教师作为访谈对象。访谈对象中,女教师有 7 人,男教师有 5 人;年龄在 50 岁以上的有 2 位,40—50 岁的有 4 位,30—39 岁的有 5 位,30 岁以下的有 1 位;教龄在 30 年以上的有 1 位,15—29 年的有 5

---

① 陈向明. 质的研究方法与社会科学研究[M]. 北京:教育科学出版社,2000:227.

位,5—14年的有4位,5年以下的有2位;教授有2位,副教授有5位,讲师有4位,助教有1位;8位来自本科院校,4位来自高职院校;学科(专业)背景各不相同。访谈对象的选择具有代表性,详情见表4-2。

表4-2 访谈教师情况一览表

代码	性别	年龄	教龄	职称	学科(专业)	学校类型
FT01	女	35	6	讲师	文学	本科院校
FT02	女	42	18	副教授	历史	本科院校
FT03	男	56	33	教授	哲学	本科院校
FT04	女	40	15	副教授	法学	高职院校
FT05	女	51	29	教授	教育学	本科院校
FT06	女	32	8	讲师	艺术	高职院校
FT07	男	37	15	副教授	会计学	本科院校
FT08	男	36	14	副教授	工商管理	高职院校
FT09	男	44	14	讲师	贸易经济	高职院校
FT10	女	32	4	讲师	建筑学	本科院校
FT11	女	29	2	助教	电信工程	本科院校
FT12	男	44	22	副教授	应用数学	本科院校

在调研过程中,调查者对上述12位高校教师各开展了一次正式访谈。在与每位访谈对象正式访谈时,分别向他们说明研究的问题、目的和方法,并签署"知情同意书",告知他们后续可能还会就一些话题对他们进行正式或非正式访谈,如预约面谈、电话访谈、QQ或微信交谈等。征得他们的同意后,在访谈过程中进行了电子录音和笔录,事后对记录内容进行了整理、编码和分析。

(二)访谈数据的统计和分析

访谈数据来源包括两个部分:一是来自对12位高校教师进行的正式和非正式访谈,二是调查问卷中参研者以文字形式对相应内容表达的观点和看法。通过对这两个部分内容的整理,得到约4万字的访谈记录。依据访谈提纲,对访谈记录内容进行归类、编码,得出如下主要分析结果:

(1)访谈教师了解互联网在教育教学中的基本应用,普遍能够掌握基本的文字编辑和图表应用技术,认可信息技术对教育教学的促进作用;技术应用能力存在着年龄和学科背景方面的差异,总体趋势是:年龄越大,应用技术的熟练程度和对较为复杂技术软件的掌握程度越低;文科类专业教师钻研信息技术应用的兴趣低于理工类教师,理工类学科和专业自身有其进行信息化应用的内在需求。

（2）访谈教师普遍参加过与信息化教学相关的校内外培训,对信息化教学兴趣越大,参加的培训次数越多;但是,教师信息技术应用水平的提高不在于参加培训次数的多少,而在于教师自己在教学中的实际应用和反思;对培训的整体满意度不高,主要因为培训时间短、内容偏重理论、实用性不强等。

（3）访谈教师与信息化教学相关的研究经历较少,只有个别教师发表过1—2篇与信息化教学相关的刊载于一般级别期刊的论文。

（4）访谈教师对于参与信息化教学实践认识不够清晰,有的教师的认识停留在对教学场所多媒体设备的操作和PPT课件的制作和应用上;参与建设微课和慕课的经历普遍较少,对翻转课堂的教学模式有所了解,但实际应用得少;只有两位教师参加过信息化教学能力竞赛,成绩一般。

（5）访谈教师认为影响教师信息化教学能力发展的因素是多方面的,有教师自身层面的,有学生层面的,也有学校层面的。教师方面的因素主要集中在兴趣不大和时间、精力有限等;学生的因素主要是学生的态度不积极、自主学习能力不高、自律性不强等;学校层面主要集中在培训的数量少、质量低以及技术支持和管理制度不到位等。软硬件技术操作的熟练性问题是影响教师信息化教学水平的主要因素,访谈教师普遍希望学校能够有针对性地及时组织实操性培训。

第三节 调研结果与讨论

本调研通过对380位高校教师开展问卷调查和对参与问卷调查的12位具有不同学科（专业）背景的教师进行深度访谈,收集到比较详实的关于高校教师信息化教学能力现状的第一手数据和资料。在对调查问卷数据和访谈资料进行统计分析的基础上,结合对相关文献的解读,得出三点主要结论。

（1）高校教师普遍具有较强的信息化教学意识,但是信息化教学素养尚需提高,尤其需要加强信息技术与学科教学融合的理论认识水平,提高运用TPACK的能力。

目前高校教师的主体是中青年教师,他们出生、成长在20世纪80年代和90年代,对信息化产品并不陌生,日常生活中能够熟练应用信息化工具和设备,在自己的求学阶段,对于信息技术在教育教学中的广泛应用耳濡目染。因此,他们普遍认可在教育教学过程中应用信息技术的重要性和必要性,信息化教学意识较高。正如访谈教师FT02所说:

生活离不开信息技术,现在智能手机几乎人手一部了,不会微信支付、没有支付宝你就没办法出门办事了。现在哪个学校没有无线网啊?从幼儿园到大学,哪个班级没有QQ群、微信群?当然,幼儿园、小学是家长和老师参加的群,有的还不止一个,三四个的都有,即时发送消息、通知,这些都跟教室、书本一样不能缺少了。不说大商场、大超市了,连大街小巷的商贩都知道扫码支付,你说这是不是信息化意识?普通老百姓的(信息化)意识都这么强,作为高校教师,(在教学过程中)有意无意地都得用到信息化工具,这都融到血液中了。(笑)

虽然信息化教学意识较强,但高校教师群体的信息化教学素养整体上仍有待提高。高校教育教学过程中使用的信息化教学软硬件和信息化教学平台,不同于日常生活中的智能设备(移动智能设备)和社交软件平台,不能只停留于被动应用,还需要教师根据教学内容和教学目标,能够主动地、创造性地开发应用。对自己和他人的信息、应用产品和成果要有保护意识和加密能力,高校教师有遵守和教育学生遵守如何安全使用信息的责任和义务,高校对教师信息安全意识的培养不容忽视。

我上课要是用到别人的课件,我就会跟学生说明一下这是×××的课件。不管是引用别人的课件还是我自己的课件,我一般都会跟学生说,不要传到网上去,仅供他们自己学习用。有的老师就不一定能注意到这一点,学生也不一定能做到,在网上有时候就发现有些不应该公开的内容被公开了。(FT05)

上一节中的调研数据显示,目前高校教师90%以上具有硕士以上学位,他们都接受了系统的高水平高等教育,又身处信息化时代,亲身经历着信息化技术的突飞猛进。因此,高校教师对常用的信息化设备和工具使用起来颇为得心应手,如搜索引擎、文件下载软件和基础的Office办公软件(包括Word、Excel、PowerPoint等)以及大众化的网络互动社交软件等,但是对于应用一些高版本的Office办公软件、图像和音视频处理软件的自信心大大下降。且这种自信心与年龄成反比,年龄越大,对新技术的接受能力越低。对新技术的兴趣和应用能力也受到学科背景和性别的影响。一般来说,文科背景的教师和女教师对新技术的兴趣和应用能力低于理工科背景的教师和男教师,其原因是多方面的:

首先,文科教师和女教师一般偏于感性,语言文字能力强,偏重形象思维;理工科教师和男教师比较偏于理性,注重抽象思维,逻辑推理能力强,做实验、操作机器是其专业学习中的常规内容,形成了较强的动手能力。信息技术本身就属于理工类范畴,需要不断上手操作应用才能掌握直到熟练应用,在这方面,理工科教师和男教师具有天然的优势。其次,信息技术的快速迭代,除了需要对前期技术有扎实的基础外,也需要教师对不断出现的新技术抱有浓厚的兴趣,愿意投入较多的时间和精力来摸索、熟悉。文科教师和女教师技术基础普遍较弱,也缺乏强烈、持久的兴趣,尤其是女教师普遍承担较多的育儿和家务劳动,在时间和精力投入方面更加难以保证。最后,使用更新、更先进的信息技术并不是开展教育教学的必要条件,如果基础信息技术应用水平能够基本满足教学要求，则很多对技术不那么感兴趣的教师主动掌握、应用高阶信息技术知识和技能的动力必然不足。一些访谈教师的表达与此分析一致。FT03是一位56岁的哲学教授，他说道：

> 我上课也用PPT，基本都是我自己做的，用的是2003版的模板。我对这个版本最熟悉，把需要的文字、图片放上去，学生学起来更形象、直观一些，现场也省去了不少板书，节约时间。后来的新版本功能太多，我也记不住，看到别人的PPT又是动画、又是视频的，也觉得挺好，只是我学不会那些，也不感兴趣，好像对电脑的版本也有要求，要不断更新，对网速也有要求，麻烦。我现在用的PPT版本就够用了，你别管我PPT制作水平有多高，做得好看不好看，只要能把问题讲清楚，不就行了。

FT03的观点代表了一批教师的想法，他们以实用为主，不愿意花大量的时间和精力去学习"花里胡哨"的技术，还有一些女教师将其归因于"没时间"。

> 我一周14节课，每周要去学校5次，除了备课、上课这些工作上的事，回家还要照顾两个娃，买、汰、烧一大堆家务活，还要兼顾接送孩子、辅导作业，虽然也有人帮忙，有时候老公也做些家务，但我是女主人，事事要操心，要不然我也不放心，真心没有时间、精力去钻研"高新技术"了。（FT04）

FT04的描述也得到了FT06和一些问卷反馈信息的支持，很多高校已婚已育中青年女教师的现实工作和生活情况确实如此，他们是应该得到关心和帮助的一个群体。FT07则是另外一部分人的代表，他说：

> 我是理科生，也喜欢鼓捣东西，家里新买的电器、家具什么的，都是我照着说明书自己操作、安装的，有时候有些小毛病我也能摸索着解决。我教会计类课程，比如会计信息系统、企业沙盘、管理会计等，教学中信息技术用得很多，我对做课件感兴趣，愿意把课件、视频做得酷炫。我用的是2016版的PPT模板，功能很强大。做PPT当然要花些时间，有学生跟我说"老师，您PPT做得真好"，看着学生认真听课、感兴趣的样子，我也很有成就感，自信心爆棚。（笑）

建筑学专业的FT10和电信工程专业的FT11因为所学专业的关系，也认为"不断更新信息技术知识和技能"是必要且必需的。但他们也同时表示，仅仅了解和掌握信息技术还不是最重要的，如何将信息技术与所教课程内容融合在一起才是重要且困难的，毕竟信息技术的应用是为了提高教学效果，不是"为技术而技术"。确实，在实际教学中，有些教师高超的课件制作技术水平赢得了学生和同行的赞美。但是，如果没有充实的教学内容和学生参与的活动设计，长此以往，再炫酷的技术也会令学生产生审美疲劳，教学效果也难以有实质性提高；同理，有些教师虽然PPT课件做得很朴实，但讲课有激情，内容很充实，学生互动好，也会是"一堂好课"，受到学生的爱戴和同事的赞赏。

如何将信息技术与课程教学有机融合,是信息时代高校教师的必修课。高校教师是一个需要拥有终身学习理念并加以实践的职业,教师学习又是一个持续不断的复杂的过程,是一个掌握和发展学科知识、教学技能、教学态度或价值观的过程[①],同时要求教师要应用学习所得推动教学实践发生真正的变革。[②] 信息时代的教师需掌握的知识不仅包括教育技术知识(TK)、学科内容知识(CK)、教学法知识(PK)、教育技术内容知识(TCK)、学科教学内容知识(PCK)和教育技术教学知识(TPK),而且更重要的是将这些知识有机融合,形成整合技术的学科教学知识(TPACK)[③],这些知识是当下的高校教师应当具备且必须具备的知识。通过将这些知识在教育教学过程中的应用,实现信息技术与课程教学的深度融合,形成并巩固"有意义的教师传授"和"教师主导下的学生探究"相结合的教学观念。[④] 调研结果表明,总体上,高校教师的信息化教学资源建设能力和信息技术与学科课程教学融合的熟练程度等均差强人意,说明当下高校教师的信息化教学素养和运用TPACK的能力仍需大大加强。

(2)高校教师信息化教学综合能力整体不高,信息化教学设计能力和评价能力亟须提高,信息化教学研究经历少、成果少,高校在信息资源配置和技术支持方面需要加大力度。

教师的信息化课堂教学能力和水平主要表现在课前的教学设计、课中的教学实施及课后的评价反馈能力和水平等方面。在课前的信息化教学设计环节,良好的设计是指教师能够基于教学对象的实际情况,根据教学要达成的目标,选择适合学生学情的教学内容,设计适当的课堂活动,选择合理的信息化教学手段和信息化教学资源;在信息化教学实施阶段,教师按照课前的教学设计,一步步落实知识和技能的传授、巩固、应用和提高。成功的信息化教学实施体现在应用信息化教学技术和手段,充分发挥教师的主导作用和学生的主体作用,开展师生和生生间在线或面对面的交流互动。教师对学生的课堂学习表现及时给予积极的评价和反馈,对学生遇到的问题给予恰当的指导和点拨,培养学生的思辨能力和创新能力,实现课堂教学目标;信息化教学评价既包括课中教学实施阶段对学生课堂表现的即时评价反馈,也包括对课后自主学习情况的评价反馈。课后评价主要体现在教师对学生通过信息化教学平台和工具提交的课后作业和任务完成情况所给予学生的评价和反馈。教师应用信息化教学平台布置课后复习巩固的内容,要求学生完成课后

---

① FISHER T,HIGGINS C,LOVELESS A. 数字技术支持的教师学习:研究与项目综述 上[J]. 焦建利,译. 远程教育杂志,2008(4):4-11.
② KINGTON A,LEE T,DAY C,et al. A critical review of the literature on school and teacher effectiveness and teachers' work and lives:towards relational and relative[C]. Edinburgh:British Educational Research Association Conference,2003:43.
③ 焦建利. 教师的 TPACK 知识[J]. 中国信息技术教育,2014(9):18-19.
④ 何克抗. TPACK:美国"信息技术与课程整合"途径与方法研究的新发展 下[J]. 电化教育研究,2012(6):47-56.

作业和任务,并将结果按时按量提交平台。要达到良好的课后评价效果,要求教师能够及时、公正地评价学生的作业和任务完成情况,并及时给予表扬,对学生存在的错误给予有针对性的指导和讲解,并能够根据教学平台的大数据统计功能,分析课堂教学和学生学习的整体效果,进行教学反思,对后续的教学设计进行调整和完善,进一步优化教学成效。

调研结果显示,高校教师对信息化教学设计和实施的理解主要包括制作教学课件或上网检索教学资源,然后运用教学平台上传事先制作的或网上下载的课件或其他学习资源。多数教师也能够应用教学平台开展课堂活动、布置及批改课后作业、录入成绩等。一半以上的教师能够运用网络与学生交流,为学生答疑。但是将近一半的教师尚不能根据具体课程自主选择适合学科教学内容和教学对象的信息化教学手段,他们要么看别人用什么,自己就跟着用什么,要么看什么热门就用什么。

上课之前备课,我主要看看教学内容。如果是以前上过的课,备课就轻松多了,浏览一下要讲的内容,有时候对课件做一点修改,大部分都不动,上课时候再做些补充。要是没上过的课,备课就要费点劲了,准备课件,主要是自己做课件,不过,我会先上网搜一搜,看有没有合适的同课程的课件,网上搜的,大部分都不完整,只是片段,有的可以借鉴一下,主要还是根据自己要讲的内容自己做。在各个班都用同一套课件,学生学习都差不多,现在的学生热爱学习的不多,能提出挑战性问题的我还基本没碰到过,讲多点、讲少点、讲深点、讲浅点,他们似乎也无所谓。(FT12)

我在下课前有布置作业的环节,除了口头讲,也会在教学平台上再发布一遍。作业是要计入成绩的,所以学生基本上都能按时提交作业,有的是在糊弄,我也看得出来,上网搜一搜,课本上抄一抄,就交上来了。也有很认真的学生,有自己的想法。作业质量不同,得分不同,按时交作业,糊弄得不太过分的话,也都能得个及格分以上,学生还是要多鼓励的。要学的、认真的学生,有问题会在平台上或群里问,不过我发现他们喜欢通过QQ或微信单独问问题,这样我就得不停地回答,挺受干扰的,所以,当我发现学生所问的可能是共性的问题时,我就会在平台讨论区或群里集中回答一下。(FT08)

信息化教学手段,我的理解主要就是使用教学平台,如蓝墨云班课、雨课堂、超星通什么的,我周围用超星通的有很多,我也用,用什么都差不多吧,熟悉了超星通,就不想换了,要不然还要花时间去了解和熟悉一个新平台的使用方法,反正也都差不多,上传课件、作业、视频这些资源,记录统计学生成绩。我发现班级群很重要,学生不大愿意在平台上讨论,可能是怕被人笑话吧,平台网络不好的话还卡顿,群里倒是热闹,发通知什么的,响应得也快,这正常,人人都有智能手机嘛,时时在线。(笑)(FT01)

教师职业是一个"良心职业",课前、课中、课后的教学设计投入多少时间精力,新课、旧课如何备课、授课,采取什么教学模式、教学方法等,学校没有统一的规定,也无法做出统一的要求。学校的教学管理系统能看到课程正常开出,教师正常到岗,学生按时出勤,这些显性、量化的考核指标一目了然,但是每一堂课的教学方法、教学手段是否运用得当,是否有改进、提升的空间,最清楚的是每位授课教师自己。对学生的学习过程和效果开展信息化教学评价同样也是一件耗时耗力的事情,这要求教师要时刻关注教学平台呈现的数据,对学生表现做历时和共时的数据统计和对比,分析成因,对学生进行一对一的反馈和指导,并对课程的整体教学设计进行调整。可能由于时间和精力的限制,或者对评测理论了解不够,以及对教学平台的功能认识不清等原因,高校教师信息化教学评价能力差强人意。调研结果表明,只有约四成的教师能够对学生的学习情况开展在线评价并及时反馈,多数教师则无法做到。

说实话,我不是经常去看学生学习的统计数据,有时候对于学生的作业也会过一段时间再去处理。我布置的不少作业都是客观题,学生做完提交以后,平台就自动打分了,成绩都保留在平台里,学期结束评定最后成绩的时候,把这些导出来,作为平时成绩的一部分,加个权重就行了。每次都去查看分析一下,那太费时间了,我想,能那样做的人没有几个吧。(FT04)

信息化教学评价,我就是上课的时候要求学生在平台上签到,课堂上也做些提问、抢答、小测验等,都有次数和成绩记录,提交作业的次数和成绩,平台也都保留着,最后跟期末考试成绩一起汇总计算出课程成绩。(FT02)

对于学生提交的作业,我有时候是通过教学平台布置,有时候要求学生写个小论文或者评论,以纸质版交来,我会一一做出评价,再发给他们,有问题的在课堂上或课下都可以讨论,我觉得这样也很好。(FT05)

很显然,信息化教学评价手段的大数据功能没有得到高校教师的充分挖掘和应用,其原因应该是多方面的,除去教师投入的时间和精力有限以外,高校教师信息化研究能力不足也是一个原因。问卷结果显示,高校教师在研究方面的交流与合作机会较少;其次,高校在信息资源配置和技术支持方面也做得不够,导致教师满意度不高,对信息化教学开展深度研究的兴趣自然难以提高;而且数据挖掘与应用本身工作量就很大,且要求教师有较强的研究能力和较高的研究水平,如果教师之间缺乏合作,个体研究能力不强,必然导致教师的信息化教学研究成果寥寥无几的状况。

同事每年发表论文的数量不算少,专著也有,关于信息化教学方面的好像不多,主要是教育技术专业的教师在做吧。我也发表了几篇论文,主要是专业理论方面的,教学方面的还没有,信息化教学方面的更没有,没想过写这方面的,教学论文也不好发表吧。(FT09)

以上分析和讨论表明,高校教师整体上对信息化教学的内涵理解不够全面,对信息化教学手段的应用处于浅表的层面,教学设计能力不足,有的只是停留在使用教学课件代替课堂板书的层面,把传统教学模式搬到线上,基于教学评价数据的教学反思做得很少,而教师对教学过程和教学效果的反思是提高教学质量和教学研究能力的基石,"教学科研两手抓"也是高校教师的职业特点,在信息化时代基于信息化手段的教学研究也是一个重要命题,毕竟高校教师的主要使命之一是教书育人,教学研究对教学质量的提高有着不可否认的促进作用;信息化课堂教学研究也是高校教师信息化教学能力的组成部分,开展信息化教学设计、实施、评价等方面的反思和研究对信息化教学的促进作用不容忽视。高校要在信息化教学资源建设和信息化教学技术支持等方面加大投入,为教师开展信息化课堂教学研究提供内容和技术方面的保障;提供充足的研究素材,创造良好的学术共同体研究氛围,促进高校教师的信息化教学综合能力和信息化教学研究能力的提升。

(3)高校教师对信息化教学能力的发展路径认识不清,高校组织的信息化教学能力培训整体效果一般,教师参与信息化课程教学和信息化教学竞赛的实践不足,主要原因可能是高校对教师信息化教学能力发展重视和激励不足,缺少顶层设计。

为了跟上信息化时代快速发展的步伐,各所高校在信息化硬件的基础设施建设方面投入巨大,校园无线网络全覆盖、校园一卡通、创建智慧校园等口号在各所高校都耳熟能详,信息化教学管理系统和信息化教学平台系统也已是高校的标准配置。在这种信息化、智能化基础设施建设的热潮中,不举办面向全体教师的若干信息化教学设施培训的高校基本不存在,这一点也得到了数据的支持。调研结果显示,绝大多数教师近三年都参加过学校组织的信息化教学培训,但是调研结果也表明,高校组织的信息化教学培训缺乏科学、合理的顶层设计,在培训内容、培训模式、培训时间和管理等方面存在诸多问题,主要包括培训内容过于理论化,培训方式操作性不足,培训时间短,培训管理不到位等。

参加过几次培训,有学校组织的,也有学院和教研室组织的,主要是教学平台的使用。有从外面请来的专家做讲座,内容好像是关于PPT制作,也有理论讲座,课件制作技术还比较实用,不过听过以后要是自己不去做,很快就忘掉了。(FT07)

参加培训,学校好像没有硬性要求,有些培训好像要求35岁以下教师都要参加至少1次吧,我刚入职时,岗前培训里面有这方面的内容,有集中培训,也有网络学习,集中培训时间是1—3天,网络学习时间长,要求按时提交作业或作品,管理不是很严。(FT11)

说实话,学校对老师参加信息化教学能力培训还是蛮支持的,每年的国培、省培项目当中也有信息化教学方面的内容,只要老师申请,基本都能批准,学校或者学院报销培训经费。不过,培训的时候,听得多,做得少,你知道,技术的东西,那得自己上手,亲自做,反复做,才能学会;光听、观摩,自己不上手,学不会,也记不住。(FT01)

教师访谈的内容反映出高校信息化教学能力培训中存在的共性问题,即缺乏组织规划及科学的管理和设计,虽然参加培训的机会不少,但是参训教师整体满意度不高。

这次疫情暴发(2020年春季),学校要求所有课程放到线上,教学平台供应商也都在线提供了平台使用的培训视频,学校教务处、网络中心也发布了通知,提供链接,不会用的老师可以在线观看学习。我去年(2019年)暑假也参加了一期面授＋网络学习的培训,面授时间为2天。内容是信息化教学领域的专家做了3场讲座,还有两个教师分享了自己的信息化教学经验,当时还是很有启发的,关键是自己上课时要用起来,不过真要用好还是要花好多时间的,专家讲座有点指导作用,但是不是很实用。(FT06)

最好是在机房培训,手把手地教每一步怎么做,像我们这些年龄偏大的老师,接受新技术慢,集中在报告厅或会议室听,纸上谈兵,落不到实处,听过以后,回来自己试着操作,只要有一步忘记了,就进行不下去了,也就没兴趣再用了。(FT05)

其实,开展操作性培训不仅是年长教师的要求,也是中青年教师的普遍诉求。当然,实操性培训与讲座式、观摩式培训方式相比,需要组织部门做好更细致的计划和协调工作,投入更多的人力、物力和财力,这也可能是各校普遍采用讲座式培训,而实操式培训较少的原因。

开展信息化教学培训,最终的目的是希望教师能够在课程教学实践中合理运用信息化教学工具和手段,更新教育教学观念,创新教学模式和方法。本研究讨论的课程教学实践方式主要是微课制作、慕课建设、运用翻转课堂教学模式和参加信息化教学竞赛等。调研显示,高校教师普遍了解这些信息化课程教学实践方式,也认可这些方式的应用可以促进自身的信息化教学能力的提升,然而整体应用于教学实践的情况却并不乐观。调研结果表明,70%以上的教师较少或很少制作微课,主持或参与建设慕课的情况与微课制作情况类似,参加过信息化教学竞赛的比率也不高。究其原因,是因为这些活动均需要教师投入大量的时间和精力去做教学设计;此外,录制教学视频不仅费时费力,要保证视频质量还需要投入大量财力购置一些必要的软件、硬件,或者付费请专业公司帮助录制、包装;涉及信息化教学能力的教学竞赛,一般都要求提交多媒体课件、教学视频、各种辅助资源等,要想取得奖项,人、财、物的投入自然是不可少的。而学校对于这些信息化教学实践活动并没有规定人人必须参与,因此,考虑到上述讨论的诸多障碍,总体上教师在微课制作、慕课建设和教学竞赛方面的参与率不高是在意料之中的。

我前几年做过一些微课,用免费软件喀秋莎做的,质量嘛一般,我也不是专业的,在自己的课上使用,没花什么钱,但是也花了不少时间,好在内容都是关于基本概念的,可以长期使用。后来申请学校的慕课建设项目时也用到了。现在我参与了一个省级慕课的建设项目,承担一个章节的建设任务,这个项目是有不少经费的,中期检查、结题验收也都比较严格,花了不少时间准备文档材料,做教学设计,还要编制拍摄视频的脚本。教学视频拍摄是包给专业公司的,学校有几个指定的公司,据说是经过招标的,费用直接从项目经费中划拨,收费挺高的。(FT06)

说实话,我基本没弄过微课、慕课,技术不行,不是太感兴趣,也没有时间,有时候从网上下载一些跟教学内容相关的视频,活跃一下课堂气氛,效果也不错。(FT12)

学校有些老师在做慕课,都是带着项目的,好像都是请外面的人来拍,专业公司帮着做微课视频,花钱请人做呗。拍一个视频最少要上千元,如果没有项目在身,没有学校经费可以用,我好像没发现谁在做。(FT05)

学校好像要求40岁以下的老师都要至少参加一次竞赛吧,不管是多媒体课件大赛还是教学能力大赛,随便哪个级别的比赛,参加过就算数,个人参赛、组团参赛都行。有的可能是关系好,加入一个参赛团队,打打酱油,多少也得干点事吧,要想获奖,除了自己设计得好,还得花大价钱请专业团队帮着包装参赛作品,据说有的要上万呢。(FT09)

我年纪大了,也不想着评职称晋级了,凭良心把课上好,上好课不一定非要做视频吧。有时候不知道哪里出了问题,视频还不一定能顺利播放,浪费了不少时间处理电脑,有这时间,不用视频,讲也都讲清楚了。(FT03)

访谈信息也证实了问卷调研数据,的确有一部分高校教师在辛勤地制作微课、建设慕课,少数是出于兴趣或方便个人教学,更多的是因为要完成项目建设任务。出于个人发展需要或完成学校的基本要求,每年也都有部分教师参加各级各类与信息化教学相关的竞赛;对于一段时间内没有特别需要的又无项目在身的教师,主动开展微课制作、慕课建设或参加竞赛的积极性还是很低的,这可能主要归因于学校缺乏明确的管理制度和激励制度,对于种种信息化教学实践中教师需要投入的成本,学校缺少补偿机制和奖励措施,大部分教师动力不足也在所难免。

进入21世纪,线上线下混合式教学理念已风靡全球,我国高校教师对混合式教学理念也并不陌生,对运用混合式教学理念的翻转课堂教学模式也颇有了解。翻转课堂教学有利于改革传统教学弊端,实现"以学生为中心"的个性化学习,能够提高学生的自主学习能力和创新创造能力。因此,翻转课堂教学模式受到了高校教师的普遍关注,一些教师已经在教学过程中尝试应用翻转课堂教学模式,但不可否认,其应用效果存在差异性。因此,也有四成以上教师表示应用得较少或很少。

翻转课堂这个教学模式很好,但要执行得好,也要有不少前提条件,比如在线教学资源要丰富,要照顾到各个层次的学生,要有吸引力,能让学生感兴趣。最重要的是学生配合,因为翻转课堂需要学生先学一遍,他们要有时间,还得愿意花时间先学。门门课程都翻转,学生每天要上那么多课,又要复习,完成课后作业,又要自己学习新内容,对自律性不强的学生挺难的。(FT02)

翻转课堂这个想法是好,但实际效果不一定那么理想,因为学生的学习能力不同,理解能力有差异。教学总要照顾大多数吧,所以,有时候课堂上我自己还是要讲一遍,这就算不上是百分之百的翻转课堂了。(FT07)

其实,翻转课堂对老师、学生的要求都挺高的,增加了不少的工作量。比如事先的教学资源准备,时时准备回答学生的问题,都没有课上课下的区别了。所以,我也不是每次课都翻转,什么内容都翻转,基本上能有三分之一的课程用这种方法吧,这样给教学形式增加多样性,教学效果也能得到保证。(FT11)

我这学期在上一门慕课,也是我参与的一个教研项目,要求选课学生要达到一定的量,对慕课课程的教学轮次也有要求。我就要求学生选课,在教学平台上观看教学视频,完成预习作业,课堂上我再扩展一些知识、答疑、组织学生互动、完成小组任务,我认为这就是翻转课堂吧,效果还不错。(FT06)

高校教师都有基本的责任心和道德,也希望从教学工作中获得成就感,体现个人价值,对先进的、富有成效的新型教学模式普遍抱有接纳的态度。但是囿于一些主客观条件的限制,难以持续地坚持应用需要高投入而效果又不确定的新型教学模式。正如访谈教师反映出来的问题一样,翻转课堂需要教师具备高超的教学设计能力,教学环节和教学活动设计精彩,能够增加学生的学习黏性,能够应用信息化技术和手段对学生的学习过程和效果形成约束力。这些不仅要求教师愿意投入大量的时间和精力,而且要求教师有深厚的信息化教学理论基础和较强的实践能力;同时,也要求学生自主学习能力强,自律性高。

如果教师组成教学团队,共同建设一门课程,一方面能够分担不同的任务,减轻个体教师的备课工作量,还可以相互鼓励、相互监督,增加成功的概率。目前,高校主要通过项目建设的形式践行信息化教学改革,如大规模在线开放课程(MOOC)、精品资源共享课程、视频公开课程、专业或课程教学资源库、智慧课堂等项目,均是以教学团队为单位进行申报和建设的,即使是信息化教学竞赛,也鼓励以 2—4 人组队的形式参赛。调研结果也表明,高校中一直持续、活跃着的信息技术与课程教学深度融合的教学实践活动,基本上都是依托项目在开展,为在线教学资源的建设和共享作出了巨大贡献。但是,项目毕竟是短期的(3—5 年),现实中也的确存在项目结题以后,课程内容即不再更新,使用人数也日渐稀少的现象。因此,要激发教师持久开展信息化课程教学,与时俱进地更新、制作教学视频和在线资源,仍需高校统筹规划,制定长效机制,激励每位高校教师积极主动地投身信息化教学实践,在实际应用中提升自身的信息化教学能力。

第四节　新冠疫情时期高校在线教学情况分析与思考

2019年年末至2020年春,一场由冠状病毒肺炎引起的传染病在有"九省通衢"之称的中国武汉暴发,借助春节带来的全国人口大迁移的天然时机,这场以飞沫、直接接触等为主要传播途径的,有着"人传人"特点的疫情形成了可能迅速蔓延全国各地的局势。为防止武汉的严重疫情进一步向外扩散,2020年1月23日武汉实行封城。随着全国各地都出现了人数不等的确诊病例和疑似病例,各省、市、县、乡、村先后采取了网格化、封闭式管理办法,男女老幼基本足不出户,工作人员延期复工,各级各类学校2019—2020学年的春季学期延期开学。

为了降低疫情对学生学习的影响,教育部在2020年2月上旬发出了"停课不停教,停课不停学"的通知,要求中小学及以上各类学校利用信息化教学设备和手段开展网络在线教学。各校组织一线教师分别在2月17日、2月24日或3月2日等不同时间点开始了2020年春季学期的第一次在线直播或录播教学,努力确保"教师真在教,学生真在学"。我国多数高校也从2020年2月17日起先后开始落实在线教学。2020年春季承担授课任务的所有高校教师"被迫"无条件采用信息化教学手段完成"不停教"的任务。本节应用文献法,参照政府相关政策文本和一些研究机构的调研数据以及笔者的自身实践经历等,对在新冠疫情影响下的高校教师信息化教学状况进行分析,希望对后疫情时期和恢复正常状态以后的高校教师信息化教学能力发展有一定的启示和参考作用。

一、新冠疫情期间高校教师信息化教学情况概述

2020年春,受新型冠状病毒疫情暴发的影响,为响应教育部"不停教不停学"的号召,具有不同信息化教学能力和技巧的高校教师,无论是经验丰富、线上线下切换自如的信息化教学"高手"教师,还是前期与信息化教学保持若即若离关系的"普通"教师,直至先前持排斥态度、从未尝试过信息化教学的"新手"教师,在"疫情"的"暴力"驱动下,都同时登上了在线教学的同一班列车,站在了同一个舞台上,进入了全国同步的大规模信息化在线教学的实验场,操作起电脑、平板、智能手机等各种信息化设备,应用起云课堂、雨课堂、超星学习通、腾讯课堂、钉钉会议、QQ直播、微信视频通话等各类信息化平台、软件、APP,在"积极主动"或"消极被动"的

心态下开始了在线教育教学工作。得益于QQ和微信等即时社交平台和软件在人们日常生活中的长期应用,广大师生事实上已经具备了使用信息化、数字化基础设施的能力和素养,在经历了最初几次的网络拥堵、平台崩溃、教师和学生手忙脚乱的混乱、无序、茫然、恐惧的状态之后,教师逐渐适应了"十八线主播"的在线教学形态,学生也渐渐接受或者说"不得不"接受了这种特殊时期非常规的完全在线的信息化学习模式。

各类调研和总结表明,疫情期间开展在线教学,与正常教学采取的线上线下混合式学习方式不同,对于老师来说最需要考虑的问题是"如何保证在线教学效果"。因为在线授课,教师不知道屏幕另一端的学生们实际是在干什么,他们在什么环境中学习,有没有真正在听课,教学效果事实上是比较难以得到保证的。为此,教师该怎么做？教师要做的就是认真备课,精心进行教学设计。首先,课前要准备网络教材。由于疫情发生在寒假,学生手边基本上没有教材,教师只能通过网络积极寻找现成的电子版教材或其他相应内容的数字化教学资源和材料,自己整理音频、视频、文档等资源,汇总各类材料,进行适当编辑,或制作PPT教学课件,或录屏录课,将数字化教学资源上传到教学平台,供学生在线学习或下载学习。

然后,教师确定教学目标,梳理教学内容的各个知识点,明确重难点,思考教学方法和策略,准备好课前预习和课后复习的习题和作业。其中,教学设计的重点在于,一方面要能够引导学生自主学习,另一方面要设计好直播教学过程中的虚拟课堂活动,如提问、讨论、头脑风暴、投票等,每隔一段时间开展一次活动,从而增加师生、生生互动,使学生集中注意力,提高学习参与度。此外,要多倾听学生的意见,充分了解学生的需求和困难,如学生用户端的网速慢、频繁掉线、学习平台"失灵"、学生基础水平和学习理解能力存在差异等问题,要准备好其他的补救模式应对差异化教学要求。如上传课堂教学视频和知识点讲解视频或音频,通过QQ、微信、学习平台等多种渠道发送,方便学生使用电脑或手机随时下载学习,反复观看、听讲,缓解他们因即时在线学习信息流不畅和理解程度不同而造成的压力和焦虑心理。

最后,教师要充分利用教学平台的记录监督反馈功能,及时评价学生的在线学习表现,比如通报学生参与课堂活动的次数、作业的提交和得分情况等。要求得分不理想的学生再次学习知识点音视频后重做作业、重新提交,激发学生的学习兴趣和上进心。对于表现出色的学生及时表扬,适当提醒课堂学习状态不佳的学生,想方设法努力提高在线教学成效。可见,保证在线教学效果的根本之计在于提高教师的讲、学、练、评的信息化教学设计、实施和评价反馈能力。

二、新冠疫情期间高校教师信息化教学状况分析与思考

2020年上半年新冠疫情期间开展的高校全面在线教学,可以说是我国高等教

育历史上第一次大规模利用信息化技术开展的教学活动。此次线上教学如同一次浩浩荡荡的现代高等教育和信息技术结合的浪潮,几乎涉及每一所高校的每一位教师,信息技术的教学应用终于进入了高校教学领域的深水区,促使我国高校喊了多年的"信息技术与课程教学深度融合"而事实上并未全面落实的口号在形式上实现了"硬着陆"。疫情期间全国高校都全面开展了在线教学,教师在实践信息化教学过程中的经历和折射出来的情况如何?他们受到了哪些挑战?又引发了哪些思考?收获了哪些成果?本节将参考相关调研数据进行介绍、分析与反思。

（一）高校教师在线教学的适应情况

此次疫情期间,各所高校经受住了信息化在线教学的"应急式"考验,实现了教育部"停课不停教,停课不停学"的预期目标。从高校教师的教学准备情况看,达到了从"线下传统课堂教学"或"线上线下混合式教学"到完全"线上教学"的切换,但由于是被迫"仓促应战",总体上来说,高校教师对在线教学仍然需要经过一个熟悉和磨合的适应过程。

教师在思想和理念方面的充分准备是保证在线教学顺利实施的先决条件。显而易见,本次疫情期间的高校在线教学是在教师没有做好充分思想准备的情况下"匆忙上阵"的"权宜之计"。据调查[①],近八成高校教师在疫情之前未开展过线上教学,近六成学生在疫情之前未参加过线上教学;但在疫情来临之后,97%以上的高校教师都不得不开始了线上教学,而对各类平台技术掌握的熟练程度,高校教师中选择"很熟练"的教师占11.17%,选择"熟练"的教师占55.61%,这两部分人数占比达到了66.78%;选择"一般"的教师占30.83%。可见,大部分高校教师对各种在线教学平台技术掌握的程度介于"一般"和"熟练"之间,总评属于"中等偏上"。就教师是否接受过线上教学相关培训的问题来看,接受过线上教学培训的教师占80.88%,未接受过线上教学培训的教师占19.12%;在此问题上,学生的情况更加不容乐观,调查结果显示,接受过线上培训的学生占37.51%,未接受过线上培训的学生占62.49%。"教"和"学"是师生相互合作的过程,学生对在线学习的认知和对在线教学平台使用的熟练程度也会反过来影响教师的在线教学体验。

上述调查结果表明,从形式和数量方面来看,高校成功实现了从"线下教学"到"线上教学"的全面转换。但从效果和质量方面来看,这种急速彻底的转换无论是对多数高校教师还是对学生,都仅仅是经过简单的技术培训或未经过培训就被迫

---

① 除特别标注外,本节中引用的调查数据均来自厦门大学教师发展中心的《疫情期间高校教师线上教学调查报告》。2020年3月,厦门大学教师发展中心的相关课题组为了全面了解我国首次线上教学的真实情况,在全国高校范围内针对教师、学生和教学管理人员分别设计了3份问卷,共有334所高校(包括研究型大学、一般本科院校和高职院校)的13 997名教师和256 504名学生参加了此次调研。数据来源网址:https://mp.weixin.qq.com/s/oxqPcHxL01MaUBN9CTHNug。

接受的在线教学实践,广大高校师生对于线上教学的规律与特点还处于一种熟悉、摸索状态,在短时间内,在线教学的优势不可能充分显现,在线教学的不足也无法充分暴露,在线教学的效果仍有待进一步检验。在线教学的组织管理无论是对高校教师,还是对学生以及管理人员,都需要经过进一步的认识和熟悉。从这个意义上来说,对于疫情期间的高校在线教学,既不能抹杀师生和管理人员付出的巨大努力,也不宜盲目扩大在线教学的效果,一切还需要经历一个磨合和适应过程,通过时间来检验在线教学的成效。

(二) 高校教师在线教学平台的使用情况

在线教学的顺利实施离不开稳定的在线教学平台的支持,我国高校在教育信息化的基础设施建设方面有着较好的基础。进入21世纪以来,在教育部的推动下,我国高校先后开展了精品课程、精品视频公共课程、精品资源共享课程、大规模在线课程(MOOCs)和专业教学资源库等网络课程资源建设项目。在2012年MOOC元年之后,我国的一批高水平大学,如清华大学、北京大学、上海交通大学、复旦大学等,先行开启了中国MOOC教学平台建设,推出了一批具有中国特色和教学水平的MOOC教学平台,如好大学在线、清华学堂在线、爱课程网站等。这些MOOC教学平台在疫情期间全面铺开的高校在线教学中,发挥了极其重要的作用。从调查结果看,在国内主要的19个在线教学平台中(表4-3),中国大学MOOC教学平台(爱课程平台)是使用较多的平台之一,占据将近三成的份额。从这一意义上来看,本次疫情期间的在线教学也是有准备的线上教学,得益于过去十几年来高校持续开展的信息化教育教学改革所取得的成果。

对于我国这样一个区域差异较大的高等教育大国,仅靠政府和高校是无法满足全国的在线教学需要的。疫情期间,教育部共组织了37家在线课程平台和技术平台率先面向全国高校免费开放慕课、虚拟仿真实验等在线课程,并提供在线学习培训、解决方案和技术支持等,带动了110余家社会和高校教学平台的主动参与。[①]特别是一些民营企业,他们肩负起社会责任,为本次线上教学提供了强有力的支持。以超星学习通平台为例,为响应教育部"停课不停学,停课不停教"的号召,超星主动作为,先后投入1亿多元经费用于机房的紧急扩容和软件升级,超星学习通平台的日访问量从十亿人次提升到百亿人次。

[①] 中华人民共和国教育部. 介绍疫情期间大中小学在线教育有关情况和下一步工作考虑[EB/OL]. [2020-08-14]. http://www.moe.gov.cn/fbh/live/2020/51987/.

表 4-3　疫情期间高校教师在线教学平台使用情况一览表①

序号	在线教学平台	占比	序号	在线教学平台	占比
1	超星学习通	40.2%	11	畅课	2.3%
2	中国大学MOOC平台（爱课程）	28.8%	12	国家虚拟仿真实验教学综合平台	0.6%
3	QQ直播	27.6%	13	网教通	0.18%
4	微信或企业微信	26.4%	14	UMU	0.14%
5	腾讯会议	22.2%	15	CCTALK	0.13%
6	腾讯课堂	21.3%	16	Welink	0.11%
7	钉钉	18.1%	17	飞书	0.06%
8	雨课堂/学堂在线	13.2%	18	Skype	0.04%
9	智慧树	6.9%	19	讯飞听见	0.01%
10	ZOOM	4.6%	20	其他	92.61%

据调查，疫情期间，我国高校教师使用的在线教学平台呈多样化分散状态，如表4-3所示。按照使用频率从高到低排序，位列前十的在线教学平台依次为：超星学习通（占40.2%）、中国大学MOOC平台（爱课程）（占28.8%）、QQ直播（占27.6%）、微信或企业微信（占26.4%）、腾讯会议（占22.2%）、腾讯课堂（占21.3%）、钉钉（占18.1%）、雨课堂/学堂在线（占13.2%）、智慧树（占6.9%）、ZOOM（占4.6%）。调查人员对97所高校在线教学质量报告进行了分析，结果显示：

（1）97所高校共使用了66种在线教学平台，其中有11种属于高校/政府平台，占17%；民营企业的市场化平台共有55种，占83%。

（2）97所高校平均每校使用平台为6.9个。

（3）50%以上的高校都使用了超星学习通、QQ直播、中国大学MOOC平台、钉钉、微信及腾讯会议，其中有75%的高校使用超星学习通，位居在线教学平台之首。

以上数据说明，无论是国有企业还是民营企业，没有一家在线教学平台可以依靠自身的力量满足我国庞大的高等教育在线教学需求。

参研教师中，每位教师使用的在线教学平台数平均为2.16个，其中，使用1个教学平台的教师占17.65%；使用2个教学平台的教师占54.06%；使用3个教学平台的教师占24.31%；使用4个教学平台的教师占3.09%；使用5个及以上教学

---

① 调查问卷共列举了19个主要教学平台，参研教师最多可选其中的3个平台。

平台的教师占0.89%。由此导致每位学生也不得不同时使用多个在线学习平台，其平均数为2.99个，使用1个学习平台的学生占9.24%；使用2个学习平台的学生占33.71%；使用3个学习平台的学生占30.70%；使用4个学习平台的学生占13.31%；使用5个及以上学习平台的学生占13.04%，如图4-34所示。疫情期间出于应急需要，为了确保在线教学顺利进行，高校教师不得已使用了多个教学平台，在多个平台之间的频繁切换容易造成卡顿或设备死机，给师生带来了诸多不便，削弱了在线教学的良好体验感。

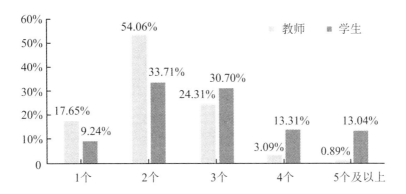

图4-34 疫情期间高校师生使用在线教学平台数量图①

高校教师是否选择并持续使用某个在线教学平台，是受平台提供的服务水平和服务质量影响的。调查从"师生互动的即时度""网络速度的流畅度""平台运行的稳定度""作业提交顺畅度""画面音频的清晰度""工具使用的便捷度"等6个维度进行评测，并将评价程度分为"非常好""好""一般""不好"和"非常不好"5个等级。这6个维度体现了平台是否能够满足线上教学的基本要求，即能否满足师生不因时空阻隔而能达到"看得见、听得清、交流无障碍"的目标。调查结果显示，高校师生对各类在线教学平台技术服务总体上持肯定态度（均值>3），表明目前各类在线教学平台的技术服务基本上满足了高校师生线上教学的基本需求。具体来说，高校教师对6个评测指标给出的均值为3.62—3.75；而学生评价整体低于教师评价，界于3.45—3.71，如图4-35所示。统计数据说明，教师和学生在教学平台应用体验上存在较为明显的偏差。从图4-35可以看出，教师和学生除了在"作业提交顺畅度"这个指标上意见一致外，在其余维度的满足感知度方面存在着较大差异；在"师生互动即时度"方面，学生评价均值高于教师；而在其他方面，教师评价均值均大于学生。说明教师更关心的是如何把教学内容平稳、流畅地传递给学生，而学生更关心的是互动是否得到及时和有效的反馈。这一结果给了我们如下启

---

① 邬大光，李文.我国高校大规模线上教学的阶段性特征：基于对学生、教师、教务人员问卷调查的实证研究[EB/OL].[2020-08-12]. https://www.sohu.com/a/409128431_498166.

示:未来在线教学平台的设计,不仅要考虑教师能否有效地传递教学内容,更应关注如何以学生为中心,满足学生问题导向的学习需求。

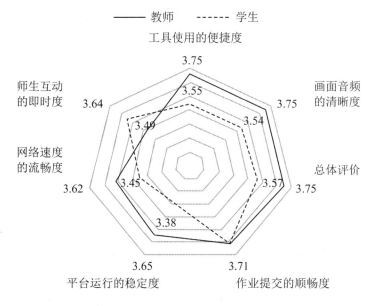

图 4-35　疫情期间高校师生使用在线教学平台评价均值图[①]

高校教师对于在线教学平台功能的评价是从是否支持"在线备课""课堂考勤管理""课堂讲授""在线课堂讨论""在线实验演示""在线教育测试及评分""在线布置批改作业""在线课后辅导答疑""提交或传输课程资料,包括作业"以及"通过电子数据分析学生的学习行为"等 10 项基本教学活动展开的,评价分为"完全满足""满足""一般""不能满足"和"完全不能满足"5 个等级。调查结果显示,各类在线教学平台对各种教学活动的支持满足度均值均在 3.0 以上,如图 4-36 所示。按照平均值大小排列出满足度高低,依次为"提交或传输课程资料,包括作业"($M=4.01$)、"课堂考勤管理"($M=3.97$)、"课堂讲授"($M=3.84$)、"在线布置批改作业"($M=3.83$)、"在线课后辅导答疑"($M=3.81$)、"在线备课"($M=3.70$)、"通过电子数据分析学生的学习行为"($M=3.59$)、"在线教育测试及评分"($M=3.55$)、"在线课堂讨论"($M=3.49$)、"在线实验演示"($M=2.47$)。统计数据表明,除了"在线实验演示"外,各类在线教学平台功能均能够满足开展基本的课堂教学环节和活动,数据也显示随着课堂行为向高阶发展,如通过电子数据分析学生的学习行为、在线教育测试及评分、在线课堂讨论等,各类在线教学平台的支撑程度呈越来越弱的走势。

[①] 邬大光,李文. 我国高校大规模线上教学的阶段性特征:基于对学生、教师、教务人员问卷调查的实证研究[EB/OL]. [2020-08-12]. https://www.sohu.com/a/409128431_498166.

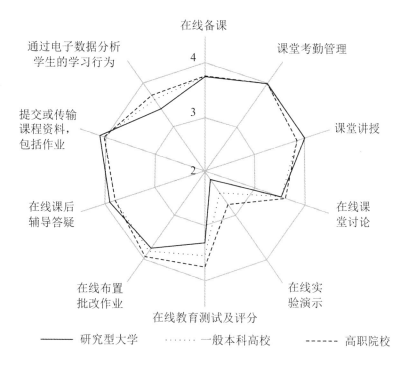

图 4-36 疫情期间高校教师对在线教学平台支持教学活动的评价均值图[①]

在政府的主导下，高校与民营企业开展了紧密合作，保障了疫情期间在线教学的顺利落实。本次疫情期间的线上教学实践提供了政、校、企多方力量合作的成功范例，为后续深化信息化教学改革、促进高校信息化教学平台建设提供了新的思路、空间和机遇。但必须说明的是，此次疫情期间的在线教学，在在线教学平台的广阔市场中面对着纷繁复杂的可供选择的产品，高校扮演的角色是"选择者"而非"设计者"。在当前阶段，在线教学平台的供给以民营企业力量为主，各个教学平台处于"各自为政"的散乱状态，未来各家在线教学平台企业想要在激烈的市场竞争中脱颖而出，除了需要进一步凝练自身优势外，还需要加强与高校教师的密切合作，提高优质教育资源的输出能力和产品服务能力，优化在线教学平台的应用体验。此外，虽然调查结果显示，现有在线教学平台已经搭建了支持开展基本教学活动和教学环节的技术支撑框架，也能够提供令人较为满意的在线教学服务，满足高校师生的在线教学和学习的基本需求。但在线教学平台中的技术发展不能脱离教育理念的更新与发展，同时还要关注不同类型和层次的高校对在线教学需求存在的差异；即使是同一类型、同一层次高校内部，在线上教学需求方面也可能存在差异。因此，依靠市场供求关系发展起来的在线教学平台，在满足高校多样化的教育

[①] 邬大光，李文. 我国高校大规模线上教学的阶段性特征：基于对学生、教师、教务人员问卷调查的实证研究[EB/OL].[2020-08-12]. https://www.sohu.com/a/409128431_498166.

教学需求方面的能力仍有提高和优化的空间。

（三）高校教师在线教学模式的运用情况

在疫情暴发之前，我国高校教师并没有大规模采用在线教学的先例和经验，这一背景也就决定了本次为应对突发状况而开展的在线教学只能依靠师生"摸着石头过河""边学边干"。调查问卷提供了"直播""录播""MOOC""文字+音频""线上互动研讨（包括答疑、辅导等）"和"教师提供材料供学生自学"等6种在线教学的主要模式作为选项，使用频率分为"非常频繁""频繁""一般""不太经常"和"从不用"5个等级，分别赋值5、4、3、2、1。调查结果显示，6种模式评价均值从高到低依次为互动研讨(3.79)、直播(3.67)、文字+音频(3.52)、学生自学(3.52)、录播(3.12)、MOOC(2.98)，如表4-4所示。结果表明"直播+互动研讨"是本次疫情期间高校教师最为常用的在线教学模式。这一结果说明，在应对突发状况的前提条件下，在线教学大量存在着把线下传统教学方式"平移"到线上的现象。师生互动是大家最为喜爱的教学模式，对于直播、学生自学、文字+音频三个教学模式，师生态度几乎一致，对于录播和MOOC两种模式，学生体验感高于教师体验感，而在线上互动方面，教师体验感高于学生；对于各种教学模式，管理人员的体验值均高于教师和学生。但是参与调查的教师、学生和管理人员，对于信息化教学的新生事物——慕课课程教学在疫情期间的应用评价均值皆为最低，总的平均值也位列最后，使用频率数值尚不及中位平均数值3。

表 4-4 疫情期间高校主要在线教学模式运用评价均值表

身份	慕课	录播	学生自学	文字+音频	直播	互动研讨
教师	2.53	2.80	3.45	3.45	3.62	3.83
学生	2.97	3.11	3.41	3.41	3.63	3.65
管理人员	3.43	3.46	3.71	3.71	3.75	3.90
三者均值	2.98	3.12	3.52	3.52	3.67	3.79

教师、学生管理人员三方对线上教学不同教学模式使用频繁程度的选择人数存在差异，对比教师和学生的数据，除了录播和MOOC之外，教师选择"非常频繁"与"频繁"的比例普遍高于学生选择的比例。这种现象进一步说明，疫情期间的在线教学总体上还是沿袭传统线下教学方法，而新兴的MOOC、翻转课堂以及混合式教学在本次应对疫情而开展的全面线上教学过程中并未被充分应用，这与上一小节主要针对疫情之前高校教师信息化教学课程实践得出的结论一致。

为了进一步呈现疫情期间高校在线教学实况，调查人员根据有关访谈，总结出13个在线教学可能出现的优缺点，其中优点有7个，缺点有6个。面向学生和管理人员进行调查，要求参与者按照"非常赞成""赞成""一般""不太赞成"和"不赞成"5

个等级分别评价各项优缺点,分别赋值 5、4、3、2、1。统计数据显示,学生对各项优点的评价均值均大于或等于 3.50,管理人员的评价均值均大于或等于 3.72,如图 4-37 所示;学生对各项缺点的评价均值均小于或等于 3.42,管理人员的评价均值均小于或等于 3.55,如图 4-38 所示。结果说明,学生与管理人员对疫情期间的在线教学所持的积极评价高于消极评价。从图 4-37 和图 4-38 中所示的数据还可以发现,在所有优点评价中,管理人员评价均值皆高于学生的评价均值,说明管理人员对于在线教学的满意度高于学生;而在缺点评价中,两者差距缩小;此外,关于在线教学的优点,位列前三的是"可以让名师名课充分共享""可以反复回放,便于知识复习回顾""突破时空限制,可以随时随地学习",这可能预示着在线教学将有着较大的发展空间。充分利用在线教学的这些优势,将有可能解决目前教学资源不足、教育教学水平发展不均衡等问题;而在缺点评价中,位列前三的是"教师无法即时了解学生的状态""缺乏教师现场指导和督促,课堂纪律松弛""教师无法及时了解学生知识掌握情况",这个结果也表明,无论在线教学如何变化,师生之间的面对面交流依然是教学的基本属性,线上教学无法完全取代线下教学。

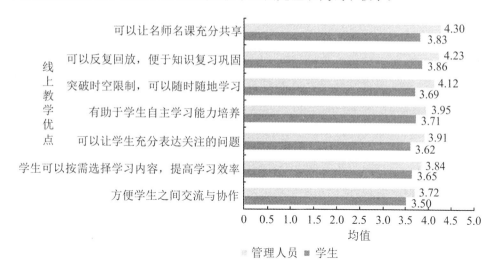

图 4-37 疫情期间高校学生和管理人员对在线教学优点的评价均值图①

---

① 邬大光,李文. 我国高校大规模线上教学的阶段性特征:基于对学生、教师、教务人员问卷调查的实证研究[EB/OL]. [2020-08-12]. https://www.sohu.com/a/409128431_498166.

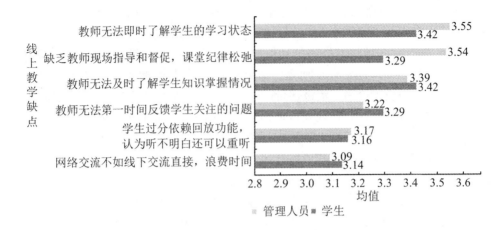

图 4-38　疫情期间高校学生和管理人员对在线教学缺点的评价均值图①

对于教学模式的偏好和影响因素问题,笔者在疫情期间开展在线教学的课堂上,面向受教的 176 名高校本专科学生进行了在线问卷调查。统计结果显示,选择了更喜欢传统课堂教学模式的学生占 65.9%,更喜欢在线教学的仅占 9.1%,17% 的学生选择了更喜欢混合式教学模式。喜欢传统课堂教学模式的主要原因可以归纳为以下几点:师生互动更及时、更生动,学习氛围更浓郁;更能把握学习节奏,注意力更集中,不受网速流量、家庭不良环境和其他即时信息的影响,干扰因素较少;师生面对面交流,而不是对着电脑或手机屏幕"自言自语",更有沟通气息;线上学习眼睛累,损伤视力。而更喜欢线上学习模式的主要原因为"比较自由、方便,更有利于预习和复习"。虽然这个课堂随机调查不够科学、严谨,学生因疫情长期隔离在家而产生负面心理,以及因手边没有纸质教材削弱了学习体验,均可能导致他们的选择不够理性、客观,但是其所呈现出来的选择结果所折射出的两种趋势与上述厦门大学所做的大规模调查结果基本一致,即信息技术不可能取代课堂教学,教师不会被机器取代;推进混合式教学必然是未来高校进一步深化信息化教育教学改革的趋势。

对于在线教学模式的体验,高校教师、学生和管理人员的均值存在较明显的差异,而教师和学生之间的均值差异相对较小;管理人员与学生对在线教学各项优缺点的评价也存在明显差异。这些结果进一步印证了管理人员与教师和学生之间对于在线教学确实存在着认识偏差,这种偏差意味着在今后讨论在线教学改革的时候,要充分听取教师和学生的意见和建议,毕竟他们是教学改革最直接的参与者和体验者,改革的最终成效是以师生感受为标准,否则诸多的教学改革可能只能停留在概念或口号层面。

---

① 邬大光,李文.我国高校大规模线上教学的阶段性特征:基于对学生、教师、教务人员问卷调查的实证研究[EB/OL].[2020-08-12]. https://www.sohu.com/a/409128431_498166.

（四）高校在线教学效果及其影响因素情况

与传统线下教学相比，疫情期间的在线教学效果如何呢？为摸清这个问题，调查问卷将线上教学效果分为"比传统线下教学效果好""比传统线下教学效果差"和"没有变化"三个维度，并将评价分为"非常赞成""赞成""一般""不太赞成"和"不赞成"5个等级。对这个问题的看法，教师和学生的评价总体上比较接近，如图4-39所示。对于"比传统线下教学效果好"选项，教师和学生的观点完全一致，均值相等（$M=3.02$）；对于"比传统线下教学效果差"选项，学生评价均值（3.18）略高于教师（2.98）；而对于"没有变化"选项，学生评价均值（2.75）亦高于教师（2.36）。从这三组数据看，师生对于疫情期间线上教学的看法可以说几乎是"好""差"和"没有变化"三分天下，"比传统线下教学效果差"的观点略占上风。由此可见，当下对疫情期间在线教学效果到底如何还无法做出明确结论，仍然需要通过时间来做进一步检验，但可以肯定的是，在线教学改进的空间很大。

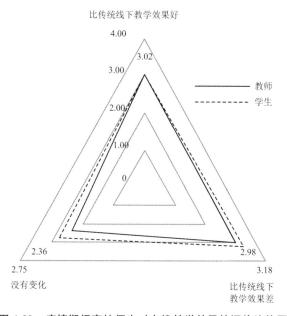

图4-39 疫情期间高校师生对在线教学效果的评价均值图

为进一步了解影响在线教学效果的主要因素，调查人员根据有关情况将可能影响线上教学的因素归纳为18个选项，并按重要程度分为"非常重要""重要""一般""不太重要"和"不重要"5个等级，分别赋值5、4、3、2、1，面向教师、学生和管理人员进行调查，要求参与调查者选择其中他们认为最主要的3个影响因素。调查结果显示，教师与管理人员看法比较趋向一致，而学生与教师和管理人员之间存在着一定的偏差，即在"重要"程度方面，三者评价人数比例趋于一致，在"非常重要"

选项上，教师和管理者选择人数比例明显高于学生，而在"一般"选项上，学生选择人数比例高于教师和管理人员。具体选项情况如图4-40、图4-41和图4-42所示。调查人员根据管理人员、教师和学生三类参与调查者对每个选项的得分进行高低排序，然后再对相关选项得分的和进行二次排序，得到全部参与调查者对于各因素重要性的总判断，如图4-43所示。图中排在前面第1—6位的6个主要影响因素中，除了第5个因素（学生的学习空间及终端设备支持）之外，其余5个因素都是关于教师"教"和学生"学"的因素；排在中间第7—12位的6个主要影响因素中，除了第9个因素（选择适合线上教学的课程内容）之外，其余5个因素全部是关于硬件平台及技术服务支持的因素；而最后第13—18位的后6个主要影响因素中，除了第18个因素"配备助教"和第14个因素"教师的教学空间及设备支持"外，其余4个因素均是关于技术方法培训和课堂教学管理方面的因素。这个结果说明，疫情期间影响在线教学效果的首要因素是改变了的教师的教学方法和学生的学习方法，其次是硬件、技术服务及学校支持政策的因素，最后是教学技术使用培训及课堂教学管理等方面的因素。

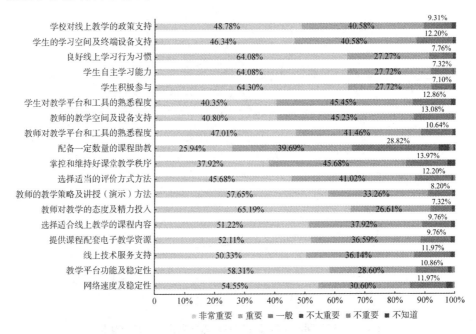

图4-40　高校管理人员对疫情期间影响在线教学效果主要因素评价比例图①

---

① 图4-40、图4-41、图4-42中的"不太重要""不重要""不知道"选项因占比较小，其具体比例未在图中标出。

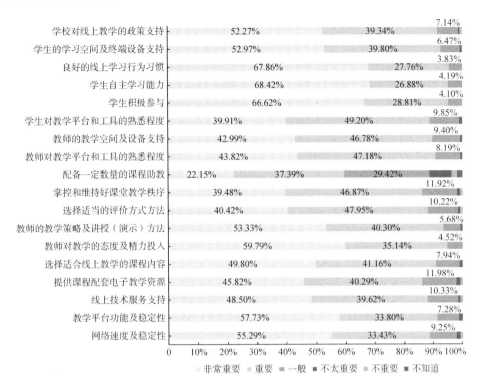

图 4-41　高校教师对疫情期间影响在线教学效果主要因素评价比例图

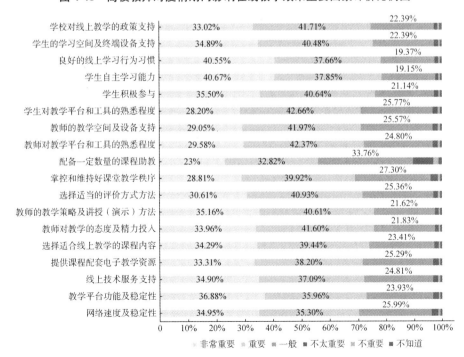

图 4-42　高校学生对疫情期间影响在线教学效果主要因素评价比例图

为详细了解不同类型高校师生对于18个主要影响因素重要性的排序,研究人员以研究型大学教师的评价排序为参照系,比较研究型大学、一般本科院校和高职院校教师对于各项影响因素重要性的看法,如表4-5所示。从排在表4-5中的前5个因素和后3个因素可以看出,不同类型高校教师对影响在线教学效果主要因素的重要性评价排序基本一致,而位于中间的各项影响因素,不同高校教师对其重要性评价尽管有所不同,但变化幅度不大,基本稳定在1—3个位次之间,高校教师对影响在线教学效果主要因素的重要性评价排序与图4-43中显示的高校综合评

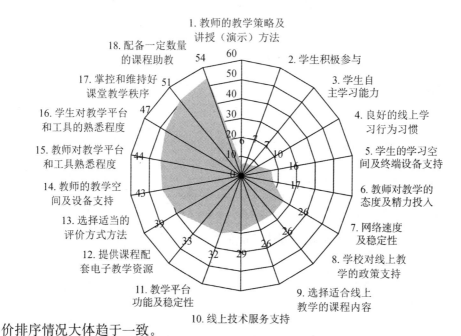

价排序情况大体趋于一致。

图4-43 疫情期间影响高校在线教学效果的主要因素综合评价排序图①

表4-5 不同类型高校教师对影响线上教学效果最主要因素的评价排序②

最主要影响因素	研究型大学	一般本科院校	高职院校
1. 学生自主学习能力	1	1	3
2. 良好的线上学习行为习惯(如按时上课,学习自律能力等)	2	2	1
3. 学生积极参与	3	3	2

---

①② 邬大光,李文. 我国高校大规模线上教学的阶段性特征:基于对学生、教师、教务人员问卷调查的实证研究[EB/OL]. [2020-08-12]. https://www.sohu.com/a/409128431_498166.

续表

最主要影响因素	研究型大学	一般本科院校	高职院校
4. 教师对教学的态度及精力投入	4	4	4
5. 教师的教学策略及讲授(演示)方法	5	6	6
6. 教学平台功能及稳定性	6	5	9
7. 学生的学习空间及终端设备支持	7	7	5
8. 网络速度及稳定性	8	9	7
9. 学校对线上教学的政策支持	9	8	10
10. 教师对教学平台和工具的熟悉程度	10	11	8
11. 选择适合线上教学的课程内容	11	10	12
12. 教师的教学空间及设备支持	12	13	14
13. 学生对教学平台和工具的熟悉程度	13	15	11
14. 提供课程配套电子教学资源	14	14	13
15. 线上技术服务支持	15	12	15
16. 选择适当的评价方式方法	16	16	16
17. 掌控和维持好课堂教学秩序	17	17	17
18. 配备一定数量的课程助教	18	18	18

再进一步了解不同类型高校学生对于18个主要影响因素重要性的排序,按照同样的方法,研究人员以研究型大学学生的评价排序为参照系,比较研究型大学、一般本科院校和高职院校学生对于各项影响因素重要性的看法,如表4-6所示。不同类型高校学生的影响因素重要性评价排序差异非常明显,具体来说,研究型大学学生认为最重要的前3个影响因素是:学生自主学习能力、良好线上学习行为习惯、教师的教学策略及讲授方法;一般本科院校学生认为最重要的前3个影响因素则是:教师的教学空间及设备支持、学生对教学平台和工具的熟悉程度、选择适合线上教学的课程内容;而高职院校学生认为最重要的前3个影响因素是:学生的学习空间及终端设备支持、线上技术服务支持、选择适当的评价方式方法。这个结果反映了不同类型高校的学生对于在线教学存在着截然不同的需求和期待,研究型大学学生更看重的是教师教学策略与教学方法,而一般本科院校和高职院校学生却更加关注教学平台功能、技术服务保障支持以及教师的教学精力投入等。由此揭示出对于在线教学的实施,需要根据不同类型高校师生的不同需求,有针对性地制定在线教学方案,最好能落实"一校一策",制定并实施精准的符合各所高校自身实际情况的在线教学推进方案。

表 4-6　不同类型高校学生对影响在线教学效果主要因素的评价排序表[①]

最主要影响因素	研究型大学	一般本科院校	高职院校
1. 学生自主学习能力	1	11	18
2. 良好的线上学习行为习惯（如按时上课，学习自律能力等）	2	7	15
3. 教师的教学策略及讲授（演示）方法	3	10	14
4. 学生的学习空间及终端设备支持	4	12	1
5. 教师对教学的态度及精力投入	5	8	5
6. 教学平台功能及稳定性	6	5	16
7. 选择适合线上教学的课程内容	7	3	10
8. 学生积极参与	8	13	13
9. 提供课程配套电子教学资源	9	17	7
10. 学校对线上教学的政策支持	10	18	8
11. 线上技术服务支持	11	14	2
12. 网络速度及稳定性	12	15	12
13. 教师对教学平台和工具的熟悉程度	13	16	4
14. 选择适当的评价方式方法	14	4	3
15. 教师的教学空间及设备支持	15	1	6
16. 学生对教学平台和工具的熟悉程度	16	2	11
17. 掌控和维持好课堂教学秩序	17	6	9
18. 配备一定数量的课程助教	18	9	17

（五）高校在线教学存在的问题及面临的挑战

作为特殊时期的过渡性举措，疫情期间高校仓促上线的全面在线教学难以避免会出现方方面面的问题。厘清这些问题，既是今后改进在线教学的依据，也是继续进一步全面推进高校信息化教学改革的发力点，其意义不言而喻。与上文分析的影响在线教学效果的 18 项因素相对应，调查问卷也归纳出了 18 个疫情期间在线教学可能存在的问题，按照赞成程度分为"非常赞成""赞成""一般""不太赞成"和"不赞成"5 个等级，分别面向高校教师、学生和管理人员展开调查，结果如表 4-7

[①] 邬大光，李文. 我国高校大规模线上教学的阶段性特征：基于对学生、教师、教务人员问卷调查的实证研究[EB/OL]. [2020-08-12]. https://www.sohu.com/a/409128431_498166.

所示。高校教师、学生和管理人员对 18 个问题赞成的均值都为 2.91—3.93，保持在均值 $M=4$ 以内。

表 4-7　高校师生和管理人员对在线教学存在主要问题的评价均值表[①]

主要问题	教师	学生	管理人员	主要问题	教师	学生	管理人员
1. 部分教学内容不适合线上教学	3.91	3.57	3.93	10. 教师的教学空间环境及设备支持不足	3.43	3.02	3.44
2. 学生自主学习能力弱	3.82	3.28	3.75	11. 线上技术服务支持跟不上	3.4	3.44	3.55
3. 学生未养成线上学习的良好习惯	3.77	3.26	3.74	12. 学生对教学平台和工具不熟练	3.24	3.02	3.32
4. 网络速度及稳定性差	3.74	3.61	3.94	13. 教育评价方式方法不适合网上教学	3.23	3.15	3.47
5. 教学平台功能不完善及稳定性差	3.67	3.56	3.86	14. 教学策略及教学方法不适应线上教学	3.19	3.17	3.53
6. 课堂教学秩序不好	3.66	3	3.69	15. 教师对教学平台和工具不熟练	3.17	3.02	3.39
7. 学生参与度不够	3.63	3.13	3.6	16. 没有课程助教或数量不足	3.07	2.92	3.28
8. 提供课程配套电子教学资源不足	3.56	3.36	3.62	17. 学校对线上教学的政策支持不足	3.04	3.02	3.29
9. 学生的学习空间环境及终端设备支持不足	3.51	3.18	3.48	18. 教师对教学的态度及精力投入不够	2.91	2.93	3.36

这个结果说明，尽管在线教学存在不少问题，但总体上本次疫情期间的在线教学实现了平稳过渡。也必须说明，由于时间太短，大规模在线教学的问题可能暴露得还不充分；同时，由于不同评价主体对在线教学过程的体验不同，其对存在问题的认识和看法也必然会有所差异，认清这些差异，也将有助于为今后改进在线教学的精准施策提供更加全面的参考数据。进一步比较管理人员与师生的评价均值，可以看出管理人员的均值普遍高于教师和学生的均值。在"部分教学内容不适合

---

① 邬大光，李文. 我国高校大规模线上教学的阶段性特征：基于对学生、教师、教务人员问卷调查的实证研究[EB/OL]. [2020-08-12]. https://www.sohu.com/a/409128431_498166.

线上教学""学生自主学习能力弱""学生未养成线上学习的良好习惯""课堂教学秩序不好""学生参与度不够""提供课程配套电子教学资源不足""学生的学习空间环境及终端设备支持不足""教师的教学空间环境及设备支持不足"等8个问题上,管理人员与教师的评价均值趋于一致;而在"网络速度及稳定性差""教学平台功能不完善及稳定性差""线上技术服务支持跟不上""学生对教学平台和工具不熟练""教师对教学平台和工具不熟练""教育评价方式方法不适合网上教学""教学策略及教学方法不适合线上教学""没有课程助教或数量不足""学校对线上教学的政策支持不足""教师对教学的态度及精力投入不足"等10个问题上,管理人员对于问题的评价均值明显高于教师和学生。

研究人员将18个问题进一步按照"教学平台相关问题""教师相关问题"和"学生相关问题"的维度划分为三个大类。通过比较教师、学生和管理人员对"教学平台相关问题"的评价可以看出,管理人员对诸如网速、平台功能不完整、配套电子资源、技术服务方面存在问题"非常赞成"的比例高于教师和学生,说明管理人员对于这些问题尤其是教学平台稳定性、线上技术服务、平台工具及使用等方面有着更高的要求,如图4-44所示。对于"教师相关问题"的评价,管理人员对教学内容、教师投入度、教学策略、教学评价方式、教学秩序、助教、教师对平台使用熟练度方面存在问题选择"非常赞成"的比例高于教师和学生,说明与教师和学生相比,对于教育

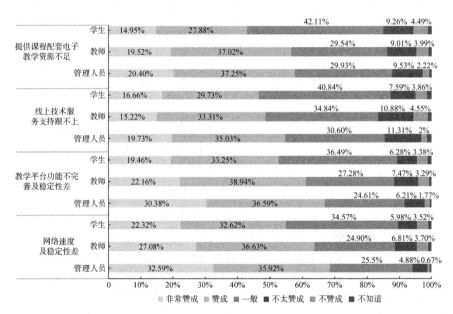

图4-44 高校师生和管理人员对在线教学平台存在主要问题的评价人数比例①

---

① 邬大光,李文.我国高校大规模线上教学的阶段性特征:基于对学生、教师、教务人员问卷调查的实证研究[EB/OL].[2020-08-12].https://www.sohu.com/a/409128431_498166.
注:图4-44、图4-45、图4-46中的"不知道"选项因占比较小,其具体比例未在图中标出。

评价方法、教师教学策略方法、教师的教学精力投入及教学态度等问题管理人员的期待值可能更高,如图4-45所示。对于"学生相关问题",首先,教师对学生使用平台熟练度、自主学习能力、良好学习习惯、学习空间和环境方面存在问题选择"非常赞成"的比例高于管理人员和学生自身;其次,管理人员对学生使用平台熟练度、学生参与度、自主学习能力、良好学习习惯、学习空间和环境方面存在问题选择"非常赞成"的比例接近于教师,但高于学生。这个结果说明教师与管理人员都关注到了在线教学中存在着由学生因素导致的相关问题。

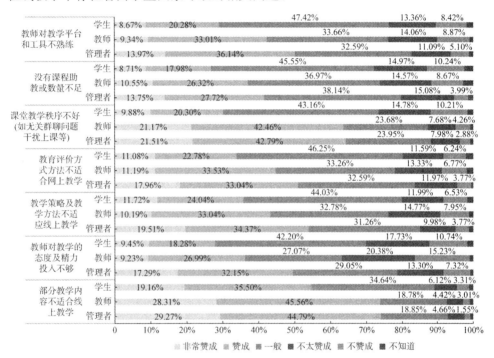

图 4-45 高校师生和管理人员对在线教学教师存在问题的评价人数比例①

---

① 邬大光,李文. 我国高校大规模线上教学的阶段性特征:基于对学生、教师、教务人员问卷调查的实证研究[EB/OL]. [2020-08-12]. https://www.sohu.com/a/409128431_498166.

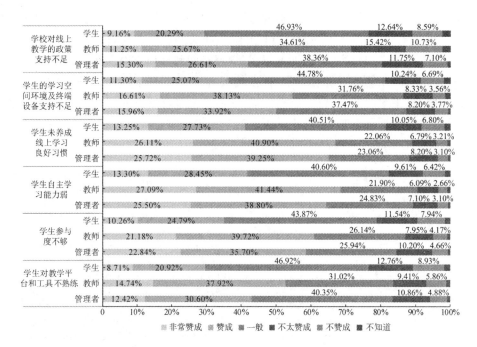

图4-46 高校师生和管理人员对在线教学学生存在问题的评价人数比例[①]

以上是针对疫情期间在线教学存在的问题进行调查的结果。除了问题之外,师生在进行在线"教"与"学"的过程中对所面临的挑战又是如何评价的呢?按照"非常赞成""赞成""一般""不太赞成"和"不赞成"5个等级的态度选择,本次调查结果显示,教师对问卷中所列举的7种挑战的各项得分均值均高于3.5,如图4-47所示,说明教师从线下教学转移到线上教学面临着相当大的挑战。按照挑战度高低排序,依次为:需要改变教学策略和教学方法($M=4.01$)、需要改变以往的教学习惯($M=3.96$)、需要转变教学观念($M=3.96$)、需要重新学习各种教育技术($M=3.95$)、课内课外时空界限变模糊($M=3.92$)、增加教学工作量负担($M=3.88$)、增加心理压力($M=3.56$)。从学生学习过程中所面临的挑战看,学生对线上学习可能存在的7个方面挑战的态度也分为"非常赞成""赞成""一般""不太赞成"和"不赞成"5个等级,从调查结果看,所有项目均值都低于4,如图4-48所示,按照挑战度均值得分从高到低排序,依次为:需要增强自律性,养成良好的线上学习行为和习惯($M=3.81$);对自主学习能力提出更高要求($M=3.76$);提高课堂听课效率,避免浪费时间($M=3.73$);学习任务量、挑战度增加($M=3.66$);网络资源广泛,需要批判性、研究性学习($M=3.66$);需要加强与同学之间的互助协作($M=3.61$);需要熟悉和掌握各种平台和学习工具($M=3.37$)。

[①] 邬大光,李文. 我国高校大规模线上教学的阶段性特征:基于对学生、教师、教务人员问卷调查的实证研究[EB/OL]. [2020-08-12]. https://www.sohu.com/a/409128431_498166.

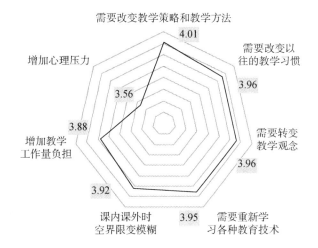

图 4-47　高校教师疫情期间在线教学面临挑战的评价均值图[①]

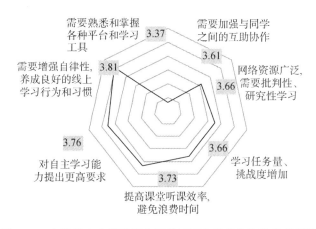

图 4-48　高校学生疫情期间在线学习面临挑战的评价均值图[②]

从师生对在线"教"和"学"面临挑战的评价结果可以看出,在线教学对于教师而言,最大的挑战是需要"改变教学策略和教学方法""改变以往的教学习惯"和"转变教学观念";而在学生看来,最大的挑战主要是需要"加强自律""提高自主学习能力"及"提高课堂听课效率"三个方面。师生反馈结果表明,在线教学不是简单的线下教学的"平移",而是一个从理念到方法、从技术手段到平台建设的全面"学习革命"。在线教学将改变师生传统的教学习惯和学习习惯,也必然带动高校管理习惯的改变,这一变化过程无疑将是一个渐进的过程,并非能够"一蹴而就"。

既然在线教学存在着诸多的问题和挑战,疫情过后,师生及管理人员对于在线

[①②] 邬大光,李文. 我国高校大规模线上教学的阶段性特征:基于对学生、教师、教务人员问卷调查的实证研究[EB/OL]. [2020-08-12]. https://www.sohu.com/a/409128431_498166.

教学的态度如何呢？调查问卷设计了"继续采用线上教学""线上＋线下混合式教学"及"不采用线上教学"三个选项，设置"非常愿意(接受)""愿意(接受)""一般""不太愿意(接受)"和"不愿意(接受)"5个态度等级。调查结果显示，对于"继续采用线上教学"，师生赞成度趋于一致，而管理人员态度更加积极；采用"线上＋线下混合式教学"，管理人员与教师的态度基本一致，并且赞成度明显高于学生；对于"不采用线上教学"选项，管理人员赞成度明显高于学生，学生赞成度又明显高于教师，如图4-49所示。但从总体上看，采用"线上＋线下混合式教学"这一选项，师生反应更为积极一些，超过70%的教师表示"愿意"(含"非常愿意")采用"线上＋线下混合式教学"，45%以上的教师表示会"继续采用线上教学"，只有20%左右的教师表示"不采用线上教学"；从学生评价看，超过50%的学生表示"接受"(含"非常接受")"采用线上＋线下混合式教学"，近40%的学生表示"接受""继续采用线上教学"，但也有30%左右的学生"接受""不采用线上教学"。统计数据表明，学生希望疫情之后继续采用"线上＋线下混合式教学模式"的占比更高，认可度高于教师和管理人员。以上师生调查的统计结果显示，在经历了短时间的线上教学体验后，无论是教师还是学生，无论是在思想观念上还是在教学行为、学习行为方面，都已经发生了一些改变。如果疫情之后的教学完全回归到传统的线下教学模式，很可能已经无法适应教学变革的新需求了。根据调查结果可以推断，比较可行的做法是采取"线上与线下混合式"教学模式，并且在实践中不断加以完善和改进。

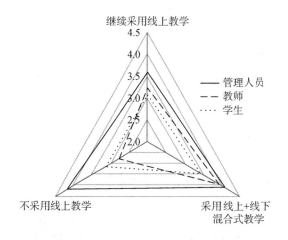

图 4-49 高校师生和管理人员对疫情之后选择教学模式的态度均值图[①]

[①] 邬大光,李文. 我国高校大规模线上教学的阶段性特征：基于对学生、教师、教务人员问卷调查的实证研究[EB/OL].[2020-08-12]. https://www.sohu.com/a/409128431_498166.

（六）高校师生对改进在线教学的意见

面对在线教学存在的问题和挑战，师生对改进和完善在线教学实践有哪些需求？为了解清楚师生的意见和建议，调查问卷罗列了"提升网络设备等硬件水平""加强课程教学资源建设""改善平台建设"等12个方面的选项，分为"非常赞成""赞成""一般""不太赞成"和"不赞成"5个赞成程度等级，分别面向管理人员、教师和学生收集意见和建议。调查结果显示，由于不同群体基于自身所处的经历、体验和立场利益等因素来考虑问题，对于改进的策略及途径有着不同的看法，总体上看，管理人员和教师对于线上教学改进的迫切性显著高于学生，如图4-50所示。从图4-50可以看出，在"加强教师线上教学培训""改善学习空间、设备等信息化建设""教师转变教学策略与方法""加大政策支持""配备课程助教""加强学生线上学习培训"等方面，管理人员的评价均值高于教师评价均值；而在"加强学生线上学习培训""引导学生自律，养成良好的学习习惯""改善教师教学空间及设备""加强课程教学资源建设""提升网络设备等硬件水平""改善平台建设""加强技术服务支持"等方面，教师与管理人员看法趋于一致或者略高于管理人员。

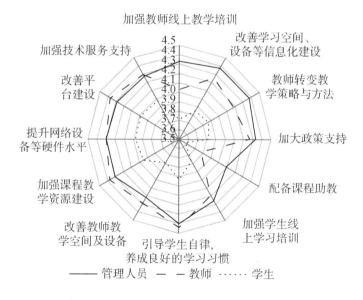

图4-50　高校师生和管理人员对加强改进在线教学的意见均值图[①]

为了进一步掌握不同群体对于各项改进意见的看法，调查研究人员将各项评价均值按照高低顺序进行排序，形成了管理人员、教师和学生三组排序表。以管理

---

① 邬大光，李文. 我国高校大规模线上教学的阶段性特征：基于对学生、教师、教务人员问卷调查的实证研究[EB/OL].[2020-08-12]. https://www.sohu.com/a/409128431_498166.

人员排序作为参照指标,发现教师和学生与管理人员对于各项改进意见迫切性的选择倾向差异很大,如表 4-8 和图 4-51 所示。

表 4-8　高校师生和管理人员对在线教学改进意见的评价排序表①

改进意见	管理人员	教师	学生
1. 引导学生自律,养成良好的学习习惯	1	1	5
2. 教师转变教学策略与方法	2	10	6
3. 改善学习空间、设备等信息化建设	3	8	7
4. 加强教师线上教学培训	4	11	11
5. 加大政策支持	5	7	8
6. 加强课程教学资源建设	6	2	4
7. 提升网络设备等硬件水平	7	4	2
8. 改善平台建设	8	3	1
9. 加强技术服务支持	9	5	3
10. 加强学生线上学习培训	10	9	10
11. 改善教师的教学空间及设备	11	6	9
12. 配备课程助教	12	12	12

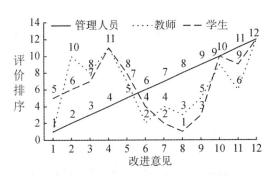

图 4-51　高校师生和管理人员对在线教学改进意见的评价排序图②

表 4-8 和图 4-51 显示,管理人员、教师和学生三方除了对第 10 项"加强学生线上学习培训"和第 12 项"配备课程助教"的评价比较一致外,其余各项三方的意见差异非常显著。以最迫切需要改进的前 3 项为例,管理人员认为最值得改进的是"引导学生自律,养成良好的学习习惯""教师转变教学策略与方法"和"改善学习空间、设备等信息化建设";而从教师的角度看,最值得改进的前三项分别是"引导学

---

①② 邬大光,李文. 我国高校大规模线上教学的阶段性特征:基于对学生、教师、教务人员问卷调查的实证研究[EB/OL]. [2020-08-12]. https://www.sohu.com/a/409128431_498166.

生自律,养成良好的学习习惯""加强课程教学资源建设"和"改善平台建设";但学生认为最需要改进的三项内容则是"改善平台建设""提升网络设备等硬件水平"和"加强技术服务支持"。

如果仅从教师和学生对线上教学改革的意见进行比较,发现教师和学生的看法在差异度方面明显较小,如表4-9和图4-52所示。在前5个改进意见中,教师和学生的看法基本一致;师生在"加强教师线上教学培训"和"配备课程助教"这两个方面看法完全一致;但教师认为第1、2、3项最重要,而学生则认为第3、4、5项更重要。这个结果反映出师生对于线上教学的改进策略和途径存在的不同看法。从教师的视角出发,首先要重视引导学生自律,养成良好的线上学习习惯,而后再加强课程教学资源和平台建设,提升学校的网络设备等硬件水平,并加强技术服务支持;而学生的观点是,首先要改善平台和硬件建设,加强技术服务支持,而后才是养成良好的学习习惯。在后5项改进意见中,这种差异同样存在。从教师视角看,首先应该改善教师的教学空间及设备,加大政策支持,进一步改善学习空间、设备以及加强学生线上学习培训,最后转变教学策略与方法;但学生的排序基本是倒过来的,先是教师要转变教学策略与方法,而后才是其他方面的改进。由此可以看出,管理人员、教师和学生都认为在线教学存在着改进和完善的必要性,但三方都基于"本位主义",对于在线教学的改进策略和途径存在着认知方面的显著差异,如何求同存异,使三方在认识上基本达成一致,需要在教学实践中经历一段时间的"磨合"。

表 4-9 高校教师和学生对在线教学改进意见的评价排序表[①]

改进意见	教师	学生	改进意见	教师	学生
1. 引导学生自律,养成良好的学习习惯	1	5	7. 加大政策支持	7	8
2. 加强课程教学资源建设	2	4	8. 改善学习空间、设备等信息化建设	8	7
3. 改善平台建设	3	1	9. 加强学生线上学习培训	9	10
4. 提升网络设备等硬件水平	4	2	10. 教师转变教学策略与方法	10	6
5. 加强技术服务支持	5	3	11. 加强教师线上教学培训	11	11
6. 改善教师教学空间及设备	6	9	12. 配备课程助教	12	12

---

①② 邬大光,李文. 我国高校大规模线上教学的阶段性特征:基于对学生、教师、教务人员问卷调查的实证研究[EB/OL]. [2020-08-12]. https://www.sohu.com/a/409128431_498166.

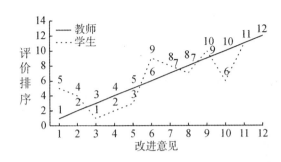

图 4-52　高校教师和学生对在线教学改进意见的评价排序图②

（七）讨论与思考

从上述几个方面呈现出来的对疫情期间高校在线教学状况的调查结果表明，基于我国过去 20 多年教育信息化建设打下的基础和互联网信息技术水平的快速提升，本次为应对疫情而被动发起的高校大规模线上教学，不但顺利落实了教育部提出的"停课不停教、停课不停学"的目标任务，而且大大加快了我国教育信息化进程，并且为今后进一步深化信息技术与教育教学深度融合积累了丰富的经验，这将成为我国深入推动信息化教育教学改革的宝贵财富。疫情期间的在线教学使得广大高校教师、学生以及高校管理人员从思想观念和教育教学理念直至课堂教学实践等方面，都经历了一次完整的真实环境中的实验。虽然呈现出来的实验结果是基本经受住了考验，但也反映出我国高校在线教学发展程度的不平衡问题，揭示了高等教育各利益相关方对于在线教学的不同认识，以及不同高校在线教学推进的不同深度。客观地说，这次疫情期间各类高校大规模在线教学，既充分检验和展示了我国高校信息化建设和推进信息化教学改革的成果，也全面探测了我国高校教育信息化建设和互联网＋教育实施过程中真实存在的问题和挑战。

为了实现真正的且有高水平质量保障的基于信息技术的混合式教学，我们需要深入分析此次疫情期间在线教学呈现出来的各种问题和各类挑战，从而为后疫情时期和社会恢复正常以后，实现在线教学常态化和推广线上线下混合式教学做好准备。长期的教学改革经验表明，任何教学改革都不是一个简单的直线式的前进过程，而是一个动态的、复杂的螺旋式渐进过程，最终目标的达成取决于一系列的主客观条件。由于时间较短，此次教育研究机构的调查问卷，可能并不能完全反映出在线教学存在的问题和挑战，其科学性和完整性也还有待实践检验，但总体上反映出我国高校全面开展信息化教学的能力和水平，调查数据也揭示出一些以往可能被忽略的、真实存在的在线教学的不足，尤其在宏观层面，具有启发反思和改进的作用。

事实表明,我国教育信息化建设以及互联网+教育的推进程度还存在着很大的发展空间。前期我国在信息化教学资源建设的理念和成果方面都存在不足,如我国国家级精品课程和网络精品课程等信息化、数字化课程建设项目在早期的建设和评审过程中,并不是基于全面开展在线教学的考虑,而只是把它们作为传统线下课堂教学的补充。因此,至今我国在线教学的生态链离建成尚远。虽然我国高校经过多年的信息化建设,基础设施等硬件建设成果基本上可以满足开展在线教学的要求,但是总体上硬件建设的技术"含金量"还较低,教学平台的开发和应用仅限于完成线上授课、签到、提交作业和在线测试等基本教学功能,充分满足以"学生为中心"的即时化、多样化和个性化等高阶学习需求的功能还有待研发,"以管理为中心"的单向思维存在于整个在线教学平台的设计当中,硬件建设的过程中未能充分展现以学生学习成果为导向的教育理念,教师的能动性和学生的主体性未得到充分体现。

提倡先进信息技术与教育教学的结合,其目的应该是给教育发展和教学改革提供更多可能性,为教师赋能,更好地促进学生的个性化发展。基于这种理念,学生学习将发生深刻的变革,实现时时可学、处处能学的愿景。学生可以随时随地开展个性化学习,他们可以选择适合自己的学习方式,可以自主接受更多基于项目的学习,选择通过参加实习、指导项目及参与项目协作等现场动手学习活动来习得经验,掌握更多的实用知识和技能;教师对学生的评估方式也会变革,在设计和更新课程时,教师要考虑学生的意见,主要的学习责任将从教育者转移到学习者。[1] 近年来兴起的自适应学习技术(Adaptive Learning Technology),其理念就是指在设计课程教学的过程中,要根据个人的能力或技能水平,自动调整课程内容的水平或类型,从而通过自动化或教师干预来提高学习者的表现。[2]

而此次在线教学的状况表明,我国高校师生的信息化教育教学理念的变革速度跟不上信息化技术革新和信息化时代学习理论发展的速度。很多高校教师利用微信群和QQ群开展在线教学,把传统线下课堂的教学内容、模式和评价方法平移到线上;基于MOOC开展学生自主学习和基于混合式教学理论的翻转课堂教学模式等并未得到充分应用;虽然许多高校建有智慧教室,甚至一些"双一流"高校已经实现智慧教室全覆盖,但此次疫情期间,智慧教室几乎没有发挥作用。这些情况说明,决定信息化教学改革成效和在线教学质量的核心要素并不是硬件设施,而是师生教育教学理念的更新速度和程度,尤其受限于高校教师的信息化教学理论和水平。在线教学作为一种以信息技术为支撑的教学方式,无时无刻不受到教学理念

---

[1] FISK P. Education 4.0: the future of learning will be dramatically different, in school and throughout life [EB/OL]. [2020-08-14]. http://www.thegeniusworks.com/2017/01/future-education-young-everyone-taught-together.

[2] LOU P. Adaptive learning systems: surviving the storm [EB/OL]. [2020-08-14]. https://er.educause.edu/articles/2016/10/adaptive-learning-systems-surviving-the-storm.

的限制，这也是在线教学活动本身的性质所决定的。因此，在高校信息化基础设施建设基本完成以后，保障信息化教学改革和线上教学质量的关键，是更新教师的教育理念及提高教师的信息化教育教学能力和水平。

此次调查结果也显示，高校教师、学生和管理人员在学校提供的在线教学服务评价、在线教学的优缺点、影响线上教学效果的主要因素以及线上教学存在的问题和挑战等方面的认知和看法存在差异。如对在线教学的满意度和技术支撑的评价方面，管理人员的评价最高，教师次之，学生最低，这个现象说明不同利益主体的评价会形成不同的在线教学满意度，从而会影响其对其他问题的看法，形成不同的改进和完善在线教学的观点。这启发我们思考，首先，教学改革要明确教学实践的真正参与者和受益者，要正确认识并落实教师的主导地位和学生的主体地位，师生的"双主"地位不能保证，教学改革往往流于形式，难以真正落地。其次，和传统的课堂教学不能保证所有课堂都能引人入胜一样，在线教学平台也是如此。任何形式的教学过程，教师的教学理念对教学改革的影响最大，教师要更加关注在线教学中哪些教学策略、哪些教学服务可以更好地促进师生互动，提高学生的参与度，然后才是尽可能地提高教学能力。只有先解决了思想问题，即更新了教学理念和学习理念，才会引发教学方式方法的变革，新的信息技术工具和手段才会被师生自然地、自发地应用到教育教学过程之中。

就调查发现的各大高校实施在线教学的实际情况来看，目前高校主要还是由教师来进行课程录制或是在线直播教学，但是未来的发展方向是要在数字素养(Digital Literacy)的基础上发展数字流利度(Digital Fluency)。"数字素养"是教师对如何使用信息技术和数字媒介的理解，"数字流利度"是教师如何根据需要使用技术和媒介创新教材、教法的能力。教师应利用新的在线教学技术手段来评估他们的教学实践，运用以学生为中心的教学模式，促进学生的自主学习。因此，对于信息化教学改革的持续推进，需要提倡高校教师对教学过程反思的自觉性，即针对在线教学过程中的新问题、新现象，教师要加强体现自身数字素养的反思意识，及时总结和反思现有信息化教学经验的优势与不足，将以往所积累的教学经验与在线教学中学生的参与积极性、配套资源的完备性以及组织管理的有效性等方面结合起来，从基本的事实和现象中发现问题，再以问题带动反思；此外，还需要教师发挥主观能动性，将反思的内容和成果转化为具体教学实践，并且将反思与实践内化为常规教学行为，即不断提高自身的"数字流利度"，促进教学和研究能力的提高，优化教学效果。

调查结果也反映出我国的在线教学实践与国际在线教学实践间的差距。当前我国高校仍将在线教学看成是信息技术领域的问题；而在国际上，无论是信息化学习管理系统的开发和MOOC的兴起，还是自适应理论和技术的出现，其发展进步的背后支撑是学习理论的发展和进步。从国外成熟的经验来看，在线教学有着其自身的教学规律，线上教学的大纲设计、备课、授课、考核、评价、反馈等教学环节，都与线下教学有着完全不同的要求和标准。在国外,随着主动学习理念和课程质量测评技术及体系的形成与发展,学界关注的重点已从对教师技术应用的培训转向提高专业学习设计团队的课程设计能力。[①] 国外一些大学,对于在线教学的课程申请有着严格的把关程序,并且成立专门的课程指导小组,基于以学生为中心的教学理念,围绕如何提高学生的学习兴趣和参与教学活动的积极性,指导线上课程教学内容设计和教学活动设计,所有的教学设计都尽可能弱化教师在课上的主导作用,而课后的作业、辅导、答疑、讨论及反馈在整个教学过程中占有较大比重,以此突出学生的学习主体地位,形成学生学习共同体(Leaning Community),使每个学生的学习经验和体验都对学习共同体产生贡献。通过这种教学设计和实践,从某种意义上说,教师已经从知识的传播者变成了知识的组织者和学生学习的观察者。这种在线教学模式的变化,事实上对教师课堂教学的组织和设计提出了更高的要求,也对学校的资源配置,如线上教学资源、在线学习服务以及学习空间等,提出了新的要求。也正因为如此,有些国外大学的在线教学质量保障机构中,专门设置了教学空间设计委员会,以全面协调和设计学生的学习空间,为学习共同体组织开展小组学习、团队学习等合作学习方式创造条件。国外的大学除了在线上课程教学设计方面的这些做法以外,还包括在线教育教学评价与反馈、教学组织管理与服务等,这些对我国大多数高校而言都还基本处于概念认知层面,属于新生事物的范畴和未来需要努力的方向,这些都需要我们在今后长期的高校信息化教学改革征程中逐步解决。

近几年,我国信息化教学设备和资源建设的主体主要有两个,一个是政府和高校建设的在线教学平台,另一个是市场化的在线教学平台。基本情况是以政府为主导、以高校为主体、社会力量参与的方式进行信息化教学软硬件建设。此次疫情暴发客观上使得政府、高校、行业、企业、教师和学生"不得不"全方位联动,强化了我国高校与企业和科研院所的产学研融合。这次疫情是对我国教育信息化相关各方的硬件质量、软件服务水平、信息化教学管理能力、信息化教学操作能力和信息化自主学习能力的一次全面集中测试。在教育部提出"停课不停学"的要求以后,除了各大中小学的教师们努力掌握新技术、认真备课、精心辅导学生之外,众多在线教育产品供应商第一时间行动起来,在教师开始落实在线教学前的备课、备教阶段,"雨课堂""学习通""智慧职教""云课堂""蓝墨云班课"等高校信息化教学平台服务商纷纷开展教学平台的使用培训、高手教师信息化教学经验分享等在线培训公益活动;在在线课堂教学落实的过程中,他们也实时提供服务和指导,帮助教师解决在线教学中遇到的各种问题,优化平台管理和基础设施,为支持瞬间迸发的超大带宽和计算需求,紧急新增、调度服务器,保障在线教学期间的网速;很多电信和

[①] BRYAN A, et al. NMC horizon report: 2019 higher education edition[M]. Louisville, CO: EDUCAUSE, 2019: 15.

IT企业自发在"疫情防控"期间提供免费服务,腾讯课堂、阿里钉钉几乎提供了直播教学一半的技术支持,中国移动、中国联通、中国电信等运营商攻坚克难,在万丈高原支起了"铁塔",为边远地区送去了网络;为支持"国家中小学网络云平台",百度、阿里、华为等企业积极响应教育部和工信部协调和部署,提供全面技术保障,调用7 000个服务器,90T带宽,使各地的在线教学逐渐步入正轨,逐步消除了在线教学之初的各种"翻车"现象。各大出版社免费提供电子教材和相关在线教学资源,22个高等教育在线课程平台免费开放在线课程2.4万余门供师生选用。

综上所述,此次疫情期间,市场化的在线教学平台与政府和高校的在线教学平台相比毫不逊色,甚至在"覆盖面"和"使用率"方面有超过"公办"教学平台的倾向,其中原因是多方面的。从访谈调研中得知,政府和高校教学平台的优势在于提供的优质课程资源较多,而市场化教学平台的优势在于提供周到和及时的服务,尤其是"后台"的技术服务。对于很多管理人员和教师来说,选择"技术服务"比选择好的课程资源似乎更为重要。因为,服务是保证线上教学质量的关键要素之一,而能按时顺利开展教学又是管理人员和教师的第一要求。国外高校线上教学的经验也表明,市场化的专业公司是提供线上课程资源的主体,强大的企业化集团通过市场化运作方式,采取收费或者通过共建共享来获得用户的青睐,从而在高校围墙之外形成了一个庞大的教学资源供应市场,他们通过精准地匹配学生或客户的实际需求,提供多样化、个性化、定制化的服务,从而促进整个在线教育生态化的形成。因此,我国的线上课程平台,既需要政府全面引导和监管,更需要引入市场化机制,不断挖掘线上教育的发展空间,探索线上教育的新模式。

"疫情防控"期间,在我国呈现出来的"政校企""产学研"的通力合作,一方面证实了高校实施信息化教学的可行性和有效性,帮助教师清晰认识到信息化教学在知识传授、技能培养、作业布置和批改、全过程教学评价的客观和迅捷等方面的优势,增强他们应用和提高信息化教学能力和水平的信心;另一方面也明晰了我国高校在教育信息化方面的产学研深入合作路径。以教育产品设计为例,一般而言,设计教育产品主要有三个方面力量:一是一线教师,他们了解学生的学习情况,设计的产品可能更贴合实际需求,但是他们不具备技术方面的优势,事实上大部分一线高校教师忙于日常教学和科研,他们没有经历也不需要人人都去设计信息化教学产品,他们最重要的角色是使用教育产品开展多元化教学;二是高校和科研院所等研究机构,这些机构可能也会开发一些教育软件类产品,但是由于高校和科研机构具有更注重"创新"的基因属性,往往推出的很多创意和产品虽然有创新性,但是技术方面可能不稳定、不成熟,应用过程中用户体验可能不理想;三是企业,因为企业具有追求盈利的基本属性,促使企业要把产品做得性能稳定,提高标准化,并提供良好的售后服务,以开拓宽广的市场。所以理想的产学研合作模式可能是高校等研究机构和一线教师合作推出教育产品的创意和模型,由企业去开发、完善、制造并使之产品化、规模化和市场化。客观地说,目前我国高校教师在在线教育产品设计方面的参与度还较低,这种状况也将随着信息化教学改革的不断深入而逐步得到解决。

伴随以智能制造为特征的工业4.0的来临,世界各地的教育也迎来了信息技术与教育深度融合的新时代。可以预见,在互联网信息技术和AI技术的冲击下,高校教学活动正在日益步入高度开放、多元和个性化的时代。互联网+教学将不再是"应急"状态下的"权宜之计",更不再是"一次性"工具和手段,应该是"常态"下的教育选择和教学手段之一。作为一个高等教育大国,世界上没有一个国家像中国这样开展了如此大规模的线上教学,这对软件和硬件都提出了较高的要求。此次调查结果显示,信息技术和互联网+教学保证了疫情期间的教学开展,首次大规模在线教学试验基本成功,这为高校信息化教学改革与推进互联网+教育的结合增强了信心。调查问卷反映出的我国在线教学的各种状况,仅仅是在磨合阶段的必然现象,被"应急"遮蔽的一系列深层次问题可能还有待于在后疫情时代逐渐发现并加以解决。

"危机之中育新机",这次疫情暴发给高校教师提高信息化教学能力带来了"全面测试、立刻呈现结果"的前所未有的体验,每位参与其中的教师和管理人员都对信息化教学有了更深刻的认识和体验,信息化教学和管理的优势也得到不同程度的认可。可以说,经过此次"实操演练",从"应急性"在线教学走向"常态化"信息化教学,在各所高校已经形成了高度共识,信息化教学模式在高校已经扎下了"根"、种下了"草",这无疑会加快高校教师提高信息化教学能力的步伐,必然会促进教师的专业发展。

疫情暴发之前,对多数高校教师来说,在线教学还只是一个概念、一种理论,日常教学改革中改变较多的还只是教学内容。而这次疫情期间在线教学,不仅仅改变了教学方式,甚至改变了整个教学过程:教学技术发生了变化,教学时空发生了变化,师生互动发生了变化,质量监测发生了变化,大学与社会关系发生了变化……这次为抗击"新冠疫情"而开展的高校大规模在线教学,促使高校教师整体走上了开展信息化教学和提高信息化教学能力之路,促进了高等教育信息化的常态发展,同时也紧密了高校产学研的合作关系。客观地看,高校及高校教师在完全掌握和充分利用信息技术和互联网+的力量方面还存在很大的差距,此次在线教学出现了不少的问题,但是,我们有信心在后疫情时期,团结起来,从容应对,不断推进我国高校信息化课堂教学的改革和创新。

最后,让我们用2020年3月底感染新冠肺炎的哈佛大学校长劳伦斯·贝考(Lawrence Bacow)致其同仁信件中的一段话作为结语:没有人能知晓我们在未来几周会面临什么,但每个人都非常清楚,新冠病毒将测试我们的善良和慷慨的程度,超越自我和摈弃个人利益的程度。在这个非我们所愿、前所未有的、复杂迷茫的世界里,我们的任务就是把自己的人格魅力和个人技能最好地呈现出来。愿智慧和优雅陪伴我们前行!

第五章 高校教师信息化教学能力发展策略

> 今日之教师正在学着以他们没有被教育过的方式去从事教学。
>
> ——哈格里夫斯(Hargreaves)

本书第四章在对高校教师开展问卷调查和深度访谈的基础上,讨论了高校教师信息化教学能力的现状和水平,并分析了其中的一些原因。针对新冠疫情期间高校在线教学情况,厦门大学教师发展中心也面向高校教师、学生和管理人员开展了专门的调研,其结果呈现出来的高校教师信息化教学能力水平基本印证了本书作者得出的研究结论:教师教育教学理念的转变跟不上信息时代发展的速度,教师运用 TPACK 的能力整体不高,教师开展信息化教学实践的经历不足,高校在线教学资源建设不充分,信息化教学技术服务还存在差距,等等。根据在信息化教学过程中高校教师呈现出来的这些问题和面临的诸多挑战,本章将从宏观、中观和微观三个层面,对应政府、学校和教师三个维度,从高校教师信息化教学能力框架制定、高校管理和激励制度的建设以及高校教师的自我反思和实践三项内容着手探讨高校教师信息化教学能力的发展策略,如图 5-1、表 5-1 所示。

图 5-1 高校教师信息化教学能力发展策略分析结构图

表 5-1　高校教师信息化教学能力发展策略分析结构表

分析层次	分析维度	分析内容
宏观	政府	高校教师信息化教学能力框架制定
中观	高校	高校管理和激励制度的建设
微观	教师	高校教师信息化教学的自我反思和实践

第一节　宏观策略：高校教师信息化教学能力框架的顶层设计

本节将根据有关文献和前文的调研结论，论述由教育部组织有关专家，进行高校教师信息化教学能力顶层设计的必要性、可行性和顶层设计应关注的部分内容。

一、能力框架顶层设计的必要性

随着信息技术在学校教育教学情境中应用的日益广泛，为帮助教育者清楚认识自身在信息化时代应该具备的教育教学能力水平，国内外都有由不同的机构、组织或部门面向不同层次或不同区域内的教育者制定的关于教育者信息化教学能力的框架或标准，如美国国际教育技术协会定期更新的《教育者标准》（ISTE Standards for Educators）、欧盟为各成员国制定的《教育者数字能力欧洲框架》、联合国教科文组织推出的《教师信息通信技术能力框架》以及我国的《中小学教师信息技术应用能力标准（试行）》等。这些框架或标准都为指导目标教师群体发展自身的信息化教学能力、规范管理部门对教师开展信息化教学能力的评估和培训发挥了积极的作用。

早在 2012 年，在我国教育部发布的《教育信息化十年发展规划（2011 — 2020 年）》[①]中，就强调了要"建立和完善各级各类教师教育技术能力标准，将教育技术能力纳入教师资格认证与考核体系，促进教师专业化发展"；2016 年 6 月，教育部又发布了《教育信息化"十三五"规划》[②]，提出要"成立并健全教师对信息技术应用

[①] 教育部.教育信息化十年发展规划：2011 — 2020 年[EB/OL].[2019-04-03]. http://old.moe.gov.cn/publicfiles/business/htmlfiles/moe/s3342/201203/xxgk_133322.html.

[②] 国务院.国家教育事业发展"十三五"规划[EB/OL].[2019-04-20]. http://www.moe.gov.cn/jyb xxgk/moe1777/moe 1778/201701/t20170119 295319.html.

的能力标准,使信息化的教育教学模式切实成为教师日常教学模式选择的新常态"。然而,至今我国仍缺乏一个具有广泛影响力的、针对高校教师信息化教学能力发展的官方标准或框架。2010年,虽然我国全国高校教育技术协作委员会曾推出了《国家高校教师教育技术能力指南(试用版)》(以下简称《指南》),但是其影响力和作用远没有达到预期效果,并且《指南》也没有与时俱进地进行修订、更新和完善。有研究表明,高校教师中约40%的教师"不了解"或"非常不了解"这份《指南》的内容或作用,达到"一般"了解程度的也只占约40%。[①] 数据说明,《指南》对高校教师的影响比较微弱。缺乏一个官方的、权威的、被广大高校教师广泛采用的信息化教学能力框架,有可能是导致高校教师信息化教学能力整体差强人意的原因之一。因此,从宏观指导的层面看,构建高校教师信息化教学能力框架的顶层设计是非常有必要的。

二、能力框架顶层设计的可行性

自20世纪信息技术对人类社会生活和教育教学产生影响以来,许多教育发达的国家和地区,如美国、日本、欧盟等就相继制定了相应的规范教师教学行为和能力水平的指导性标准、框架等政策文本,并根据信息技术的发展和社会的进步定期更新、完善,他们的经验和取得的成果可供我国参考借鉴。此外,国内在提高中小学教师信息化教学能力方面也已积累了较为丰富的经验,可资借鉴。教育部在2004年就已经颁布了《中小学教师教育技术能力标准(试行)》,为适应信息技术发展的新情况,又于2014年推出了《中小学教师信息技术应用能力标准(试行)》,成为指导落实教育部《关于实施全国中小学教师信息技术应用能力提升工程的实施意见》文件精神的重要依据,规范了全国各地对中小学教师开展信息技术应用能力培训和能力测评、颁证等工作,促进了中小学教师信息化教学能力的提升,引领了专业发展方向。教育部制定的这两份旨在提升中小学教师信息化教学能力的《标准》,成功地指导了自2004年以来在全国各地轰轰烈烈开展的中小学教师信息化教学能力的培训和评测活动,极大地提升了全国中小学教师的信息技术教学能力,此间积累的经验和教训完全可以为开展高校教师信息化教学能力框架的顶层设计所参考,避免走一些不必要的弯路。

此外,2010年全国高校教育技术协作委员会制定的《国家高校教师教育技术能力指南(试用版)》,也是依托国家级重点课题研究项目,由专家组成的课题组历经数年,在面向全国几十所高校开展深入调研的基础上形成的成果。其中对高校教师教育技术能力模块的构成和指标体系的确立都是比较科学、严密的,对各项能

[①] 何贤.高校教师信息化教学能力现状的调查研究:以H高校为例[D].杭州:杭州师范大学,2018:19.

力描述也都较为全面和详尽(见第二章)。该《指南》推出后,对当时一些高校提升教师教育技术能力发挥了不容忽视的作用。但是,可能由于该《指南》颁布部门的权威性不够,导致其影响力不大,加之没能随着信息技术的迭代而推陈出新,以至于近年来高校教师对该《指南》的了解和应用日渐式微。但是,随着高校信息化教学改革的推进,尤其是新冠疫情对开展在线教学和线上线下混合式教学常态化的促进,提升高校教师信息化教学能力的呼声也日渐提高,颁布相应的信息化教学能力框架的权威文件恰逢其时。

在此宏观背景下,由教育部组织相关领域专家进行顶层设计,参考借鉴该《指南》中的合理化要素,结合我国中小学教师教育技术和信息技术应用能力标准制定和开展相关培训,评鉴该《指南》颁布以来所积累的成果,参照国外有关标准或框架制定和实施的经验,对于改善当下我国高校信息化教学现状,制定高校教师信息化教学能力标准或框架,具有充分的可行性。

三、能力框架顶层设计的具体建议

高校教师能力框架的设计要考虑其适用对象、预期目标、实施背景等宏观因素,在参与设计的人员、调研范围、内容取舍和推广应用等方面统筹规划,逐步推进。

由国家教育主管部门颁布的高校教师信息化教学能力框架是指导全国高校教师信息化教学能力发展的纲领性文件,它的研究和制定必然是一项非常谨慎、严肃的工作。参与该能力框架调研和设计工作的人员应具有权威性、全面性、代表性等特点,即应有来自管理部门的领导、专家和信息技术与应用的研究人员,更要有来自不同区域、不同类型高校的教师发展研究人员、学科(专业)建设研究人员和一线高校教师,历经调查研究、专项研讨、专家咨询等阶段,最终形成集体智慧的结晶。

在当今信息化社会环境中,信息化教学能力必然成为高校教师专业能力不可分割的组成部分。应用信息技术提高高校教师教学工作和研究工作的效能,进而促进学生学习成效和能力发展,应该是高校教师发展信息化教学能力的目标,如何帮助高校教师实现这个目标是能力框架设计的焦点。能力框架面向高校教师的信息化教学实践应用,其内容要与信息技术素养及课程教学的准备、实施和评价、反思与改进、特色与创新等高等教育教学的实践轨迹相一致,方便高校教师的理解与应用。

我国经济、社会发展水平客观上存在着地区发展不平衡的现象,各地的高等教育信息化发展水平也存在着差异。此外,高校教师本身也客观存在着处于不同发展阶段的事实。因此,高校教师的信息化教学能力必然会受到这些因素的制约而呈现出能力、水平不均衡的现象。基于这些情况,能力框架的设计应考虑我国各高校信息化教学环境的差异,以及师生应用信息技术开展教学和学习的能力差异,针对高校教师在教育教学和专业发展中应用信息技术实施教学的能力水平差异,设计阶梯形能力层次和阶段性发展要求,方便教师对照框架自我评价自身所处的层次和阶段,根据自身情况制定切合实际的成长规划,也方便各地、各校因地制宜地设计评测、培训、考核和认证计划,实现顶层设计能力框架的规范和指导价值。

第二节 中观策略:高校管理制度建设的激励作用

高校教师信息化教学的能力体现和能力发展依托于高校创设的教育教学环境这个物理空间。学校依据国家的宏观指导政策,落实相关的文件精神,体现在一系列的学校层面管理制度的制定和执行上。在高校教师信息化教学能力发展问题上,高校如果能够依据国家标准框架,制定符合本校信息化教学环境条件及本校教师群体实际情况和发展需求的校本管理制度,理论上是一种能够激励教师发展能力的策略。本节着重讨论与提高教师信息化教学能力相关的高校培训管理制度和教学实践激励制度的制定和实施。

一、培训管理制度的制定和实施

现代信息技术日新月异,应用信息技术开展课程教学已成为高校教师应该具备的专业能力之一。为保证教师跟上信息技术快速发展的步伐,高校定期或不定期举办信息化教学能力培训是不断提高教师教学能力和水平的途径之一。我国有关部门和机构依托项目建设或市场化方式为高校教师提供了较为充足的培训机会和丰富的培训内容,各高校也适时组织了一些校本培训,对高校教师信息化教学能力的提高产生了一定的积极作用。调研数据显示,高校教师尽管普遍有过参加信息化教学相关的培训经历,但培训仍然没有覆盖到全体教师,小部分教师(占8%)表示没有参加过学校组织的培训,并且总体上教师对培训的内容、方式、管理、效果等方面满意度不高。高校有关部门需要加强调研,制定科学、合理的培训制度,激发教师的参训热情,切实增强培训效果。

由于高校教师群体在年龄、教龄、专业发展阶段、信息素养和信息技术应用能力等方面存在着较大差异,导致对信息化教学能力培训的需求也各不相同,而高校培训管理制度作为适用于全体教师的校级文件,其制定之初就需要在充分了解教师的差异性需求的基础上,综合考虑方方面面的因素,尽可能保证制度的科学性、包容性和激励性。虽然一项制度的设立不可能保证群体成员百分之百满意,但是,它必须要能维护"最大多数人的最大利益",让不满意的人数尽可能减少,否则,制度将很难真正落地实施。如果一项制度不能让尽可能多的人满意,即使推行起来了,它也不可能取得很好的效果,也将难以持久。

制定高校教师信息化教学能力培训制度,除了要保证行政管理部门"自上而下"的培训任务的落实之外,更要注重开展校本培训活动的实效。因为校本培训是以学校、院系等为单位组织的以解决本单位或本部门实际问题的培训活动,通常具有针对性强、实践性强、组织形式灵活、培训成本低、覆盖面广等特点,便于随时根据需要组织培训。因为是在本校举行培训,学校的软件、硬件设备可以协调应用,有利于解决调研中教师反映的"应用性差""操作性不强"等涉及培训内容和培训方式的问题,便于组织"参与式"的信息化教学能力培训。在参加培训时,教师也成为"学习者",参与式培训是体现以"学习者为中心"的培训理念,教师可以利用充足的设备设施操练、验证培训内容,克服因条件限制而导致的"只听不动""只看不用"的单向"灌输式"培训弊端。

高校制定和落实科学的信息化教学能力培训管理制度,是完善培训管理机制的有力措施。制度的内容既要体现主管部门的文件精神,又要符合本校实情;既要科学,又要全面;培训制度既要明确组织形式,也要阐明评价形式和奖惩办法,从而保证培训制度的切实执行,保证培训达到预期成效,而不是流于形式。

二、教学实践激励制度的制定和实施

能力需要在实际应用中形成、保持并提高,高校教师的信息化教学能力也一样需要在不间断的信息化教学实践中培养和持续发展。无论接受了怎样全面、完备的培训,达到了怎样高阶的能力层次,如果不放到常规的教学中时常加以应用,那也是无用的且不能持续提升。从调研的结果看,高校教师对基本的信息化教学手段和工具普遍有所了解和应用,如对教学场所多媒体设备的操作和PPT课件的制作应用;但是,高校教师参与建设微课和慕课的经历普遍较少,很少应用翻转课堂教学模式,参与信息化教学能力竞赛的教师占比也不高。疫情期间,几乎所有高校教师都开展了在线教学,但是,将屏幕当作黑板,将传统线下教学模式直接搬到线上,可以说是很普遍的现象;慕课资源和翻转课堂教学模式的应用也较少。这些情况与疫情暴发前的调研结果完全一致。说明高校教师信息化教学综合能力整体不高,信息化教学实践不够深入,如微课设计与制作、慕课建设、教学能力竞赛等活动不参与或参与面窄等现象普遍存在。

导致上述结果的原因是多方面的。其中,有教师自身的原因,如教师自我发展的内生动力不足;也有学生信息化学习能力不强、自律性差等原因。但不可否认,与高校缺乏激励制度也必然有关。众所周知,进行微课设计与制作、建设、维护及运行慕课,开展翻转课堂教学和参加信息化教学竞赛等教学实践,对教师信息化教学能力要求很高,需要教师不断地参加培训或自主学习钻研,提升自己的信息化教学设计、实施和评价能力;需要购置一些软件甚至硬件。因此,除了时间、精力的大量投入,还需要经济上的不菲投入。很难想象,如果没有激励性的制度做后盾,怎么能够保证大多数高校教师全方位地持续投入呢?我国高校开展信息化教学改革的行动已持续很长一段时间了,高校的信息化硬件建设可以说成果比较显著,校园无线网络全覆盖、多媒体教室已经成为高校的基本配置,智慧校园、智慧课堂的打造也已耳熟能详。然而,这些先进教学设施的使用者——高校教师群体在教学观念和信息技术与课程教学深度融合的能力等方面,还存在很大的提升空间,就如同手中有一部5G手机,也处于5G网络环境中,但手机所有者只会或只愿意使用2G或3G环境下的功能。

要改变上述现状,激励制度的制定和切实执行不失为一个策略。激励(Motivation)理论认为人们的活动都是在一定的动机影响下产生的。外在动机是指由于外部的或来自他人的激励或压力驱使人们参与某项活动。[1] 学校的激励制度无疑是推动教师参加培训和开展信息化教学实践的外在动机的手段。从高校教师这一职业特点来看,信息化时代背景下,信息化教学能力是教师必备的专业能力之一,除了教学法知识(PK)、学科内容知识(CK)等,教师还必然要掌握教育技术知识(TK),进一步掌握整合技术的学科内容教学知识(TPACK)。这些知识不是一成不变的,而是随着信息技术的快速发展而不断更新迭代。因此,高校教师在整个职业生涯中,需要主动或被动地接受各种培训或自主研习与TPACK有关的知识和技能,转变教学观念,这是由教师职业的特点决定的。[2] 信息技术的快速发展,决定着教师学习将必然是一个持续不断的、复杂的过程,尽管教师学习属于成人学习的范畴,而成人学习具有自我规划和自我指导(Self-Directed)的特点,但这些特点常常也不会自发地呈现,尤其不会持久地、普遍地呈现。研究表明,适当的激励措施有助于促使成人持久地坚持学习。[3] 如果希望教师进一步应用学习所得推动教学实践发生真正的变革,同样需要执行激励制度来助推教师主动地、持续地投入大量时间和精力进行教学改革。[4]

---

[1] HARDRE P L,CROWSON H M,LY C,et al. Testing differential effects of computer-based,web-based,and aper-based administration of questionnaire research instruments[J]. British Journal of Educational Technology,2007,38(1):5-22.

[2] DAY C. Developing teachers:the challenges of lifelong learning[M]. London:Falmer Press,1999:3.

[3] WILSON S M,BERNE J. Teacher learning and the acquisition of professional knowledge:an examination of research on contemporary professional development[J]. Review of Research in Education,1999(24):173-209.

[4] KINGTON A,LEE T,DAY C,et al. Critical review of the literature on school and teacher effectiveness and teachers' work and lives:towards relational and relative[C]. Edinburgh:British Educational Research Association Conference Edinburgh,2003:43.

研究人员在调查和访谈过程中发现,依托各级各类课题研究和项目建设,高校中部分教师在慕课建设、精品资源课程建设和视频公开课程建设等信息化类教学资源建设中取得了较为丰富的成果。这些由经费资助的研究或建设项目,以及对其项目申报和建设成果的物质及精神方面的奖励,事实上都属于激励机制的范畴,也正因为其具有激励性,为高校积累了一定的在线教学资源,为日常教学和疫情期间的在线教学提供了可应用的资源。但是,很大程度上还存在着"为项目而项目""为建设而建设""参与者使用,不参与者很少用"的现象。

课题研究项目毕竟是属于少数人的、相对较为短期的机会,如何使信息化教学实践由"项目化"的激励作用转变为"常态化"的激励机制,使其激励性覆盖到大多数甚至全体高校教师,这是高校信息化教学实践激励制度在制定和实施时应考虑的问题和最终应达到的目标。

第三节 微观策略:高校教师的自我反思与实践

我国自古以来对教师的定义就是传道者、授业者、解惑者。但是进入信息时代后,由于信息检索工具和网络的发达以及每天不断产生的海量网络资讯,对任何一个有一定检索和学习能力的人来说,想获得某方面的知识和信息都不再是什么困难的事情。21世纪的学生被称为信息时代的"原住民",只要他们愿意,随时随地都可以通过互联网获得他们想要的知识。在这种变化的时代背景下,对教师职业的描画正在朝着学习活动的设计者、学习过程的指导者、陪伴者、帮助者和学习效果的评价者等身份转化。从传道、授业、解惑转向设计、指导、评价,表面上看,似乎轻松了许多,实则难度增加了很多。因为要想实现好的设计、指导和评价效果,需要在具备强大的传道、授业、解惑能力的基础上掌握并娴熟应用信息化、数字化甚至智能化的工具和手段,即具备将 PCK 和 TCK 整合运用的与 TPACK 有关的知识和技能。这对很多高校教师来说是一个不算轻松的学习内容,需要在长期的学习过程中,经由不断的反思和实践才能真正掌握。

一、教师自我反思的重要性

教师发展的支持力量有专家引领、同伴互助和自我反思三种。前两者可以说是外部动力,在参加培训和日常的教学实践中都有其存在的必然性和发挥作用的时机;而自我反思则属于内部动力,因为是否真正开展有效的自我反思,完全取决于教师自身内在的发展动机的强弱。激励理论认为,内在动机是指人们出于个人兴趣和爱好而参与某种活动,并认为这种参与和结果是有价值的。① 研究表明,无论是在学习领域还是在工作领域,由内在动机引发的内部动力都比由外在动机引发的外部动力更能激发人们参与相关活动,主动投入更多的时间、精力、财力和物力等,也能使人们从中收获更大的成就感和愉悦感。② 而来自外部的动力或激励手段,即外在动机,不能真正起到持久激励教师发展的作用。③ 教师的自我反思是比专家引领和同伴互助更加能够持续推动教师发展的内部动力。同样,信息化教学能力框架的规约及学校培训和激励制度的实施,也都是从外部对高校教师的信息化教学能力发展起到激发动机和产生动力的方式。不能否认,这种外部动力存在着促进内动力产生的可能性;但是,外因是由内因决定的,并通过内因发挥作用。因此,高校教师的自我反思是促进其信息化教学能力发展的决定因素。

二、教师的自我反思与实践

反思是近代西方哲学中经常使用的一个概念,也叫"反省"。自我反思就是对自己经历过的事情和说过的话进行深刻的思考,从中总结经验和教训,完善自己的品格,提升自身能力。《论语·学而》中就有"吾日三省吾身"的论述。可见,无论古今中外,自我反思都是人们自我完善、自我成长、自我发展的最佳策略之一。前文已经陈述过教师职业是一个需要保持终身学习习惯的职业,具体来说,教师学习是一个掌握和发展学科知识、教学技能、教学态度或价值观的过程,与此过程相联系的主要要素是经验、反思和建构。④ 教师的自我反思对教师学习和教师专业发展的重要性已无需再赘述,但是,反思的成果并不能自动转化成能力,只有将反思的结果经由实践的路径才能内化成个体的能力和水平。

由于信息技术的不断推陈出新,高校教师信息化教学能力的发展必然是一个"反思—实践—再反思—再实践"的循环往复的螺旋式提升过程。教师对信息技术在课程教学中的应用过程和效果进行反思,发现可以保持的优点和需要改进的缺点,并通过专家指导或同伴互助或自我学习找到改正缺点的办法,并在后续的教育教学过程中加以实践,使得优点得以保持,缺点得到改正。如此不断地"反思—实践—提升—完善",使自身的信息化课程教育教学效果无限地趋近完美,有着崇高使命感和责任感的教师也一定会在这一过程中感受到自身的价值,获得幸福感和

---

① BOICE R. The new faculty member[M]. San Francisco,CA:Jossey-Bass,1992:20-32.
② DECI E L,RYAN R M. The support of autonomy and the control of behavior[J]. Journal of Personality and Social Psychology,1987(53):1024-1037.
③ COLBECK C. Integration evaluating:faculty work as a whole[J]. New Directions for Institutional Research,2002(114):43-52.
④ FISHER T,HIGGINS C,LOVELESS A. 数字技术支持的教师学习:研究与项目综述 上[J]. 焦建利,译. 远程教育杂志,2008(4):4-11.

满足感,产生出推动专业发展的源源不断的内生动力,形成"我要学"的教师学习与专业发展模式。

毋庸讳言,人各有志,高校教师这个庞大的群体在自律性和上进心方面存在着很大的差异,而不断地"反思—实践"的专业发展策略是需要强大的内生动力和持久的耐心和韧性的。不可否认,一些高校教师具有这种进取心和使命感,他们成为了信息化教学方面的能手或专家。调研结果也显示,还有很多高校教师不具备这种坚持的动力和信念。为了带动高校教师群体提高信息化教学能力和水平,以构建教师"教学实践共同体"的方式来带动更多的教师参与信息化教学实践不失为一种有效的方式。在教学实践共同体中,教师之间可以发挥各自所长,互为"指导专家"和"同伴",借助集体的力量帮助个体克服弱点;并且信息化教学实践的慕课建设、翻转课堂教学、参加教学能力竞赛等方式也大多都是需要教学团队共同参与才能完成的,这就自然而然地需要构建教学实践共同体。

教师教学实践共同体可以说是教师为了一个共同的事业和目标,自发地聚集到一起,分享彼此的成功经验和实践智慧,共同面对面或在线研讨各自面临的困境与困惑,分享彼此的资源和经验教训,学习、体会各自的显性或隐性知识,发展共同的实践经验,形成共同的实践智慧,并将其转化为教师自身的显性或隐性知识,应用于自己的课堂教学实践和专业发展实践。广大的高校一线教师,可以在这样的经由一个课题、一个项目、一门课程建设或一次竞赛活动而形成的实践共同体之中,通过相互、持续的切磋琢磨、交流研讨,完成教师的学习和知识建构过程,使"我要学"的内在需求得以生存发展和持久存续。不过,教师教学实践共同体所特有的内部组织力量的松散性和参与共同体的教师之间社会性联系的短暂性等特点,使得如何保持教师实践共同体良性运作、如何维持其持久发展,从而持续发挥教师实践共同体促进教师群体专业发展的优势成为值得高校管理人员和高校教师深入思考的主要问题。

综上所述,"高校教师信息化教学能力框架顶层设计"的宏观策略和"高校管理制度建设激励作用"的中观策略构成了促进高校教师信息化教学能力发展的"外部动力",而"高校教师自我反思与实践"的微观策略则是促进高校教师信息化教学能力发展的"内部动力"。外部动力的有效实施有助于催生内部动力,而内部动力的启动也有助于外部动力持续发挥作用。希望这样的"三层策略"和"两股动力"能够形成合力,共同发力,早日从整体上提升高校教师群体的信息化教学能力和水平,推动线上线下混合式教学常态化,深化高校信息化教学改革,促进高校人才培养质量的提高,推动我国教育信息化的深入发展。

附　　录

附录一　中小学教师信息技术应用能力标准(试行)

信息技术应用能力是信息化社会教师必备的专业能力。为全面提升中小学教师的信息技术应用能力,促进信息技术与教育教学深度融合,特制定《中小学教师信息技术应用能力标准(试行)》(以下简称《标准》)。

一、总则

(1)《标准》是规范与引领中小学教师在教育教学和专业发展中有效应用信息技术的准则,是各地开展教师信息技术应用能力培养、培训和测评等工作的基本依据。幼儿园、中等职业学校教师参照执行。

(2)《标准》根据我国中小学校信息技术实际条件的不同、师生信息技术应用情境的差异,对教师在教育教学和专业发展中应用信息技术提出了基本要求和发展性要求。其中,应用信息技术优化课堂教学的能力为基本要求,主要包括教师利用信息技术进行讲解、启发、示范、指导、评价等教学活动应具备的能力;应用信息技术转变学习方式的能力为发展性要求,主要针对教师在学生具备网络学习环境或相应设备的条件下,利用信息技术支持学生开展自主、合作、探究等学习活动所应具有的能力。本标准根据教师教育教学工作与专业发展主线,将信息技术应用能力区分为技术素养、计划与准备、组织与管理、评估与诊断、学习与发展五个维度。

二、基本内容

维度	Ⅰ.应用信息技术优化课堂教学	Ⅱ.应用信息技术转变学习方式
技术素养	1. 理解信息技术对改进课堂教学的作用,具有主动运用信息技术优化课堂教学的意识	1. 了解信息时代对人才培养的新要求,具有主动探索和运用信息技术变革学生学习方式的意识
	2. 了解多媒体教学环境的类型与功能,熟练操作常用设备	2. 掌握互联网、移动设备及其他新技术的常用操作,了解其对教育教学的支持作用
	3. 了解与教学相关的通用软件及学科软件的功能及特点,并能熟练应用	3. 探索使用支持学生自主、合作、探究学习的网络教学平台等技术资源
	4. 通过多种途径获取数字教育资源,掌握加工、制作和管理数字教育资源的工具与方法	4. 利用技术手段整合多方资源,实现学校、家庭、社会相连接,拓展学生的学习空间
	5. 具备信息道德与信息安全意识,能够以身示范	5. 帮助学生树立信息道德与信息安全意识,培养学生良好的行为习惯
计划与准备	6. 依据课程标准、学习目标、学生特征和技术条件,选择适当的教学方法,找准运用信息技术解决教学问题的契合点	6. 依据课程标准、学习目标、学生特征和技术条件,选择适当的教学方法,确定运用信息技术培养学生综合能力的契合点
	7. 设计有效实现学习目标的信息化教学过程	7. 设计有助于学生进行自主、合作、探究学习的信息化教学过程与学习活动
	8. 根据教学需要,合理选择与使用技术资源	8. 合理选择与使用技术资源,为学生提供丰富的学习机会和个性化的学习体验
	9. 加工制作有效支持课堂教学的数字教育资源	9. 设计学习指导策略与方法,促进学生的合作、交流、探索、反思与创造
	10. 确保相关设备与技术资源在课堂教学环境中正常使用	10. 确保学生便捷、安全地访问网络和利用资源
	11. 预见信息技术应用过程中可能出现的问题,制定应对方案	11. 预见学生在信息化环境中进行自主、合作、探究学习可能遇到的问题,制定应对方案

续表

维度	Ⅰ. 应用信息技术优化课堂教学	Ⅱ. 应用信息技术转变学习方式
组织与管理	12. 利用技术支持,改进教学方式,有效实施课堂教学	12. 利用技术支持,转变学习方式,有效开展学生自主、合作、探究学习
	13. 让每个学生平等地接触技术资源,激发学生的学习兴趣,保持学生的学习注意力	13. 让学生在集体、小组和个别学习中平等获得技术资源和参与学习活动的机会
	14. 在信息化教学过程中,观察和收集学生的课堂反馈,对教学行为进行有效调整	14. 有效使用技术工具收集学生学习反馈,对学习活动进行及时指导和适当干预
	15. 灵活处置课堂教学中因技术故障引发的意外状况	15. 灵活处置学生在信息化环境中开展学习活动发生的意外状况
	16. 鼓励学生参与教学过程,引导学生提升技术素养并发挥其技术优势	16. 支持学生积极探索使用新的技术资源,创造性地开展学习活动
评估与诊断	17. 根据学习目标科学设计并实施信息化教学评价方案	17. 根据学习目标科学设计并实施信息化教学评价方案,合理选取或加工利用评价工具
	18. 尝试利用技术工具收集学生的学习过程信息,并能整理与分析,发现教学问题,提出针对性的改进措施	18. 综合利用技术手段进行学情分析,为促进学生的个性化学习提供依据
	19. 尝试利用技术工具开展测验、练习等工作,提高评价工作效率	19. 引导学生利用评价工具开展自评与互评,做好过程性和终结性评价
	20. 尝试建立学生的学习电子档案,为学生综合素质评价提供支持	20. 利用技术手段持续收集学生学习过程及结果的关键信息,建立学生的学习电子档案,为学生综合素质评价提供支持
学习与发展	21. 理解信息技术对教师专业发展的作用,具备主动运用信息技术促进自我反思与发展的意识	
	22. 利用教师网络研修社区,积极参与技术支持的专业发展活动,养成网络学习的习惯,不断提升教育教学能力	
	23. 利用信息技术与专家和同行建立并保持业务联系,依托学习共同体,促进自身专业成长	

续表

维度	Ⅰ. 应用信息技术优化课堂教学	Ⅱ. 应用信息技术转变学习方式
	24. 掌握专业发展所需的技术手段和方法,提升信息技术环境下的自主学习能力	
	25. 有效参与信息技术支持下的校本研修,实现学用结合	

三、实施要求

(1) 地方各级教育行政部门要将《标准》作为加强中小学教师队伍建设的重要依据,充分发挥《标准》的引领和导向作用,将提升信息技术应用能力纳入教师全员培训,开展教师信息技术应用能力测评,建立并完善推动教师主动应用信息技术的机制,切实提升广大教师信息技术应用能力,为全面推动教育信息化、深化课程改革,实现教师专业自主发展奠定坚实基础。

(2) 有关高等学校和教师培训机构要将《标准》作为教师培养培训工作的重要依据,加强相关学科专业建设,完善培养培训方案,科学设置培养培训课程,创新培养培训模式,加强师资队伍和课程资源建设,开展相关研究,促进教师专业发展。

(3) 中小学校要将《标准》作为推动教师专业发展和教师管理的重要依据。制定教师信息技术应用能力提升规划,整合利用校内外培训资源,做好校本研修,为教师提升信息技术应用能力提供有效支持。要完善教师岗位职责和考核评价制度,推动教师在教育教学和日常工作中主动应用信息技术。

(4) 中小学教师要将《标准》作为自身专业发展的重要依据。要主动适应信息化社会的挑战,充分利用各种学习机会,更新观念、补充知识、提升技能,不断增强信息技术应用能力。要养成良好的应用习惯,积极反思,勇于探索,将信息技术融于教学和师生交流等各个环节,转变教育教学方式,促进学生有效学习和个性化发展。要善于利用信息技术,拓宽成长路径,实现专业自主发展,做终身学习的典范。

附 术 语 表

1. 多媒体教学环境:包括简易多媒体教学环境与交互多媒体教学环境。简易多媒体教学环境主要由多媒体计算机、投影机、电视机等构成,以呈现数字教育资源为主。交互多媒体教学环境主要由多媒体计算机、交互式电子白板、触控电视等构成,在支持呈现数字教育资源的同时还能实现人机交互。

2. 通用软件:是指广泛应用于教育教学活动中的通用性软件,如办公软件、即时交流软件、音视频编辑软件等。

3. 学科软件:是指特别适用于某些学科的软件,如几何画板、在线地图、听力训练软件、虚拟实验室等。

4. 数字教育资源：是对教学素材、多媒体课件、主题学习资源包、电子书、专题网站等各类与教育教学内容相关的数字资源的统称。

5. 信息化教学：与传统教学相对而言，泛指以信息技术支持为显著特征的教学形态。

6. 技术资源：是对通用软件、学科软件、数字教育资源和网络教学平台等资源的统称。

7. 网络教学平台：是对能够为教育教学活动开展提供支持的网络平台的统称，如网络资源平台、网络互动平台、课程管理平台、在线测评系统、在线教学与学习空间等。

8. 移动设备：是对便携式计算通信设备的统称，如笔记本电脑、平板电脑、智能手机等。

9. 评价工具：是指开展评价所使用的各种支持工具，如试卷、调查问卷、测试量表、评价量规、观察记录表、成长记录或电子档案袋等。

10. 教师网络研修社区：是指支持教师进行学习、交流、研讨等活动的网络平台，一般具备个人空间、教师工作坊等功能，能够建立不同类型的学习共同体，汇聚并生成研修资源，支持教师进行常态化研修。

附录二　国家高校教师教育技术能力指南条目细则及术语与定义

一、国家高校教师教育技术能力指南条目细则

一、意识与责任		
1. 能够意识到教育技术对于高校教学的重要性	1-1	能够认识到教育技术的有效应用对于提升高校教学质量、优化高校教学过程的重要意义
	1-2	能够认识到21世纪创新人才的基本特征,并认识到教育技术对培养创新型人才的重要意义
	1-3	能够持续关注新理念、新技术的发展,具有尝试应用新技术促进教学的意识
	1-4	能够认识到教育技术对于丰富高校学习资源、营造良好教学环境、评价教学过程和效果的重要意义
2. 具有应用教育技术促进自身专业发展的意识	2-1	能够认识到教育技术能力是高校教师专业素质的必要组成部分,对于自身专业发展具有重要意义
	2-2	具有终身学习,不断更新自身教学观念和提高自身教学能力与专业能力的意识
3. 能够遵守与技术使用相关的法律法规和社会道德	3-1	能够遵守与技术使用相关的法律、法规,规范自身的言论与行为方式,具有良好的使用技术的道德素养
	3-2	能够向学生传递与技术使用相关的法律、法规,帮助学生树立正确的态度和技术观
	3-3	能够了解技术带来的负面影响,并努力减少技术给教学本身和学生带来的负面影响

续表

二、知识与技能		
4. 了解教育技术的基本理论与方法	4-1 了解教育技术的定义、内涵、理论渊源(如系统科学、教育学、心理学、传播理论等)及其在高校教学、科研和管理等方面的重要作用	
	4-2 了解教与学的基本理论观点(如行为主义、认知主义、建构主义等),以及最新进展(如情境认知、活动理论,分布式认知理论等)	
	4-3 了解教育技术在学科应用中的主要研究方法(如调查研究、行动研究、实验研究、设计性研究、开发性研究等)	
	4-4 了解教学过程、教学资源、学生绩效与媒体应用的一般评价模式与方法(如形成性评价、总结性评价、绩效评价、发展性评价等)	
5. 掌握教学系统设计的一般模式和方法	5-1 了解教学系统设计的基本概念、一般过程和作用	
	5-2 掌握国内外几种主要的教学系统设计模式和方法(如以学为中心、以教为中心、主导-主体教学设计等)	
	5-3 掌握教学系统设计的基本环节和设计流程(如教学目标分析、学习者特征分析、教学媒体选择、教学效果评价等),并能应用于自身教学	
6. 掌握数字化教学的特点、模式与方法	6-1 了解数字化教学资源的基本类型、多媒体认知特征及其开发工具与方法	
	6-2 掌握计算机网络应用于教学的一般特点和方法,并能借助网络工具与平台开展教学(如作业系统、答疑系统、网络互动教学平台等)	
	6-3 了解高校中常见的数字化教学环境(如多媒体教室、网络教室等),并能开展相应的教学活动	
	6-4 掌握不同环境下(如课堂教学环境、网络环境等)的数字化教学模式与方法(如授导式教学、自主探究式学习、PBL 学习、小组协作式学习、E-Learning、混合式学习等)	
	6-5 了解国家质量工程中有关课程建设的理念、基本结构、一般特点、建设规范、评价标准及其应用模式	

续表

7. 掌握基本的信息技术工具和方法	7-1	掌握常见的通用技术(如Office系列软件、办公自动化系统、即时通信软件等),并能应用于教学
	7-2	掌握教学信息与教学资源的检索、分类、管理的一般方法,能够进行简单教学资源的设计与开发
	7-3	掌握各种常见的校务管理软件与工具(如学生信息管理系统、教务管理系统等),提高教师自身的工作效率
	7-4	掌握与自身学科教学相关的教学媒体、工具软件,利用技术促进学科教学
	7-5	掌握个人知识管理工具,对个人知识进行管理,掌握本专业领域各种知识库的使用

三、设计与实施

8. 能够确定合理的教学目标,选择有效的教学内容	8-1	能够结合学生和学科特点,确定明确、有效的教学目标,并清晰地描述
	8-2	能够为学生提供丰富的、情景化的教学内容,促进学生将抽象的知识与生活实际相联系
	8-3	能够运用技术工具不断更新、丰富课程内容,保证教学内容的时效性与前沿性
9. 能够设计并实施有效的教学活动	9-1	能够结合学生和学科特点,为不同教学条件下的传统面授课堂和网络教学设计并实施有效的教学活动
	9-2	能够利用技术工具为教学活动提供必要的教学辅助和支持,如为学生的自主学习、合作学习、自我知识管理等提供指导和学习支持
	9-3	能够借助技术工具(如网络教学平台、教学监控软件、网络教学过程质量监控系统等)对教学活动过程进行有效的管理和监控,及时发现教学中存在的问题,并及时、有效地解决
10. 能够为教学提供恰当的媒体、资源和工具,创设有效的学习环境	10-1	能够针对教学内容和教学活动的特点,设计、组织与提供恰当的教学资源,并能够对资源进行有效的管理和应用
	10-2	能够熟练应用网络教学平台和各种技术工具,能够为学生创设利于协作、交流、互动的以学生为中心的学习环境

续表

11. 能够与同行和管理人员等就教学问题进行有效交流	11-1 能够借助网络工具与同行分享教学经验,与教育技术专家讨论教育技术的教学应用问题	
	11-2 能够与技术支持人员在教学资源的设计与开发等方面进行交流与沟通	
	11-3 能够与教务管理人员就教务、教学管理进行交流与沟通	
四、教学与评价		
12. 掌握基本的评价理念	12-1 了解本科教学评估的相关知识和理念,包括评估目的、评估内容、评估依据、评估方法等	
	12-2 掌握常见的教育评价理论和方法,如经典教育测量理论及方法(教育信息统计,测量试题的信度/效度/区分度/难度设计,评价指标体系的设计等),质性评价的一般模式和方法(档案袋评价、表现性评价等)	
	12-3 具备"以人为本"的评价理念,能够认识到各种评价方法的局限性,尊重每个学生的独特性	
13. 能够对教学活动过程进行合理的评价、反思与调整	13-1 能够借助技术手段(如网络教学过程监控系统、在线学生问卷调查、在线投票、讨论区)收集数据,对教学活动过程进行评价	
	13-2 能够根据教学活动评价结果对教学进行深入的分析和反思,并不断调整和优化教学过程	
14. 能够选择合适的评价方法全面评价学生的学习绩效	14-1 能够根据评价目的选择合适的评价方法和工具,并能够对获取的评价数据进行合理的解释、说明	
	14-2 了解并能够熟练使用常见的学生绩效评价技术和评估系统(如电子档案袋、学生发展性评估、过程性评价量表等)	
	14-3 能够设计合理的作业、考试、任务、项目性评价等,并能够应用信息化工具(如考试系统、在线作业系统等)组织与实施相关评价	
五、科研与创新		
15. 能够关注新技术和方法并应用其改进教学	15-1 能够借助教育技术的手段和方法(如行动研究、设计性研究等),改进自身教学过程	
	15-2 能够持续关注新技术的发展,并尝试将其创造性地应用于教学实践中	

续表

16. 能够借助技术手段开展广泛的学术研究、合作与交流	16-1 能够借助技术手段，了解自己学科专业的最新发展动态与趋势，了解自己学科的学术团体、学术机构、专家、网站等学术信息
	16-2 能够就学科专业领域问题，借助技术手段进行广泛的国内、国际合作与交流
	16-3 了解课题项目申报系统，了解国家相关项目申请网站的使用方法（如自然科学基金、哲学社会科学基金等）
	16-4 能够使用各种检索工具与系统（如 CNKI、SSCI 等文献检索系统，各种图书馆的数字化资源检索工具等）进行学术信息检索
17. 能够利用教育技术提高科研项目的管理水平和研究团队的工作效率	17-1 能够利用技术手段构建学习型组织，激发团队的参与度和协作水平
	17-2 能够在科研项目管理中运用项目管理工具（如 MS Project）提高管理效率
	17-3 能够借助技术手段对研究数据进行统计分析（如 SPSS 软件），挖掘隐性知识

二、国家高校教师教育技术能力指南术语与定义

1. 教育技术（Educational Technology）

教育技术，是指运用教育理论及各种技术，通过对教与学过程和资源的设计开发、利用、管理和评价，以实现教学优化的理论与实践。

2. 教学设计（Instructional Design）

教学设计又称为教学系统设计（Instructional System Design），是指运用系统科学的方法，将学习理论与教学理论的原理转换成对教学目标、教学内容、教学条件、教学策略、教学评价等教学要素和环节进行具体计划的过程，其根本目的是通过对学习过程和学习资源所做的系统安排，创设各种有效的教学系统，以促进学习。

3. 信息技术（InformationTechnology）

信息技术，是指能够完成信息的获取、传递、加工、再生和利用的一类技术。其

中,应用在教育领域的信息技术主要包括数字音像技术、卫星电视广播技术、多媒体计算机技术、人工智能技术、网络技术和虚拟现实仿真技术等。

4. 教育信息化(Educational Informatization)

教育信息化,是指在教育教学的各个领域中,积极开发并充分应用信息技术和信息资源,促进教育现代化,以培养满足社会需求人才的过程。

5. 信息素养(Information Literacy)

广义的信息素养包括信息意识、信息知识、信息能力和信息道德等四个方面的素质,狭义的信息素养通常指信息能力。

6. 信息意识(Information Consciousness)

信息意识是人对客观事物中有价值信息的觉察、认识和力图加以利用的强烈愿望。

7. 信息能力(Information Ability)

信息能力是指对信息的获取、分析、加工、创造、传递、利用与评价的能力。

8. 信息伦理(Information Ethics)

信息伦理是指涉及信息开发、信息传播、信息的管理和利用等方面的伦理要求、伦理准则、伦理规约,以及在此基础上形成的新型的伦理关系。

9. 信息安全(Information Security)

信息安全,是指个人、社会和国家在信息领域的利益的保护状态。它涉及信息的保密性、完整性、可用性和可控性。保密性是指对抗对手的被动攻击,保证信息不泄漏给未经授权的人。完整性是指对抗对手主动攻击,防止信息被未经授权的人改动。可用性是指保证信息及信息系统确实可以为授权使用者所用。可控性是指对信息及信息系统实施安全监控。

10. 信息技术与课程整合(Integrating Information Technology into Curriculum)

信息技术与课程整合,是指在课程教学过程中把信息技术、信息资源和课程有机结合,建构有效的教学方式,促进教学的最优化。

11. 教师专业化(Teacher Professionalization)

教师专业化是指教师在整个专业生涯中,通过终身专业训练,习得教育专业知识技能,实施专业自主,表现专业道德,并逐步提高自身从教素质,成为一个良好的教育专业工作者的专业成长过程。

12. 终身学习（Lifelong Learning）

终身学习，是指为适应社会发展的需要，贯穿于人一生的、持续的学习过程。

13. 教学媒体（Instruational Media）

媒体，是指承载、加工和传递信息的中介工具。当某一媒体被用于传递教学信息时，就称该媒体为教学媒体。

14. 项目管理（Project Management）

学校教育中的项目管理，是指对教学设计和项目开发过程的计划、监督与调控，项目管理主要应用于教学系统、资源开发和教育技术应用等课题、项目研究中。

15. 学习环境（Learning Environment）

学习环境，通常指直接或间接影响个体学习的全部外在因素，在学校教育中，学习环境主要包括校园、教室、图书馆、实验室，相应的软件平台、工具、资源等物质条件，以及校风、学风校园文化等精神因素。

16. 绩效技术（Performance Technology）

绩效，是指人们在工作场所中通过一定的活动完成任务所形成的业绩或成果。绩效技术是指应用系统方法，通过对目标和行为的分析、设计开发、实施和评价，以最大化工作业绩的技术。

17. 知识管理（Knowledge Management）

知识管理，是通过对知识的规范管理，构建知识产生、流通与利用的机制，以利于知识的产生、获取、创造和重用，其基本活动包括知识的识别、获取、开发、分解、存储和使用。

18. 课程开发（Curriculum Development）

课程开发，是指通过需求评估确定课程目标，针对某一学科或多个学科选择适当的学习活动加以组织、实施、评价、修订，以达到目标的工作流程。其过程包括分析、设计、开发、实施和维护等五个阶段，课程开发是教学系统开发的一个重要组成部分。

19. 精品课程（Exemplary Courses）

精品课程，是指具有一流教师队伍、一流教学内容、一流教学方法、一流教材、一流教学管理等特点的示范性课程。精品课程建设是高等学校教学质量与教学改革工程的重要组成部分。

附录三 2012年全国职业院校信息化教学大赛实施方案

一、大赛名称

2012年"神州数码杯"全国职业院校信息化教学大赛。

二、比赛时间和地点

1. 比赛时间:2012年11月3—5日。11月2日报到。
2. 比赛地点:江苏省南京高等职业技术学校。

三、比赛项目

1. 中职组
（1）多媒体教学软件比赛。
（2）信息化教学设计比赛。
（3）信息化实训教学比赛。
2. 高职组
（1）多媒体教学软件比赛。
（2）信息化教学设计比赛。
（3）网络课程比赛。

四、赛项要求

1. 多媒体教学软件比赛

此项目考察参赛教师对教学软件的教学设计和应用能力,媒体的选择及其表现能力,以及教学过程中软件的使用效果。参赛软件应根据教学目标、教学内容和教学策略设计,遵循现代教学理念和学习理论,适应不同教学环境和生源特点,满足教学需求。

(1) 参赛软件应针对一个相对完整的教学单元或一门课程、一个职业岗位进行开发,可为仿真实训软件、多媒体教学课件、自主学习软件等。

(2) 参赛软件应体现职业教育"做中教、做中学"的教学特色,充分发挥信息技术对教学的支撑作用,能实现助教、助学、仿真实训、考核等功能,明显改进教学与实训效果。软件选题应具有必要性和不可替代性。

(3) 参赛软件开发平台和制作工具不限,软件风格、形式不限,可为单机版或网络版,能够脱离平台运行。

(4) 参赛软件应由参赛教师自主研制或参与研制,鼓励团队合作,多方参与。可以个人、团体或单位的名义报名,团体成员不超过5人,单位报名不列个人姓名,参赛者应拥有参赛软件的版权。

2. 信息化教学设计比赛

此项目考察教师按照现代教学理念,科学、合理、巧妙地安排教学过程的各个环节和要素,充分利用信息技术和数字化资源,系统优化教学过程的能力。

(1) 教学设计应基于现代教育思想和教学理念,充分利用信息技术、数字化资源和信息化环境,在教师角色、教学内容、教学方法、互动方式、考核与评价等方面有所创新,促进学生自主学习,有利于学习兴趣的提高和学习效果的改善。

(2) 教学设计可以选择课堂教学、实训教学及网络教学等多种形式,针对1—2课时或一个教学单元的教学内容进行设计,教学设计应是参赛教师的原创设计。

3. 信息化实训教学比赛

此项目考察教师在信息化环境下,运用信息技术改进教学的能力和运用设施、设备教学的能力。参赛教师应针对限定的教学内容,讲解信息技术在教学过程中的运用,并操作现场提供的专业教学设施、设备和教学用具,演示操作效果。

(1) 参赛教师应根据限定的教学内容,按照自定义的教学情境,利用现场提供的信息化教学环境和设施设备,进行信息化教学设计。教学设计应是参赛教师的原创设计。

(2) 参赛教师应充分使用现场提供的信息化环境和教学设施、设备,完成必需的设备操作。

4. 网络课程比赛

此项目主要考核参赛教师在学习环境网络化、学习资源数字化、学习方式多样化的条件下,设计、制作网络课程的基本技能,体现"教、学、做"一体化的教学理念,推动"教、学、做"一体化教学的深度实施,加强课程内涵建设,促进人才培养模式改革。

(1) 参赛作品应针对一门高职课程进行开发,满足高职学生自主学习的需求。

(2) 参赛作品应是参赛教师自主建设或参与建设的网络课程,鼓励团队合作,多方参与。可以用个人、团体或单位的名义报名,团体成员不超过 5 人,单位报名不列个人姓名,参赛者应拥有参赛作品的版权。

(3) 参赛作品将由大赛组委会作为职业教育信息化教学资源建设成果统一共享。

五、比赛内容

1. 中职组多媒体教学软件比赛、信息化教学设计比赛

参赛作品教学内容不限学科和专业,可以是德育课程和文化基础课程,也可以是专业技能课程。

参赛作品为中等职业学校德育课程和文化基础课程的,应依据教育部新修订的德育课程教学大纲(教职成〔2008〕7 号)、公共基础课程教学大纲(教职成〔2009〕3 号)的教学要求,参照相关课程改革国家规划新教材(版本不限)进行制作和设计。

参赛作品为中等职业学校机械制图、机械基础、金属加工与实训、机械常识与钳工实训、电工技术基础与技能、电子技术基础与技能、电工电子技术与技能、土木工程力学基础、土木工程识图技术等专业基础课程的,应依据教育部新发布的大类专业基础课程教学大纲(教职成〔2009〕8 号)的教学要求,参照相关课程改革及国家规划教材(版本不限)进行制作和设计。

2. 高职组多媒体教学软件比赛、信息化教学设计比赛、网络课程比赛

参赛作品教学内容不限学科和专业,可以是公共基础课程,也可以是专业课程的教学内容。

3. 中职组信息化实训教学比赛

参赛作品教学内容限定为电类专业基础课程"电工技术基础与技能"中的"万用表的组装与调试"有关内容,计算机网络技术专业课程中的"园区网流量负载均衡设计与应用"有关内容。

六、比赛办法

1. 多媒体教学软件比赛

此项目采取网络初评与现场决赛相结合的方式进行,赛前完成软件制作。参赛教师使用大赛组委会免费提供的专用软件,录制不超过 10 分钟的讲解视频,展示参赛软件,并对该软件的创新点、辅助教学作用和使用效果进行讲解。经网络初评入围决赛的参赛教师,决赛时按现场抽签顺序进行比赛,展示、讲解多媒体教学软件 10 分钟,答辩 5 分钟,换场 3 分钟。

2. 信息化教学设计比赛

此项目采取网络初评与现场决赛相结合的方式进行,赛前完成教学设计。参赛教师使用大赛组委会免费提供的专用软件,录制不超过 10 分钟的讲解视频,讲解信息技术在教学过程中的运用及预期的教学效果。经网络初评入围决赛的参赛教师,决赛时按现场抽签顺序进行比赛,讲解教学设计 10 分钟,答辩 5 分钟,换场 3 分钟。

3. 信息化实训教学

此项目采取现场比赛的方式进行,参赛教师按现场抽签顺序进行比赛,讲解教学设计 20 分钟(含现场设备操作),答辩 5 分钟,换场 3 分钟。

4. 网络课程

此项目采取网络评审的方式进行,参赛者向大赛组委会提供网络课程有关材料,由组委会统一搭建课程网站并组织专家进行网络评审。

七、举办单位

1. 主办单位

教育部职业教育与成人教育司、工业和信息化部人事教育司、江苏省教育厅。

2. 承办单位

南京市教育局。

3. 协办单位

南京高等职业技术学校、神州数码网络(北京)有限公司。

八、组织机构

略。

九、奖项设置

(1) 大赛设单项奖和团体奖。单项奖按比赛项目分别设奖,一等奖占参赛总数的10%,二等奖占参赛总数的15%,三等奖占参赛总数的25%。团体奖设最佳组织奖10个。

(2) 比赛获奖名单将在网上公示,公示期为10天。公示结果无疑后,公布获奖名单。

十、参赛办法及要求

(1) 以省、自治区、直辖市、计划单列市为单位组织代表队参赛,统一在大赛官方网站(http://www.nvic.edu.cn 或 http://www.nvic.com.cn)进行网络报名。

(2) 中职组多媒体教学软件比赛和信息化教学设计比赛,每个比赛项目的参赛作品不得有学科(文化基础课、德育课)或专业类[专业技能课,以《中等职业学校专业目录(2010年修订)》为准]的重复。如同一赛项,同一代表队不可报送两件语文学科或者两件土木水利类的作品参赛。

(3) 高职组多媒体教学软件比赛、信息化教学设计比赛和网络课程比赛,每个比赛项目的参赛作品不得有学科(公共基础课)或专业大类[专业课,以《普通高等学校高职高专指导性专业目录(试行)》为准]的重复。如同一赛项,同一代表队不可报送两件语文学科或两件文化教育大类的作品参赛。

(4) 参赛教师应是职业院校在职教师,性别、年龄不限。每位教师限报一个赛项的比赛。

(5) 参赛作品应为原创,资料引用应注明出处。作品如引起知识产权异议和纠纷,其责任由参赛者承担。

(6) 经作者同意,大赛组委会将在非商业用途统一组织对大赛成果的共享。

(7) 比赛采取匿名方式进行,禁止参赛教师进行个人情况介绍。

(8) 参赛软件应在 Windows 系统下或 IE 浏览器下能直接运行。

(9) 大赛组委会免费提供的录制讲解视频专用软件和使用教程在大赛官方网站下载。

十一、资料报送要求

（1）本届大赛的报名和电子版材料提交工作以代表队为单位统一在大赛官方网站进行。

（2）请各代表队于2012年8月3日前，完成多媒体教学软件比赛和信息化教学设计比赛的网上报名工作，于2012年8月17日前，完成信息化实训教学比赛和网络课程比赛的网上报名工作。

（3）请各代表队在官方网站生成《2012年全国职业院校信息化教学大赛报名表》（单项表、汇总表），打印并加盖公章后于2012年8月24日前寄送至大赛组委会。

（4）请各代表队于2012年8月10日前，完成多媒体教学软件比赛讲解视频、讲解稿和信息化教学设计比赛讲解视频、教案、说课稿的网上提交工作，于2012年8月31日前，将网络课程比赛建设课程网站所需的材料、技术参数文档（安装说明）和参赛作品介绍电子版提交给大赛组委会。确因技术原因无法通过大赛官方网站进行网上提交的，可用特快专递将光盘或移动存储介质于前述各指定日期前邮寄至大赛组委会。

（5）各赛项提交的电子版材料均须查杀病毒，以免影响比赛。

（6）除报名表、汇总表外，各赛项提交的参赛材料不得出现参赛教师的任何信息。

（7）请各代表队指定专人，负责本单位本次大赛的网络报名工作，并及时与大赛组委会取得联系。

（8）各代表队在报名和材料提交工作中有任何问题与情况，请及时与我部职业教育与成人教育司教学与教材处联系。

（9）上述各项材料提交后，请与组委会电话确认。

（10）多媒体教学软件比赛、信息化教学设计比赛经网络初评后，公布入围决赛教师的名单及决赛材料报送要求，同时公布信息化实训教学比赛的材料报送要求。

十二、大赛同期活动

职业教育信息化教学发展报告会。

2012年全国职业院校信息化教学大赛评分指标

1. 多媒体教学软件比赛

评比指标	分值	评比要素
教学性	40	教学目标清晰、定位准确，内容表述准确，术语规范；教学策略得当，教学重难点问题解决效果突出；辅助教学的素材齐全、分类合理；体现"做中教、做中学"，有利于激发学生自主学习和主动学习的积极性
技术性	30	软件运行方便、灵活、稳定；操作简便、快捷，交互性强；导航方便合理，路径可选；容错性好
艺术性	20	图、文、音、视、动画等运用恰当，切合教学主题；界面布局合理、美观，导航清晰、简捷；色彩搭配合理，风格统一，视觉效果好，吸引力强，有利于激发学生的学习兴趣
创新性与实用性	10	立意新颖，构思独特，设计巧妙；通用性强，易于推广，符合职业院校学生的认知特点

2. 信息化教学设计比赛

评比指标	分值	评比要素
教学设计	40	教学目标、内容及要求清晰、准确；充分利用信息技术和信息资源优化教学过程，教学策略得当；运用信息技术解决重难点问题或者完成特定教学任务的作用突出，体现"做中教、做中学"
内容呈现	25	教案规范、完整，突出信息化教学特点；教学内容呈现方式数字化、媒体化，传输方式网络化；选用多媒体素材适当，表现方式合理
技术应用	25	信息技术、信息资源在教学中应用恰当；图、文、音、视、动画等多媒体形式运用合理；有利于促进学生自主学习和主动学习
创新与实用	10	立意新颖，构思独特，设计巧妙；适用于实际教学，有推广性

3. 信息化实训教学比赛

评比指标	分值	评比要素
设计思路	40	教学目标、内容及要求清晰、准确;教学策略得当,教学过程优化,应用情景设计合理;运用信息技术解决重难点问题或者完成特定教学任务的作用突出,体现"做中教、做中学"
内容呈现	20	教案规范、完整、突出信息化教学特点;教学内容呈现方式数字化、媒体化,传输方式网络化;选用多媒体素材适当,表现方式合理
设备使用	30	现场教学设计讲解和设备操作结合恰当;教学设备使用规范熟练,演示效果好
创新与效果	10	立意新颖,具有想象力和个性表现力;适用于实际教学,有推广性

4. 网络课程比赛

评比指标	分值	评比要素
课程网站内容	40	对课程的基本情况有较为详细的说明,包括课程标准、授课计划、选用教材、参考书目等;有明确的学习指导用语,包括学习目标、重点和难点,学习方法建议,教学测评要求等;按照课程标准和教学目标要求,提供完整的体现"教、学、做"一体化的网络课程资源:电子教案、演示课件、教学录像、习题等;要求有题型多样、数量充足、设计合理的题库。向学生提供与该课程相关的背景知识材料,其他学习辅助材料等课程资源链接,而且表现形式多样
界面设计	25	课程网站导航清晰,设计合理,便于查找;栏目设置科学、合理、清晰;网页布局合理,画面美观,能自适应显示终端分辨率,体现课程特色;文本、图形、音频、视频等材料符合技术规范,质量高,无语法错误,无排版格式错误;链接设置明显、准确,无无效链接
交互性	25	学习过程体现师生交互与人机交互的特点。能在线完成练习、作业和综合测验,客观题能实现自动批改;有专门的疑难解答板块设计,学生的提问能够及时得到解答

续表

评比指标	分值	评比要素
特色与创新	10	网络课程设计独特,页面表现新颖,有吸引力;能够根据课程特点进行创新性的教学设计,如工学结合、双语教学、课程论坛、服务社区等,能体现资源共建和学习者对资源贡献的评价

2012年全国职业院校信息化教学大赛参赛名额分配表

序号	代表队	中职组赛项				高职组赛项		
		多媒体教学软件	信息化教学设计	信息化实训教学		多媒体教学软件	信息化教学设计	网络课程
				内容A	内容B			
1	北京市	4	4	1	2	4	4	2
2	天津市	4	4	1	2	4	4	2
3	上海市	4	4	1	2	4	4	2
4	重庆市	4	4	1	2	4	4	2
5	河北省	5	5	1	2	5	5	2
6	山西省	4	4	1	2	4	4	2
7	内蒙古自治区	4	4	1	2	4	4	2
8	辽宁省	4	4	1	2	4	4	2
9	吉林省	4	4	1	2	4	4	2
10	黑龙江省	4	4	1	2	4	4	2
11	江苏省	5	5	1	2	6	6	2
12	浙江省	4	4	1	2	4	4	2
13	安徽省	5	5	1	2	5	5	2
14	福建省	4	4	1	2	4	4	2
15	江西省	4	4	1	2	4	4	2
16	山东省	5	5	1	2	6	6	2
17	河南省	6	6	1	2	6	6	2
18	湖北省	4	4	1	2	5	5	2

续表

序号	代表队	中职组赛项				高职组赛项		
		多媒体教学软件	信息化教学设计	信息化实训教学		多媒体教学软件	信息化教学设计	网络课程
				内容A	内容B			
19	湖南省	4	4	1	2	5	5	2
20	广东省	6	6	1	2	6	6	2
21	广西壮族自治区	5	5	1	2	4	4	2
22	海南省	4	4	1	2	4	4	2
23	四川省	6	6	1	2	5	5	2
24	贵州省	4	4	1	2	4	4	2
25	云南省	4	4	1	2	4	4	2
26	西藏自治区	4	4	1	2	4	4	2
27	陕西省	4	4	1	2	4	4	2
28	甘肃省	4	4	1	2	4	4	2
29	青海省	4	4	1	2	4	4	2
30	宁夏回族自治区	4	4	1	2	4	4	2
31	新疆维吾尔自治区	4	4	1	2	4	4	2
32	新疆生产建设兵团	4	4	1	2	4	4	2
33	大连市	4	4	1	2	4	4	2
34	青岛市	4	4	1	2	4	4	2
35	宁波市	4	4	1	2	4	4	2
36	厦门市	4	4	1	2	4	4	2
37	深圳市	4	4	1	2	4	4	2
总计	825	159	159	37	74	161	161	74

附录四 2020年全国职业院校技能大赛教学能力比赛方案

一、指导思想

深入贯彻落实《国家职业教育改革实施方案》，坚持"以赛促教、以赛促学，以赛促改、以赛促建"的总体思路，引导学校和教师以立德树人为根本任务，推进"三全育人"，落实"课程思政"要求；引导学校师生更好适应疫情防控常态化条件下，线上线下混合式教学的需要，持续推进国家教学标准落地，确保人才培养质量稳步提高；引导各地各学校持续深化教师、教材、教法"三教改革"，持续提升学校在确保质量型扩招等新形势下常态化改进教育教学管理的能力，促进育训结合、书证融通；引导各地各学校以高素质教师队伍建设为着力点，推进高水平、结构化教师教学团队在信息技术应用、团队协作等方面的水平，构建职业教育教学质量持续改进的良好生态。

二、比赛要求

重点考察教学团队(2—4人)针对某门课程中部分教学内容完成教学设计、实施课堂教学、评价目标达成、进行反思改进的能力。

1. 教学内容

立足教学质量的整体提升，落实职业教育国家教学标准，对接职业标准（规范）、职业技能等级标准等，关注有关产业发展新业态、新模式，结合专业特点，全面推进课程思政建设，寓价值观引导于知识传授和能力培养之中，有机融入劳动教育、工匠精神、职业道德等内容。实训教学内容应基于真实工作任务、项目及工作流程、过程等。

2. 教学设计

依据学校实际使用的专业人才培养方案和课程标准，选取参赛教学内容，进行学情分析，确定教学目标，优化教学过程，合理应用技术、方法和资源等组织教育教学，进行考核与评价，持续开展教学诊断与改进。专业课程应基于工作任务进行模块化课程组织与重构,采用强化能力培养的项目化教学等行动导向教学方法。

3. 教学实施

教学实施应注重实效性,突出教学重难点的解决方法和策略,实现师生、生生的深度有效互动,关注教与学全过程的信息采集,并根据反映出的问题及时调整教学策略,注重合理使用国家规划教材。专业课程应积极使用新型活页式、工作手册式教材,引入典型生产案例;实训教学应运用虚拟仿真、虚拟现实和增强现实等信息技术手段以及教师规范操作、有效示教,提高学生基于任务(项目)分析问题、解决问题的能力,培育学生的职业精神。

4. 教学应变

要高度重视、积极应对新冠肺炎疫情给教育教学带来的影响,落实"停课不停学"要求,及时调整教学策略、组织形式和资源提供等,总结疫情防控期间线上教学经验,推动创新、完善线上线下混合式教学方式,更好适应"互联网+"时代的教育生态。

三、比赛分组及参赛限额

(一)比赛分组

中等职业教育组、高等职业教育组(含本科层次职业教育试点)各分设 3 个报名组别。

1. 中职公共基础课程组

参赛作品应为公共基础课程中不少于 12 学时连续、完整的教学内容。

2. 中职专业技能课程一组

参赛作品应为专业核心课或专业(技能)方向课中不少于 16 学时连续、完整的教学内容。

3. 中职专业技能课程二组

参赛作品应为专业核心课或专业(技能)方向课中不少于 16 学时连续、完整的教学内容,其中必须包含不少于 6 学时的实训教学内容。职业院校专业(类)顶岗实习标准中的实习项目工作任务也可参赛。

4. 高职公共基础课程组

参赛作品应为公共基础课程中不少于 12 学时连续、完整的教学内容。

5. 高职专业课程一组

参赛作品应为专业基础课程或专业核心课程或专业拓展课程中不少于 16 学时连续、完整的教学内容。

6. 高职专业课程二组

参赛作品应为专业核心课程或专业拓展课程中不少于 16 学时连续、完整的教学内容,其中必须包含不少于 6 学时的实训教学内容。职业院校专业(类)顶岗实习标准中的实习项目工作任务也可参赛。

五年制高职前三年课程参加中等职业教育组比赛,五年制高职后两年课程以及本科层次职业教育试点学校课程参加高等职业教育组比赛。

(二) 参赛限额

各代表队在组织省级比赛的基础上,根据分配的参赛名额(附1)分别推荐中职组、高职组参赛作品。

中职、高职公共基础课程组作品各自不能出现课程的重复,中职专业技能课程(包括一组和二组)作品不能出现专业类的重复,高职专业课程(包括一组和二组)作品不能出现专业大类的重复。

获得2019年全国职业院校技能大赛教学能力比赛一等奖的作品,其教学团队所有成员的所在学校不能以同一公共基础课程报名参加公共基础课程组或以同一专业报名参加专业(技能)课程组的比赛。例如,甲校某专业的语文课程作品参加2019年中职公共基础课程组比赛获得一等奖,2020年该校所有专业的语文课程作品都不能报名参赛,但该专业开设的其他公共基础课程、专业核心课或专业(技能)方向课报名参赛不受影响;乙学院和丙学院联合组队的护理专业某门专业课程作品参加2019年高职专业课程一组比赛获得一等奖,2020年乙学院和丙学院护理专业的所有专业课程作品都不能报名参赛,但该专业开设的公共基础课程报名参赛不受影响。

四、参赛作品及材料

教学团队选取某门课程在一个学期中符合要求的教学任务作为参赛作品,完成教学设计,组织实施课堂教学。教学内容要符合教育部印发的职业教育国家教学标准中的有关要求,公共基础课程教学内容应突出思想性、注重基础性、体现职业性、反映时代性;专业(技能)课程教学内容应对接新技术、新工艺、新规范。教材的选用和使用必须遵照《职业院校教材管理办法》等文件规定和要求。鼓励推荐落实中职公共基础课程标准、体现课程思政和劳动教育要求、推进1+X证书制度试点和中外合作办学、针对高职扩招生源特点实施教学、实施线上线下混合式教学效果良好的参赛作品。

参赛作品材料包括实际使用的教案、3—4段课堂实录视频、教学实施报告,另附参赛作品所依据的实际使用的专业人才培养方案和课程标准(有关要求详见附2)。

五、比赛办法

根据报名情况分为若干评审组。各评审组均采取先网络初评后组织决赛的方式进行。网络初评时,评审参赛作品材料,确定入围决赛的作品,初拟获得三等奖的作品。决赛时,教学团队介绍教学实施报告,针对抽选教案中的自选内容进行无学生教学展示,回答评委提问(有关要求详见附2)。评审参赛作品材料和教学团队现场表现,确定比赛成绩。如因疫情影响,决赛有关安排另行通知。

六、奖励办法

1. 单项奖

坚持宁缺毋滥原则,各评审组分别设置一、二、三等奖,不超过本组参赛作品总数的10%、20%、30%,一、二等奖根据决赛成绩排序确定,三等奖根据网络初评得分排序确定。比赛执委会组织对参赛作品的专业备案、课程设置、实际教学、教学团队成员身份等情况进行资格审核,通过资格审核的参赛作品方可获奖。

2. 团体奖

综合省级比赛组织情况、全国比赛参赛情况、参赛作品和成员资格审核情况、参赛作品获奖情况等因素,评定最佳组织奖9个、最佳进步奖3个。

七、报名方式与要求

(1)以省、自治区、直辖市、计划单列市为单位组成代表队参加比赛(计划单列市属地高等职业院校纳入所在省代表队)。

(2)参赛对象应为职业院校在职教师,学校正式聘用的企业兼职教师可按要求参加专业(技能)课程组的比赛。每个教学团队由实际承担参赛课程或相关课程教学(含实习指导)任务的教师组成。

(3)各代表队可在本区域范围内跨校联合组建教学团队参赛,中等职业学校、高等职业院校不得混合组队参赛。除公共基础课程组外,每个教学团队可吸收1

名学校聘用的企业兼职教师作为团队成员参赛。纳入《职业教育东西协作行动计划(2016—2020年)》结对关系的受援方职业院校教学团队可引进1名援助方的职业院校教师作为团队成员参赛。

(4) 获得2019年全国职业院校技能大赛教学能力比赛一等奖的教学团队全部成员不能报名参赛；获得二等奖的教学团队需要调整成员方能报名参赛(原4人团队至少调整2名成员；原3人团队至少调整1名成员，并可以再新增1名成员；原2人团队可以保留2名成员，但至少新增1名成员)。鼓励国家级和省级的教学名师、教学创新团队负责人、教学成果奖主持人以及具有正高级专业技术职务的优秀教师报名参赛。

(5) 教学团队成员所在学校均须在近2年内实际开设参赛作品教学内容所属的专业(须依规在教育行政部门备案)和课程，成员须实际承担有关教学任务。

(6) 参赛作品应为原创，不得违反国家相关法律法规，不得侵犯他人知识产权，如引起知识产权异议或其他法律纠纷，其责任由教学团队承担。除教学团队事前特别声明外，比赛执委会拥有对参赛作品进行公益性共享的权利。

(7) 各代表队应指定专人认真填写《参赛报名表》《参赛汇总表》《区域性比赛情况统计表》，加盖公章后于2020年9月30日前寄送至比赛执委会秘书处，并在比赛官方网站(www.nvic.edu.cn 或 www.nvic.com.cn)按要求完成网上报名工作(用户名和密码沿用2019年设置)。

(8) 2020年10月10日前，各代表队按要求完成所有参赛作品材料的网上提交工作，并及时与比赛官方网站技术支持方联系人电话确认。

(9) 除《参赛报名表》《参赛汇总表》之外，所有参赛作品材料(含文件名及其属性)和决赛现场的介绍、教学、答辩，均不得泄露地区、学校名称。故意透露相关信息的，取消其参赛资格。

(10) 比赛执委会不接受教学团队单独报名和材料上传。各代表队应认真做好审核工作，核对专业备案、人才培养方案网上公示、课程开设、授课班级人数、教学团队成员身份、实际授课、省级比赛遴选等情况，并附相关佐证材料；同时，认真检查参赛作品材料是否泄露信息。参赛作品及教学团队成员的真实性、准确性等方面出现的问题，由所在代表队负责核查、反馈。

(11) 欢迎社会各界对违背职业教育规律和客观实际、以虚假教学内容或虚假师生身份参赛、基本依靠校外公司打造包装等行为予以监督，一经核实，取消其参赛资格、比赛成绩以及所在代表队团体奖评奖资格(奖项评出后发现的，依规追回奖项)，减少代表队下一年参赛名额，暂停参赛教学团队所在学校下一年的参赛资格，并通报全国职业院校技能大赛组织委员会，责成省级教育行政部门依据有关规定进行严肃处理。

八、其他

(1) 各代表队、各职业院校要严格贯彻落实《中共教育部党组关于统筹做好教育系统新冠肺炎疫情防控和教育改革发展工作的通知》(教党〔2020〕16号)有关要求,统筹做好2020年教学能力比赛各项准备工作。

(2) 教学团队可选用比赛执委会免费提供的国家职业教育专业教学资源库、国家级精品资源共享课、职业院校企业生产实际教学案例库等相关教学资源进行教学设计和实际教学,相关资源可从比赛教学资源支持平台(智慧职教 www.icve.com.cn、爱课程网 www.icourses.cn)获取,或登录比赛官方网站有关链接获取。

(3) 军事职业组比赛安排由中央军委训练管理部院校局参照本方案另行通知。

(4) 比赛执委会秘书处:略。

(5) 比赛官方网站技术支持:略。

附1　2020年全国职业院校技能大赛教学能力比赛参赛名额分配表

序号	代表队	中等职业教育组			高等职业教育组			合计
		公共基础课程组	专业技能课程一组	专业技能课程二组	公共基础课程组	专业课程一组	专业课程二组	
1	北京市	2	6	2	2	6	2	20
2	天津市	2	6	2	2	6	3	21
3	河北省	4	8	4	2	8	4	30
4	山西省	3	7	3	2	7	3	25
5	内蒙古自治区	2	7	3	2	7	3	24
6	辽宁省	3	7	3	2	7	3	25
7	吉林省	2	7	3	2	6	3	23
8	黑龙江省	2	7	3	2	7	3	24
9	上海市	2	6	2	2	6	2	20
10	江苏省	4	8	4	3	8	4	31
11	浙江省	3	8	4	2	8	3	28
12	安徽省	3	7	4	2	8	4	28
13	福建省	2	7	3	2	7	3	24

续表

序号	代表队	中等职业教育组			高等职业教育组			合计
		公共基础课程组	专业技能课程一组	专业技能课程二组	公共基础课程组	专业课程一组	专业课程二组	
14	江西省	3	7	3	2	8	4	27
15	山东省	4	8	4	3	8	4	31
16	河南省	4	8	4	3	9	4	32
17	湖北省	3	7	3	2	8	4	27
18	湖南省	3	7	4	2	8	4	28
19	广东省	4	8	4	3	8	4	31
20	广西壮族自治区	3	7	3	2	7	3	25
21	海南省	2	6	2	1	6	2	19
22	重庆市	2	7	3	2	7	3	24
23	四川省	3	8	4	2	8	4	29
24	贵州省	3	7	3	2	8	3	26
25	云南省	3	7	3	2	7	3	25
26	西藏自治区	1	5	2	1	5	2	16
27	陕西省	3	7	3	2	7	3	25
28	甘肃省	2	7	3	2	6	3	23
29	青海省	1	6	2	1	6	2	18
30	宁夏回族自治区	1	6	2	1	6	2	18
31	新疆维吾尔自治区	2	7	3	2	6	3	23
32	新疆生产建设兵团	1	5	2	1	5	2	16
33	大连市	1	6	2				9
34	青岛市	2	6	2				10
35	宁波市	1	6	2				9
36	厦门市	2	6	2				10
37	深圳市	1	6	2				9
	小计	89	251	107	63	224	99	833
	合计	447			386			

说明：根据2019年中高职教师基础数据，在统一分配"基本名额"的基础上，依据各代表队专任教师数分档递增"规模因素名额"，并具体分配在公共基础课程组、专业（技能）课程组。

附2 2020年全国职业院校技能大赛教学能力比赛参赛作品材料及现场决赛有关要求

一、参赛作品文档材料

所有文档材料均要求规范、简明、完整、朴实,以 PDF 格式提交,每个文件大小不超过 100 M。

1. 参赛教案

教学团队根据提交的专业人才培养方案和课程标准,选取该课程在一个学期中符合规定的教学任务作为参赛作品,撰写实际使用的教案。教案应包括授课信息、任务目标、学情分析、活动安排、课后反思等教学基本要素,设计合理、重点突出、规范完整、详略得当,能够有效指导教学活动的实施,应当侧重体现具体的教学内容及处理、教学活动及安排。原则上每份教案的教学内容不超过 2 学时,实践性教学环节的教学内容可以不超过 4 学时。每件参赛作品的全部教案按序逐一标明序号,合并为一个文件提交。

2. 教学实施报告

教学团队在完成教学设计和实施之后,撰写 1 份教学实施报告。报告应梳理总结参赛作品的教学整体设计、教学实施过程、学习效果、反思改进等方面情况,突出重点和特色,重点介绍疫情防控期间线上教学的创新举措和成效,可用图表加以佐证。中文字符在 5 000 字以内,插入的图表应有针对性、有效性,一般不超过 12 张。

3. 专业人才培养方案

教学团队提交学校实际使用的专业人才培养方案。专业人才培养方案应按照《教育部关于职业院校专业人才培养方案制订与实施工作的指导意见》(教职成〔2019〕13 号)和《关于组织做好职业院校专业人才培养方案制订与实施工作的通知》(教职成司函〔2019〕61 号)有关要求修订完善。参赛内容为公共基础课程的,只需提交实际开设该课程的其中一个专业的人才培养方案;跨校组建的教学团队,只需提交团队中某一成员所在学校的专业人才培养方案。

4. 课程标准

教学团队提交参赛作品实际使用的课程标准。课程标准应按照专业人才培养方案,依据职业教育国家教学标准体系中的相关标准要求,科学、规范地制定,说明课程性质与任务、课程目标与要求、课程结构与内容、课程实施与保障、授课进程与安排等。多个授课班级只需提交其中一份附有某一班级授课计划表的课程标准;跨校组建的教学团队,只需提交团队中某一成员所在学校的课程标准。

二、参赛作品视频材料

教学团队成员按照教学设计实施课堂教学(含实训、实习),录制3—4段课堂实录视频,原则上每位团队成员不少于1段,应在实际教学(含顶岗实习)场所拍摄,参与教学的应是授课班级的全体学生(按照课程标准、教学实际等情况设计实施分班教学的需有专门说明)。课堂实录视频每段时长为8—15分钟,总时长控制在35—40分钟;每段视频可自行选择教学场景,应分别完整、清晰地呈现参赛作品中内容相对独立完整、课程属性特质鲜明、反映团队成员教学风格的教学活动实况。中职专业技能课程二组、高职专业课程二组参赛作品的视频中须包含不少于2段反映团队成员关键技术技能教学操作与示范的教学实况。

疫情防控期间不具备现场授课条件的,课堂实录视频应真实反映师生开展线上教学的实际情况。

课堂实录视频须采用单机方式全程连续录制(不得使用摇臂、无人机、虚拟演播系统、临时拼接大型LED显示屏等脱离课堂教学实际、片面追求拍摄效果、费用昂贵的录制手段),不允许另行剪辑及配音,不加片头片尾、字幕注解,不得泄露地区、学校名称。采用MP4格式封装,每个文件大小不超过200 M。每段视频文件以"教案序号+教学活动名称"分别命名。

视频录制软件不限,采用H.264/AVC(MPEG-4 Part10)编码格式压缩;动态码流的码率不低于1 024 Kbps,不超过1 280 Kbps;分辨率设定为720×576(标清4∶3拍摄)或1280×720(高清16∶9拍摄);采用逐行扫描(帧率25帧/秒)。音频采用AAC(MPEG4 Part3)格式压缩;采样率48 KHz;码流128 Kbps(恒定)。

三、决赛程序

1. 赛前准备

(1)入围决赛的教学团队赛前一天报到并熟悉赛场,抽签决定场次。

(2)决赛当天,教学团队按抽签顺序进入备赛室,在参赛作品范围内随机抽定两份不同教案,自选其中部分内容进行准备。

(3)教学团队在备赛室可利用自带资源与网络资源进行准备(现场提供网络服务),限时30分钟。

2. 内容介绍与教学展示

(1) 教学团队按时进入比赛室,首先简要介绍教学实施报告的主要内容、创新特色;然后由两名参赛教师分别针对所抽定的两份不同教案中的自选内容进行无学生教学展示(如新知讲解、示范操作、学习结果分析、课堂教学小结等),教学展示应符合无学生教学情境。

(2) 介绍教学实施报告时间不超过 6 分钟,两段无学生教学展示合计时间为 12－16 分钟。期间另外安排换场准备,用时不超过 5 分钟。

3. 答辩

(1) 评委针对参赛作品材料、教学实施报告介绍和无学生教学展示,集体讨论提出 3 个问题(包括参赛作品所涉及的学科、专业领域的素质、知识、技能等)。评委讨论时教学团队回避。

(2) 教学团队针对屏幕呈现的问题(评委不再复述或解读,可以事先指定答题者),逐一回答并阐述个人观点(可以展示佐证资料),时间不超过 8 分钟(含读题审题),在时间允许的情况下,评委可以追问。

如因疫情影响,决赛时间和组织形式另行通知。

附3　2020 年全国职业院校技能大赛教学能力比赛评分指标

1. 公共基础课程组

评比指标	分值	评 比 要 素
目标与学情	20	(1) 适应新时代对技术技能人才培养的新要求,中职组作品应符合教育部发布的《中等职业学校公共基础课程方案》、公共基础课程标准有关要求,紧扣学校专业人才培养方案和课程教学安排,强调培育学生的学习能力、信息素养、精益求精的工匠精神和爱岗敬业的劳动态度。 (2) 教学目标表述明确、相互关联,重点突出、可评可测。 (3) 客观分析学生知识基础、认知能力、学习特点、专业特性等,详实反映学生整体与个体情况数据,准确预判教学难点及其掌握的可能性

续表

评比指标	分值	评 比 要 素
内容与策略	20	(1) 思政课程按照"八个相统一"要求扎实推进创优建设,其他课程注重落实课程思政要求;联系时代发展和社会生活,结合课程特点有机融入劳动教育内容,融通专业课程和职业能力,培育创新意识。 (2) 教学内容有效支撑教学目标的实现,内容选择科学严谨、容量适度,安排合理、衔接有序、结构清晰。 (3) 教材选用、使用符合《职业院校教材管理办法》等文件规定和要求,配套提供丰富、优质的学习资源,教案完整、规范、简明、真实。 (4) 教学过程系统优化,流程环节构思得当,技术应用预想合理,方法手段设计恰当,评价考核考虑周全
实施与成效	30	(1) 体现先进教育思想和教学理念,遵循学生认知规律,符合课内外教学实际。 (2) 按照教学设计实施教学,关注重点、难点问题的解决,能够针对学习反馈及时调整教学,突出学生中心,实行因材施教。 (3) 教学环境满足需求,教学活动开展有序,教学互动深入有效,教学气氛生动活泼。 (4) 关注教与学全过程信息采集,针对目标要求开展考核与评价。 (5) 合理运用信息技术、数字资源、信息化教学设施设备提高教学与管理成效
教学素养	15	(1) 充分展现新时代职业院校教师良好的师德师风、教学技能和信息素养,发挥教学团队协作优势;老中青传帮带效果显著。 (2) 教师课堂教学态度认真、严谨规范、表述清晰、亲和力强。 (3) 教学实施报告客观记载、真实反映、深刻反思教与学的成效与不足,提出教学设计与课堂实施的改进设想。 (4) 决赛现场的内容介绍、教学展示和回答提问聚焦主题、科学准确、思路清晰、逻辑严谨、研究深入、手段得当、简洁明了、表达流畅

续表

评比指标	分值	评比要素
特色创新	15	(1) 能够引导学生树立正确的理想信念、形成正确的思维方法、培育正确的劳动观念、增强职业荣誉感。 (2) 能够创新教学模式,给学生深刻的学习体验。 (2) 能够与时俱进地提高信息技术应用能力、教研科研能力。 (4) 具有较大借鉴和推广价值,特别是疫情防控常态化形势下的线上线下混合式教学实践

2. 专业(技能)课程组

评比指标	分值	评比要素
目标与学情	20	(1) 适应新时代对技术技能人才培养的新要求,符合教育部发布的专业教学标准、实训教学条件建设标准(仪器设备装备规范)、顶岗实习标准等有关要求,涉及1+X证书制度试点的专业,还应对接有关职业技能等级标准。紧扣学校专业人才培养方案和课程标准,强调培育学生学习能力、信息素养、职业能力、精益求精的工匠精神和爱岗敬业的劳动态度。 (2) 教学目标表述明确、相互关联,重点突出、可评可测。 (3) 客观分析学生的知识和技能基础、认知和实践能力、学习特点等,详实反映学生整体与个体情况数据,准确预判教学难点及其掌握的可能性
内容与策略	20	(1) 深入挖掘课程思政元素,有机融入课程教学,及时反映相关领域产业升级的新技术、新工艺、新规范,结合课程特点有机融入劳动教育内容,开展劳动精神、劳模精神、工匠精神专题教育。针对基于职业工作过程建设模块化课程的需求,优化教学内容。 (2) 教学内容有效支撑教学目标的实现,选择科学严谨、容量适度、安排合理、衔接有序、结构清晰。实训教学内容源于真实工作任务、项目或工作流程、过程等。 (3) 教材选用符合《职业院校教材管理办法》等文件规定和要求,探索使用新型活页式、工作手册式教材并配套信息化资源,引入典型生产案例。教案完整、规范、简明、真实。 (4) 根据项目式、案例式等教学需要,教学过程系统优化,流程环节构思得当,技术应用预想合理,方法手段设计恰当,评价考核考虑周全

续表

评比指标	分值	评比要素
实施与成效	30	(1) 体现先进教育思想和教学理念,遵循学生认知规律,符合课内外教学实际,落实德技并修、工学结合。 (2) 按照教学设计实施教学,关注技术技能教学重点、难点的解决,能够针对学习和实践反馈及时调整教学,突出学生中心,强调知行合一,实行因材施教。针对不同生源特点,体现灵活的教学组织形式。 (3) 教学环境满足需求,教学活动安全有序,教学互动深入有效,教学气氛生动活泼。 (4) 关注教与学全过程的信息采集,针对目标要求开展教学与实践的考核与评价。 (5) 合理运用云计算、大数据、物联网、虚拟仿真、增强现实、人工智能、区块链等信息技术以及数字资源、信息化教学设施设备改造传统教学与实践方式,提高管理成效
教学素养	15	(1) 充分展现新时代职业院校教师良好的师德师风、教学技能、实践能力和信息素养,发挥教学团队协作优势;老中青传帮带效果显著。 (2) 课堂教学态度认真、严谨规范、表述清晰、亲和力强。 (3) 实训教学讲解和操作配合恰当,规范娴熟、示范有效,符合职业岗位要求,展现良好"双师"素养 (4) 教学实施报告记载客观、反映真实,深刻反思理论、实践以及教与学的成效与不足,提出改进教学设计与课堂实施的设想。 (5) 决赛现场的内容介绍、教学展示和回答提问聚焦主题、科学准确、思路清晰、逻辑严谨、研究深入、手段得当、简洁明了、表达流畅
特色创新	15	(1) 能够引导学生树立正确的理想信念、学会正确的思维方法、培育正确的劳动观念、增强学生职业荣誉感。 (2) 能够创新教学与实训模式,给学生深刻的学习与实践体验。 (3) 能够与时俱进地更新专业知识、积累实践技能、提高信息技术应用能力和教研科研能力。 (4) 具有较大的借鉴和推广价值,特别是疫情防控常态化形势下的线上线下混合式教学实践

附录五　高校教师信息化教学能力调查问卷和统计结果

尊敬的老师：

您好！

非常感谢您在紧张的工作之余接受本次调查。本项调查的目的是了解高校教师信息化教学能力和水平的现状，调查结果仅用于了解相关情况和学术研究之用，您的真实想法与实际应用情况对我们提出合理的信息化教学能力提升策略具有重要作用。问卷采取无记名方式，希望您按自己的真实想法和实际情况据实填写。再次感谢您的支持与合作！

一、个人基本情况

1. 您任职的高校属于：□本科　□高职
2. 您的性别：□男　□女
3. 您的年龄：□30岁以下　□31—35岁　□36—45岁　□46—55岁　□56岁以上
4. 您从事高等教育的教龄：□5年及以下　□6—15年　□16—25年　□26年以上
5. 您的学历：□大学本科　□硕士研究生　□博士研究生　□其他
6. 您的职称：□助教　□讲师　□副高　□正高
7. 您本学期的周课时量：□2—4节　□5—11节　□12节及以上　□无课
8. 您的专业属于哪个学科门类：
□哲学　　□历史学　　□经济学　　□法学　　□理学
□工学　　□教育学　　□文学　　　□管理学　□艺术学

二、教师信息化教学意识和素养

1. 您对安全使用信息数据和资源的了解程度如何：
□非常了解　□了解　□一般　□不了解　□非常不了解

您的评论和建议：

2. 新冠疫情暴发前，您是否经常开展信息化教学：
□从不　□几乎不　□偶尔　□经常　□总是

您的评论和建议:

3. 您认为实施信息化教学具有什么意义(可多选):
□激发学生的学习兴趣,提高学生的注意力
□帮助解决教学重点难点问题,提高教学质量　　□提高教学或学习效率
□促进合作探究学习,进行教学改革创新　　□其他

您的评论和建议:

4. 您在教学中能熟练使用的信息技术有(可多选):
□常用搜索引擎(如百度、谷歌、必应等)
□文件下载软件(如迅雷、网际快车等)
□文字处理软件(如 Word、WPS 等)
□数据处理软件(如 Excel、SPSS 等)
□常用图像处理工具(如 Photoshop 等)
□常用音频处理工具(如 Audition 等)
□常用视频编辑软件(如剪映、会声会影等)
□常用课件制作工具(如 PowerPoint 等)
□常用交流互动软件(如微信、QQ、钉钉等)
□常用社会性软件(如博客、云盘等)
□教学中应用课程管理平台(如 Moodle、蓝墨等)
□其他

您的评论和建议:

5. 您是否经常使用电子白板的交互功能来进行教学:
□从不　　□几乎不　　□偶尔　　□经常　　□总是

您的评论和建议:

6. 您上课时使用的教学课件是(可多选):
□自己制作　　□和其他教师合作制作　　□付费购买课件　　□下载免费课件

☐其他

您的评论和建议：

7. 您获得教学资源的途径是(可多选)：
☐网上搜集资料自己制作　　☐参考其他教师　　☐教学光盘
☐在学校提供的资源库中下载　　☐其他

您的评论和建议：

8. 您对网上教学资源检索方法的应用程度：
☐非常熟练　☐熟练　☐一般　☐不熟练　☐非常不熟练

您的评论和建议：

9. 您将信息技术与学科课程融合的熟练程度：
☐非常熟练　☐熟练　☐一般　☐不熟练　☐非常不熟练

您的评论和建议：

10. 您认为影响信息化教学实施的障碍是(可多选)：
☐缺少时间　　　　☐对相关理论和方法不熟悉　☐硬件设备操作不熟悉
☐软件应用不熟悉　　☐信息技术与课程整合难度太大,信息化教学动力不足
☐学校缺乏激励机制　　☐其他

您的评论和建议：

三、教师信息化教学能力和研究能力
1. 您对选择何种信息技术手段进行教学最主要的依据是：
☐根据课程需要选择　　　　☐选择当下比较热门的教学媒体
☐学习其他教师的做法　　　☐不清楚怎么选择

您的评论和建议：

2. 您进行的信息化教学环节有（可多选）：
□上网检索教学资源　□制作教学课件　□运用网络进行师生交流、答疑
□运用教学平台管理教学（上传学习资源、开展课堂活动、作业布置与批改、成绩录入等）
□撰写教学反思、与其他教师交流心得
□从不进行信息化教学　　　　　　　□其他

您的评论和建议：

3. 您在线评价并及时反馈学生的情况是：
□从不　　□几乎不　　□偶尔　　□经常　　□总是

您的评论和建议：

4. 您通过网络与国内外的人士开展交流与合作的情况是：
□从不　　□几乎不　　□偶尔　　□一般　　□经常

您的评论和建议：

5. 您在信息化教学方面取得的学术成果（包括论文发表、专著出版等）情况是：
□从来没有　　□几乎没有　　□少量　　□较多　　□很多

您的评论和建议：

6. 对学校信息资源配置和技术支持的满意程度：
□非常满意　　□满意　　□一般　　□不满意　　□非常不满意

您的评论和建议：

四、教师信息化教学能力发展情况

1. 贵校组织的信息化教学培训：
□很多　　□比较多　　□一般　　□不太多　　□没有

您的评论和建议：

2. 贵校组织信息化教学培训的形式：
□很丰富　　□比较丰富　　□一般　　□不太丰富　　□不丰富

您的评论和建议：

3. 您参加学校组织的信息化教学培训的意愿：
□非常愿意　　□愿意　　□一般　　□不愿意　　□非常不愿意

您的评论和建议：

4. 近三年，您多久参加一次学校组织的信息化培训：
□半年　　□一年　　□两年　　□两年以上　　□没有

您的评论和建议：

5. 您喜欢的培训方式是(可多选)：
□学校组织的信息化教学现场培训　　□校外提供的教师信息化教学培训
□聘请专家讲授　　□观摩学习　　□网络授课　　□教师研讨交流心得
□其他

您的评论和建议：

6. 您认为培训对提高您的信息化教育教学能力的影响：
□很小　　□较小　　□一般　　□较大　　□很大

您的评论和建议：

7. 您认为当前信息化教学培训中存在的问题是（可多选）：
□教师培训意愿不强，参与度不高　　　□培训时间短，效果不佳
□培训内容过于理论，不切合教学实际　□培训管理不到位　　　□其他

您的评论和建议：

8. 您当前获得信息化教学能力的主要途径是（可多选）：
□上学时跟老师学习
□业余时间自学信息化教学相关理论与技术
□向同事学习信息化教学经验
□参加培训获得相关知识和技能
□其他

您的评论和建议：

9. 您希望今后在哪些方面进行培训以提高信息化教学能力（可多选）：
□信息化教学模式和理念的学习或培训（如信息技术与课程整合、翻转课堂等）
□信息化教学设计和实施的培训课程
□互联网的应用和一般程序的入门课程（如文字处理程序、电子表格、演示文稿等）
□互联网应用的高级课程（如网站创建、视频会议、虚拟学习环境等）
□多媒体技术课程（如数字视频、音频设备的使用等）
□网络课程开发、网络资源库的使用
□其他

您的评论和建议：

10. 您制作或参与制作的微课:
□很少　　□较少　　□一般　　□较多　　□很多

您的评论和建议:

11. 您建设或参与建设的慕课:
□很少　　□较少　　□一般　　□较多　　□很多

您的评论和建议:

12. 您应用翻转课堂开展教学的情况:
□很少　　□较少　　□一般　　□较多　　□很多

您的评论和建议:

13. 您参加的包含信息化教学环节的竞赛:
□很少　　□较少　　□一般　　□较多　　□很多

您的评论和建议:

五、您对高校教师信息化教学能力发展有哪些意见或建议?

您的评论和建议:

问卷到此结束,再次感谢您的合作! 祝您身体健康,工作愉快!

问卷选择题部分的统计结果

一、个人基本情况

1. 您任职的高校属于:□本科(73%)　　□高职(27%)

2. 您的性别：□男（48%）　　□女（52%）

3. 您的年龄：□30 岁以下（14%）　□31—35 岁（35%）　□36—45 岁（32%）
　　　　　　□46—55 岁（11%）　□56 岁以上（8%）

4. 您从事高等教育的教龄：□5 年及以下（21%）　□6—15 年（42%）
　　　　　　　　　　　　□16—25 年（22%）　□26 年以上（15%）

5. 您的学历：□大学本科（8%）　　□硕士研究生（49%）
　　　　　　□博士研究生（42%）　□其他（1%）

6. 您的职称：□助教（12%）　□讲师（38%）　□副高（32%）　□正高（18%）

7. 您本学期的周课时量：□2~4 节（6%）　□6~10 节（22%）
　　　　　　　　　　　□12 节以上（70%）　□无课（2%）

8. 您的专业属于哪个学科门类：
　　□哲学（3%）　　□历史学（4%）　　□经济学（12%）　　□法学（6%）
　　□理学（26%）　□工学（18%）　　□教育学（6%）　　□文学（6%）
　　□管理学（15%）　□艺术学（4%）

二、教师信息化教学意识和素养

1. 您对安全使用信息数据和资源的了解程度如何：
□非常了解（8%）　　□了解（14%）　　□一般（62%）
□不了解（10%）　　□非常不了解（6%）

2. 新冠疫情暴发前，您是否经常开展信息化教学：
□从不（0）　□几乎不（3%）　□偶尔（39%）　□经常（46%）　□总是（12%）

3. 您认为实施信息化教学具有什么意义（可多选）：
□激发学生的学习兴趣，提高学生的注意力（49%）
□帮助解决教学重点难点问题，提高教学质量（81%）
□提高教学或学习效率（79%）
□促进合作探究学习，进行教学改革创新（46%）
□其他（2%）

4. 您在教学中能熟练使用的信息技术有（可多选）：
□常用搜索引擎（如百度、谷歌、必应等）（100%）
□文件下载软件（如迅雷、网际快车等）（97%）
□文字处理软件（如 Word、WPS 等）（95%）
□数据处理软件（如 Excel、SPSS 等）（58%）
□常用图像处理工具（如 Photoshop 等）（46%）
□常用音频处理工具（如 Audition 等）（42%）
□常用视频编辑软件（如剪映、会声会影等）（40%）
□常用课件制作工具（如 PowerPoint 等）（75%）
□常用交流互动软件（如微信、QQ、钉钉等）（100%）

□常用社会性软件(如博客、云盘等)(82%)
□教学中应用课程管理平台(如Moodle、蓝墨等)(85%)
□其他(0)

5. 您是否经常使用电子白板的交互功能来进行教学：
□从不(6%)　□几乎不(20%)　□偶尔(28%)　□经常(46%)　□总是(0)

6. 您上课时使用的教学课件是(可多选)：
□自己制作(88%)　□和其他教师合作制作(42%)　□付费购买课件(6%)
□下载免费课件(90%)　□其他(0.8%)

7. 您获得教学资源的途径是(可多选)：
□网上搜集资料自己制作(90%)　□参考其他教师(39%)　□教学光盘(91%)
□学校提供的资源库下载(34%)　□其他(0.3%)

8. 您对网上教学资源检索方法的应用程度：
□非常熟练(5%)　　□熟练(65%)　　□一般(22%)
□不熟练(7%)　　□非常不熟练(1%)

9. 您将信息技术与学科课程融合的熟练程度：
□非常熟练(3%)　　□熟练(16%)　　□一般(47%)
□不熟练(26%)　　□非常不熟练(8%)

10. 您认为影响信息化教学实施的障碍是(可多选)：
□缺少时间(78%)　　□对相关理论和方法不熟悉(82%)
□硬件设备操作不熟悉(69%)　□软件应用不熟悉(77%)
□信息技术与课程整合难度太大,信息化教学动力不足(92%)
□学校缺乏激励机制(76%)　　□其他(1.2%)

三、教师信息化教学能力和研究能力

1. 您对选择何种信息技术手段进行教学最主要的依据是：
□根据课程需要选择(52%)　　□选择当下比较热门的教学媒体(22%)
□学习其他教师的做法(25%)　□不清楚怎么选择(1%)

2. 您进行的信息化教学环节有(可多选)：
□上网检索教学资源(80%)　　□制作教学课件(88%)
□运用网络进行师生交流、答疑(61%)
□运用教学平台管理教学(上传资源、开展课堂活动、作业布置与批改、成绩录入等)(73%)
□撰写教学反思、与其他教师交流心得(19%)
□从不进行信息化教学(0)　　□其他(0.6%)

3. 您在线评价并及时反馈学生的情况：
□从不(2%)　□几乎不(10%)　□偶尔(45%)　□经常(37%)　□总是(6%)

4. 您通过网络与国内外的人士开展交流与合作的情况是：

☐从不(2%) ☐几乎不(16%) ☐偶尔(48%)
☐一般(33%) ☐经常(1%)

5. 您在信息化教学方面取得的学术成果(包括论文发表、专著出版等)情况：
☐从来没有(23%) ☐几乎没有(34%) ☐少量(42%)
☐较多(0.8%) ☐很多(0.2%)

6. 对学校信息资源配置和技术支持的满意程度：
☐非常满意(0.6%) ☐满意(34%) ☐一般(53%)
☐不满意(12%) ☐非常不满意(0.4%)

四、教师信息化教学能力发展情况

1. 贵校组织的信息化教学培训：
☐很多(1%) ☐比较多(17%) ☐一般(53%)
☐不太多(21%) ☐没有(8%)

2. 贵校组织信息化教学培训的形式：
☐很丰富(0.6%) ☐比较丰富(16%) ☐一般(54%)
☐不太丰富(26%) ☐不丰富(3.4%)

3. 您参加学校组织的信息化教学培训的意愿：
☐非常愿意(22%) ☐愿意(34%) ☐一般(36%)
☐不愿意(6%) ☐非常不愿意(2%)

4. 近三年，您多久参加一次学校组织的信息化培训：
☐半年(9%) ☐一年(42%) ☐两年(33%)
☐两年以上(15%) ☐没有(1%)

5. 您喜欢的培训方式是(可多选)：
☐学校组织的信息化教学现场培训(54%)
☐校外提供的教师信息化教学培训(47%)
☐聘请专家讲授(35%) ☐观摩学习(61%) ☐网络授课(21%)
☐教师研讨交流心得(30%) ☐其他(1.1%)

6. 您认为培训对提高您的信息化教育教学能力的影响：
☐很小(3%) ☐较小(26%) ☐一般(49%) ☐较大(21%) ☐很大(1%)

7. 您认为当前信息化教学培训中存在的问题(可多选)：
☐教师培训意愿不强,参与度不高(36%)
☐培训时间短,效果不佳(57%)
☐培训内容过于理论,不切合教学实际(63%)
☐培训管理不到位(22%) ☐其他(4%)

8. 您当前获得信息化教学能力的主要途径是(可多选)：
☐上课时跟老师学习(31%)
☐业余时间自学信息化教学相关理论与技术(69%)

□向同事学习信息化教学经验(54%)

□参加培训获得相关知识和技能(26%)

□其他(1%)

9. 您希望今后在哪些方面得到提高信息化教学能力的培训(可多选)：

□信息化教学模式和理念的学习或培训(如信息技术与课程整合、翻转课堂等)(63%)

□信息化教学设计和实施的培训课程(69%)

□互联网的应用和一般程序的入门课程(如文字处理程序、电子表格、演示文稿等)(37%)

□互联网应用的高级课程(如网站创建、视频会议、虚拟学习环境等)(34%)

□多媒体技术课程(如数字视频、音频设备的使用等)(52%)

□网络课程开发、网络资源库的使用(36%)

□其他(2%)

10. 您制作或参与制作的微课：

□很少(16%) □较少(57%) □一般(23%)

□较多(3.6%) □很多(0.4%)

11. 您建设或参与建设的慕课：

□很少(23%) □较少(62%) □一般(14%)

□较多(0.7%) □很多(0.3%)

12. 您应用翻转课堂开展教学的情况：

□很少(9.5%) □较少(33%) □一般(46%)

□较多(11%) □很多(0.5%)

13. 您参加的包含信息化教学环节的竞赛：

□很少(14%) □较少(32%) □一般(41%)

□较多(12%) □很多(1%)

附录六　高校教师信息化教学能力访谈提纲

1. 您对计算机互联网等信息技术手段的掌握情况如何？
2. 您是否愿意进行信息化教学？
3. 您认为年龄、性别、学科背景等因素是否会影响信息化教学能力？
4. 您认为哪些因素限制了教师信息化教学能力的发展？
5. 您认为您最缺乏哪方面的信息化教学能力？
6. 您有与信息化教学相关的研究经历和成果吗？
7. 您是否参加过信息化教学培训？
8. 您对信息化教学培训满意吗？您有什么建议？
9. 您主持或参与过微课资源或慕课的建设吗？
10. 您应用过翻转课堂教学模式吗？
11. 您参加过有关信息化教学能力的竞赛活动吗？
12. 您对高校教师信息化教学能力发展有什么想法和建议？

参 考 文 献

［1］ 教育部.中小学教师信息技术应用能力标准:试行[EB/OL].[2019-03-12]. http://www.moe.edu.cn/srcsite/A10/s6991/201405/t20140528_170123.html.

［2］ 国务院.国家中长期教育改革和发展规划纲要:2010—2020年[EB/OL]. [2019-04-03].http://www.gov.cn/jrzg/2010-07-29/content_1667143.html.

［3］ 教育部.教育信息化十年发展规划:2011—2020年[EB/OL].[2019-04-03]. http://old.moe.gov.cn/publicfiles/business/htmlfiles/moe/s3342/201203/xxgk_133322.html.

［4］ 教育部.关于加快推进职业教育信息化发展的意见[EB/OL].[2019-04-03]. http://old.moe.gov.cn/publicfiles/business/htmlfiles/moe/s3055/201205/xxgk_136506.html.

［5］ 国务院.关于加快发展现代职业教育的决定[EB/OL].[2019-04-06]. http://old.moe.gov.cn/publicfiles/business/htmlfiles/moe/moe_1778/201406/170691.html.

［6］ 国务院.关于积极推进"互联网＋"行动的指导意见[EB/OL].[2019-04-06]. http://www.gov.cn/zhengce/content/2015-07/04/content_10002.html.

［7］ 国务院.国家教育事业发展"十三五"规划[EB/OL].[2019-04-20].http://www.moe.gov.cn/jyb_xxgk/moe1777/moe_1778/201701/t20170119_295319.html.

［8］ 国务院.关于全面深化新时代教师队伍建设改革的意见[EB/OL].[2019-04-20]. http://www.xinhuanet.com/politics/2018-01/31/c_1122349513.html.

［9］ 教育部,等.教师教育振兴行动计划:2018—2022年[EB/OL].[2019-04-21]. http://www.moe.gov.cn/srcsite/A10/s7034/201803/t20180323_331063.html.

［10］ 教育部.教育信息化2.0行动计划[EB/OL].[2020-04-25].http://www.moe.gov.cn/srcsite/A16/s3342/201804/t20180425_334188.html.

［11］ 教育部.中小学教师信息技术应用能力标准:试行[EB/OL].[2020-04-25]. http://www.moe.gov.cn/publicfiles/business/htmlfiles/moe/s6991/

201406/170123.html.

[12] 国务院.加快推进教育现代化实施方案：2018—2022年[EB/OL]. [2019-02-23]. http://www.moe.gov.cn/jyb_xwfb/s6052/moe_838/201902/t20190223_370859.html.

[13] 国务院.中国教育现代化2035[EB/OL]. [2019-02-23]. http://www.gov.cn/zhengce/2019-02/23/content_5367987.htm.

[14] 教育部.中小学教师信息技术应用能力标准：试行[EB/OL]. [2019-03-12]. http://www.moe.edu.cn/srcsite/A10/s6991/201405/t20140528_170123.html.

[15] 教育部.关于公布2018年度普通高等学校本科专业备案和审批结果的通知[EB/OL]. [2019-04-10]. http://www.moe.gov.cn/srcsite/A08/moe-1034/s4930/201903/t20190329376012.html.

[16] 国务院.新一代人工智能发展规划：2017[EB/OL]. [2019-05-03]. http://www.gov.cn/zhengce/content/2017-07/20/content 521_1996.html.

[17] 教育部.赴加美教育考察报告[J].世界教育信息，2000(8).

[18] 全国高校教育技术协作委员会.国家高校教师教育技术能力指南：试用版[S/OL]. [2020-05-10]. https://wenku.baidu.com/view/064e6e7858fb770bf78a5558.html.pdf.

[19] 教育部.2020年上半年全国高校教师网络培训计划[EB/OL]. [2020-06-10]. http://www.moe.gov.cn/s78/A10/jss_left/moe_600/.

[20] 全国高校教师网络培训中心.2020年上半年全国高校教师网络培训计划[EB/OL]. [2020-06-10]. https://www.enetedu.com/Notice/NoticeDetails?id=5257.

[21] 教育部.关于实施全国中小学教师信息技术应用能力提升工程2.0的意见[EB/OL]. [2020-06-12]. http://www.moe.gov.cn/srcsite/A10/s7034/201904/t20190402_376493.htm.

[22] 中国政府网.高等教育[EB/OL]. [2020-06-30]. http://www.gov.cn/guoqing/2020-05/22/content_5513840.htm.

[23] 优课联盟网站[DB/OL]. [2020-06-30]. http://www.uooc.net.cn/league/union.

[24] 学堂在线网站[DB/OL]. [2020-06-30]. http://www.Xuetangx.com.

[25] 中国大学慕课网站[DB/OL]. [2020-06-30]. http://www.icourses.edu.cn.

[26] 百度百科.全国多媒体课件大赛[EB/OL]. [2020-06-05]. https://baike.baidu.com/item/%E5%85%A8%E5%9B%BD%E5%A4%9A%E5%AA%92%E4%BD%93%E8%AF%BE%E4%BB%B6%E5%A4%A7%E8%B5%9B.

[27] 教育部办公厅. 关于举办 2012 年全国职业院校信息化教学大赛的通知[EB/OL]. [2020-06-05]. http://www.moe.gov.cn/srcsite/A07/moe_953/201206/t20120614_138827.html.

[28] 教育部办公厅. 关于举办 2018 年全国职业院校技能大赛职业院校教学能力比赛的通知[EB/OL]. [2020-06-05]. http://www.moe.gov.cn/srcsite/A07/zcs_yxds/s3069/201809/W020180907576176803113.pdf.

[29] 全国职业院校技能大赛教学能力比赛官网. 教育部办公厅关于举办 2019 年全国职业院校技能大赛职业院校教学能力比赛的通知[EB/OL]. [2020-06-05]. http://www.nvic.edu.cn/Web/NewsPage/NewsDetail.aspx?id=73896caa-e9ad-475e-bf8e-44f103bb4a6a.

[30] 教育部办公厅. 关于举办 2020 年全国职业院校技能大赛职业院校教学能力比赛的通知[EB/OL]. [2020-08-18]. http://www.moe.gov.cn/s78/A07/A07_sjhj/202008/t20200814_478105.htm.

[31] 褚宏启. 核心素养的国际视野与中国立场:21 世纪中国的国民素质提升与教育目标转型[J]. 教育研究,2016,37(11):8-18.

[32] 陈向明. 质的研究方法与社会科学研究[M]. 北京:教育科学出版社. 2000:227.

[33] 高传南. 基于混合学习的有效教学研究:以中小学教师信息技术能力培训为例[D]. 上海:华东师范大学,2010.

[34] 高晶. 基于 Moodle 平台的教师网络远程培训[J]. 长春教育学院学报,2011(10):7-8.

[35] 顾德希. 多种类型教学软件的使用[J]. 中小学语文教学,2002(11):5.

[36] 顾明远. 信息技术与语文教学[J]. 中小学语文教学,2002(11):4.

[37] 何克抗,李文光. 教育技术学[M]. 北京:北京师范大学出版社,2002:65.

[38] 何克抗. 从 Blending Learning 看教育技术理论的新发展:下[J]. 电化教育研究,2004(3):1-6.

[39] 何克抗. E-Learning 与高校教学的深化改革:上[J]. 中国电化教育,2002(2):8-12.

[40] 何克抗. E-Learning 与高校教学的深化改革:下[J]. 中国电化教育,2002(3):11-14.

[41] 何克抗. 关于信息技术与课程整合的理论与思考[J]. 中小学信息技术教育,2002(1/2):27-36.

[42] 何克抗. 信息技术与课程整合的目标与意义[J]. 教育研究,2002(4):39-43.

[43] 何克抗. 从 Blending Learning 看教育技术理论的新发展[J]. 中小学信息教育技术,2004(4):21-31.

[44] 何克抗. 信息技术与课程深层次整合理论[M]. 北京:北京师范大学出版社,

2008:8.

[45] 何克抗.TPACK:美国"信息技术与课程整合"途径与方法研究的新发展上[J].电化教育研究,2012(5):5-10.

[46] 何克抗.TPACK:美国"信息技术与课程整合"途径与方法研究的新发展下[J].电化教育研究,2012(6):47-56.

[47] 何克抗.学习"教育信息化十年发展规划":对"信息技术与教育深度融合"的解读[J].中国电化教学,2012(10):19-23.

[48] 何克抗.全国多媒体课件大赛发展历程回顾与评述[J].中国教育信息化,2013(23):22-27.

[49] 何克抗.从"翻转课堂"的本质看"翻转课堂"在我国的未来发展[J].电化教育教学,2014(7):5-16.

[50] 何克抗.教育信息化发展新阶段的观念更新与理论思考[J].课程教材教法,2016(2):3-11.

[51] 何克抗.如何实现信息技术与学科教学的"深度融合"?[J].教育研究,2018,38(10):88-92.

[52] 何克抗,李晓庆.新时代教育技术学科发展面临的机遇与挑战:兼论教育部撤销部分高校"教育技术"本科专业的反思[J].现代远程教育研究,2019,31(3):12-17.

[53] 何贤.高校教师信息化教学能力现状的调查研究:以H高校为例[D].杭州:杭州师范大学,2018:19.

[54] 贺武华.对中小学英语网络信息化教学的反思[J].电化教育研究,2002(10):74-76.

[55] 胡铁生,黄明燕,李民.我国微课发展的三个阶段及其启示[J].远程教育杂志,2013(4):36-42.

[56] 焦建利.从开放教育资源到"慕课":我们能从中学到些什么[J].中小学信息教育技术,2012(10):17-18.

[57] 焦建利.教师的TPACK知识[J].中国信息技术教育,2014(9):18-19.

[58] 焦建利,刘晓斌,陈泽漩,等.PTTCA:一种问题导向的慕课课程设计模式[J].中国信息技术教育,2018(3):1-8.

[59] 焦建利,陈彩伟.高校整合慕课的教学模式与实施路径分析[J].浙江师范大学学报(社会科学版),2019(4):9-15.

[60] 焦建利.微课及其应用与影响[EB/OL].[2020-06-05].http://www.itedu.org.cn.

[61] 焦建利.微课与翻转课堂中的学习活动设计[J].中国教育信息化,2014(24):4-6.

[62] 焦建利.微课及其应用与影响[J].中小学信息技术,2013(4):13-14.

[63] 黎加厚.中国教师教育技术能力培训的国际化项目回顾[J].电化教育研究,2010(12):87-99.

[64] 黎加厚.微课的含义与发展[J].中小学信息技术,2013(4):10-12.

[65] 李玉萍,夏芳莉.2010—2015年我国教师信息技术应用能力培训研究综述[J].洛阳师范学院学报,2016(12):63-67.

[66] 林丽.录播系统在教师培训中的应用研究[J].出国与就业,2011(5):45-47.

[67] 刘径言,陈明选,马志强.泛在学习环境下教师培训机制研究[J].中国电化教育,2014(11):90-94.

[68] 吕萍.美国TELS技术支持科学学习的研究与实践[J].基础教育参考,2009(4):14-19.

[69] 马宁,陈庚,刘俊生,等.《国家高校教师教育技术能力指南》研究[J].远程教育杂志,2011,29(6):3-9.

[70] 南国农.教育信息化建设的几个理论和实际问题:上[J].电化教育研究,2002(11):3-6.

[71] 南国农.教育信息化建设的几个理论和实际问题:下[J].电化教育研究,2002(12):20-24.

[72] 南国农.信息化教育理论体系的形成与发展[J].电化教育研究,2009(8):5-9.

[73] 南国农.教育技术理论研究的新发展[J].电化教育研究,2010(1):8-10.

[74] 南国农.中国教育技术发展概述[J].现代远距离教育,2010(5):17-18.

[75] 南国农.我国教育信息化发展的新阶段和新使命[J].电化教育研究,2011(12):10-12.

[76] 南国农.怎样理解信息技术及其教师素养形成[J].现代远程教育研究,2013(1):3-6.

[77] 教育部职业院校信息化教学指导委员会赛事工作专门委员会.全国职业院校信息化教学大赛部分优秀作品点评[M].北京:高等教育出版社,2016:6.

[78] 教育部.介绍疫情期间大中小学在线教育有关情况和下一步工作考虑[EB/OL].[2020-08-14].http://www.moe.gov.cn/fbh/live/2020/51987/.

[79] 乔爱玲,何克抗.以行动研究法探索英语教学:信息技术环境下交际式英语会话材料的应用[J].现代教育技术,2007(2):57-60.

[80] 桑新民,李曙华,谢阳斌."乔布斯之问"的文化战略解读:在线课程新潮流的深层思考[J].开放教育研究,2013(3):13-16.

[81] 苏小兵,管狂琪,钱冬明,等.微课概念辨析及其教学应用研究[J].中国电化教育,2014(7):94-99.

[82] 吴兰岸.现代教育技术[M].北京:清华大学出版社,2013:128-152.

[83] 王觅,贺斌,祝智庭.微视频课程:演变、定位与应用领域[J].中国电化教育,2013(4):88-94.

[84] 吴忭,胡艺龄,赵明颖.如何使用数据:回归基于理解的深度学习和测评 访国际知名学习科学专家戴维·谢弗[J].开放教育研究,2019(2):4-16.

[85] 汪滢,汪琼.基于 Moodle 的双路径学习设计与实践:以全国中小学教师交互式电子白板网络培训为例[J].中国电化教育,2015(11):84-89.

[86] 邬大光,李文.我国高校大规模线上教学的阶段性特征:基于对学生、教师、教务人员问卷调查的实证研究[EB/OL].[2020-08-12].https://www.sohu.com/a/409128431_498166.

[87] 杨满福,焦建利.大教学、大数据、大变革:edX 首门"慕课"研究报告的分析与启示[J].电化教育研究,2014(6):34-37,50.

[88] 杨绪辉,沈书生.教师与人工智能技术关系的新释:基于技术现象学"人性结构"的视角[J].电化教育研究,2019(5):12-17.

[89] 严大考,等.轮系的信息化及电算模型[J].工程机械,1988(6):10-15.

[90] 闫志明,唐夏夏,秦旋,等.教育人工智能(EAI)的内涵、关键技术与应用趋势:美国《为人工智能的未来做好准备》和《国家人工智能研发战略规划》报告解析[J].远程教育杂志,2017,35(1):26-35.

[91] FISHER T, HIGGINS C, LOVELESS A. 数字技术支持的教师学习:研究与项目综述 上[J].焦建利,译.远程教育杂志,2008(4):4-11.

[92] FISHER T, HIGGINS C, LOVELESS A. 数字技术支持的教师学习:研究与项目综述 下[J].焦建利,译.远程教育杂志,2008(5):4-14.

[93] 余胜泉,马宁,何克抗.信息技术与语文教学整合[J].中小学语文教学,2002(11):4-5.

[94] 佘雅斌.微信及公众平台嵌入教师培训的应用探索[J].高教论坛,2014(9):97-99.

[95] 张长海,焦建利.地方高校大学生慕课接受度影响因素研究[J].中国电化教育,2015(6):64-68,91.

[96] 张丽,伍正翔.引领式在线教师培训模式理论创新与实践机制:以全国中小学教师网络培训平台为例[J].中国电化教育,2010(1):61-65.

[97] 张琳.师范生信息化教学能力培养研究[D].上海:华东师范大学,2019.

[98] 张琳琳,郑燕林.信息技术支持下的参与式教师培训设计[J].软件导刊·教育技术,2011(5):58-60.

[99] 张谦,等.国外教育信息化的新特点与新举措[J].外国中小学教育,1999(5):48-52.

[100] 张淼.云计算在教师远程培训中的应用研究[J].软件导刊·教育技术,2013(1):43-44.

[101] 张一春.教师教育技术能力建构:信息化环境下的教师专业发展[M].南京:南京师范大学出版社,2007:12-23.

[102] 张一春.微课是什么?[EB/OL].[2014-04-21].http://blog.sina.com.cn/s/blog_8dfa9ca20101ouw0.html.

[103] 郑勤华,熊潞颖,胡丹妮.任重道远:人工智能教育应用的困境与突破[J].开放教育研究,2019(8):10-17.

[104] 郑小军.我对微课的界定[EB/OL].[2014-04-21].http://blog.sina.com.cn/s/blog_4711a0210102e6ge.html.

[105] 祝智庭,贺斌.智慧教育:教育信息化的新境界[J].电化教育研究,2012(12):5-13.

[106] 祝智庭,闫寒冰.《中小学教师信息技术应用能力标准(试行)》解读[J].电化教育研究,2015(9):5-10.

[107] 祝智庭,彭红超.智慧学习生态:培育智慧人才的系统方法论[J].电化教育研究,2017(4):5-14.

[108] 祝智庭,彭红超,雷云鹤.解读教育数据智慧[J].开放教育研究,2017(5):21-29.

[109] 祝智庭,魏非.面向智慧教育的教师发展创新路径[J].中国教育学刊,2017(9):21-28.

[110] 祝智庭.教育呼唤数据智慧[J].人民教育,2018(1):29-33.

[111] 祝智庭.智能教育:智慧教育的实践路径[J].开放教育研究,2018(8):13-24.

[112] BBC. Will a robot take your job? [EB/OL].[2019-05-05]. http:/www.bbc.com/news/technology-3406694.

[113] BOICE R. The new faculty member[M]. San Francisco, CA:Jossey-Bass, 1992:20-32.

[114] BRYAN A, et al. NMC horizon report:2019 higher education edition[M]. Louisville, CO:EDUCAUSE, 2019:15.

[115] COLBECK C. Integration evaluating:faculty work as a whole[J]. New Directions for Institutional Research, 2002(114):43-52.

[116] DAY C. Developing teachers:the challenges of lifelong learning[M]. London:Falmer Press, 1999:3.

[117] DECI E L, RYAN R M. The support of autonomy and the control of behavior[J]. Journal of Personality and Social Psychology, 1987(53):1024-1037.

[118] FISK P. Education 4.0, the future of learning will be dramatically different, in school and throughout life[EB/OL].[2020-08-14]. http://www.

thegeniusworks. com/2017/01/future-education-young-everyone-taught-together.

[119] HARRIS J,MISHRA P,KOEHLER M. Teachers' technological pedagogical content knowledge and learning activity types:curriculum-based technology integration reframed[J]. Journal of Research on Technology in Education,2009,41(4):393-416.

[120] HARDRE P L,CROWSON H M,LY C,et al. Testing differential effects of computer-based,web-based,and aper-based administration of questionnaire research instruments[J]. British Journal of Educational Technology,2007,38(1):5-22.

[121] HARGREAVCS A,EARL L,MOORE S,et al. Learning to change:teaching beyond subjects and standards[M]. San Francisco:Jossey Bass,2001:197.

[122] McBcr H. Research into teacher effectiveness:a model of teacher effectiveness[M]. London:Falmer Press,2000:397.

[123] HELSBY G. Multiple truths and contested realities:the changing faces of teacher professionalism in England[M]. London:Falmer Press,2000:93-108.

[124] HOBAN G. Teacher learning for educational change[M]. Buckingham:Open University Press,2002:60-70.

[125] ISTE ACCREDITATION AND STANDARDS COMMITTEE. National standards for technology in teacher preparation. [EB/OL]. [2019-12-20]. http://cnetsiste. org/standards/ncate/index. html.

[126] ISTE. ISTE standards for educators:2017 [EB/OL]. [2020-01-07]. https://www. iste. org/standards/for-educators.

[127] ISTE. ISTE standards for students:2016 [EB/OL]. [2020-01-07]. https://www. iste. org/standards/for-students.

[128] KCNNCWCLL S. Using affordance and constraints to evaluate the use of information and communications technology in teaching and learning[J]. Journal of Information Technology for Teacher Education,2001(1/2):101-165.

[129] KINGTON A,LEE T,DAY C,et al. A critical review of the literature on school and teacher effectiveness and teachers' work and lives:towards relational and relative [C]. Edinburgh:British Educational Research Association Conference,2003:43-44.

[130] LIPKO H. Meet jill watson:georgia tech's first Al teaching assistant

[EB/OL]. [2019-05-07]. https://pe.gatech.edu/blog/meet-jill-watson-georgia-techs-first-ai-teaching-assistant.

[131] LOU P. Adaptive learning systems: surviving the storm[EB/OL]. [2020-08-14]. Retrieved from https://er.educause.edu/articles/2016/10/adaptive-learning-systems-surviving-the-storm.

[132] NEW MEDIA CONSORTIUM. The horizon Report 2016 edition [EB/OL]. [2019-12-24]. https//www.nmc.org/publication/nmc-cosn-horizon-report-2016-k-12-edition/. New Media.

[133] CONSORTIUM. The horizon report 2017 edition [EB/OL]. [2019-12-24]. https//www.nmc.org/publication/nmc-cosn-horizon-report-2017-k-12-edition/.

[134] REDECKER C. European framework for the digital competence of educators: DigCompEdu[S]. Luxembourg: Publications Office of the European Union, 2017.

[135] RILEY R W. E-Learning: pulling a world-class education at the fingertips of all children the national educational technology plan[Z]. U.S. Department of Education, Office of Educational Technology, 2000.

[136] SHULMAN L S. Those who understand: knowledge growth in teaching [J]. Educational Researcher, 1986, 15(2): 4-14.

[137] SHULMAN L S. Knowledge and teaching: foundation of new reform[J]. Harvard Educational Review, 1987, 57(1): 1-22.

[138] UNESCO. Rethinking education: towards a global common good? [EB/OL]. [2019-05-06]. http://unesdoc.Unesco.org/images/0023/002325/232555.pdf.

[139] UNESCO. UNESCO ICT competency standard for teachers[S/OL]. [2020-05-08]. http://unesdoc.unesco.org/images/0021/002134/213475E.pdf.

[140] UNESCO. UNESCO ICT competency framework for teachers[S/OL]. [2020-05-08]. http://unesdoc.unesco.org/images/0021/002134/213475E.pdf.

[141] U.S. DEPARTMENT OF EDUCATION, OFFICE OF EDUCATIONAL TECHNOLOGY. Future ready learning: reimagining the role of technology in education: 2016 national education technology plan[R/OL]. [2020-01-07]. https://tech.ed.gov/files/2015/12/NETP16.pdf.

[142] WILSON S M, BERNE J. Teacher learning and the acquisition of professional knowledge: an examination of research on contemporary professional development[J]. Review of Research in Education, 1999(24): 173-209.